东林党议
与晚明文学活动

张永刚◎著

中国社会科学出版社

图书在版编目(CIP)数据

东林党议与晚明文学活动／张永刚著. —北京：中国
社会科学出版社，2009.8
ISBN 978-7-5004-8131-7

Ⅰ. 东… Ⅱ. 张… Ⅲ. ①东林党—史料 ②文学
运动—研究—中国—明代 Ⅳ. ①K248.305 ②I209.48

中国版本图书馆 CIP 数据核字(2009)第 158264 号

策划编辑 郭沂纹
特约编辑 郭沂涟
责任校对 王玉兰
封面设计 回归线视觉传达
技术编辑 张汉林

出版发行 中国社会科学出版社
社　　址 北京鼓楼西大街甲 158 号　　　邮　编 100720
电　　话 010—84029450(邮购)
网　　址 http://www.csspw.cn
经　　销 新华书店
印　　刷 北京新魏印刷厂　　　　装　订 广增装订厂
版　　次 2009 年 8 月第 1 版　　　　印　次 2009 年 8 月第 1 次印刷
开　　本 880×1230　1/32
印　　张 10.375　　　　　　　　　插　页 2
字　　数 250 千字
定　　价 28.00 元

序

王齐洲

　　明代党争尤其是晚明党争历来是明史专家们关注的焦点之一。清人谷应泰在《明史纪事本末》中专题记述自万历二十一年（1593）癸巳京察至崇祯十七年（1644）明朝亡国期间的"东林党议"，举凡京察、矿税、保国本、争三案、与三党争意气、与魏阉夺权柄，声势煊赫于天下，影响波及整个社会。论者每将明亡归因于门户之祸，东林党则首当其冲。如明末张岱《与李砚翁》书云："夫东林自顾泾阳讲学以来，以此名目，祸我国家八九十年。以其党升沉，用占签数兴败。其党盛，则为终南之捷径；其党败，则为元祐之党碑。风波水火，龙战于野，其血玄黄。朋党之祸与国家相为始终。"近人孟森在《明清史讲义》中也说："门户之祸，起自万历。人主心厌言官，一切不理；言官知讦政府必不掇祸，而可耸外间之听，以示威于政府，政府亦无制裁言官之术，则视其声势最盛者而依倚之。于是言官各立门户以相角，门户中取得胜势，而政权即随之，此朋党所由炽也。"也有学者从另一角度看待晚明党争，如谢国桢在《明清之际党社运动考》自序中说："我觉得明亡于党争，可是吾国吾民族不挠的精神却表现于结社。其间又可以看到明季社会的状况和士大夫的风气，是在研究吾国社会史上很重要的问题。所以我写这篇文字就以党争和结社为背景，来叙述明清之际的历史，以唤醒民族之精神。"看来人们对晚明党争的认识，的确各有不同。而由此开展的政治史、社会史、思想史、文化史的研究，也就异彩纷呈。

明代党争与明代文学的关系也是文学史家关注的焦点之一。由于受思想内容和艺术形式二元分析方法的影响，文学史家的注意力一般均集中在"前七子"、"后七子"、"唐宋派"、"公安派"、"竟陵派"、"临川派"、"吴江派"、"苏州派"等文学流派及其作家作品的评论上，较少从党争所形成的社会政治文化环境和时代风气方面来整体把握晚明文学的主要特点和基本走势，未能深入探讨党争与文学发展的互动关系。2003年9月，友生张子永刚负笈南下，在武昌桂子山从我读博。在确定博士论文选题时，我们商量以"东林党议与晚明文学活动"为研究方向，希望能够有所突破。这一方面是由于永刚读硕期间以晚明文学为重点，读了一些这方面的书，还发表了《王世贞卒年考》、《贾三近年谱简编》等论文；另一方面也是考虑到东林党议与晚明文学的关系密切，晚明文学社团、文学活动、文学流派、文学风格，无不打上了党争的烙印。前贤对此虽已作过一些探讨，但多集中在文学的内容和风格与东林党议的关系上，且多为个案的研究，缺少整体观照。如果能够重点关注东林党议与晚明文学社团、文学流派关系的探讨，尤其注重东林党议与晚明文学活动的互动关系的梳理，或许能够深入了解晚明时期因党争所带来的文学活动的新特点、新变化，获得对晚明文学面貌和文学发展的新认识。

永刚敦厚质朴，执著勤勉，喜读书，甘于寂寞，有东鲁人的禀性。三年下来，他通读了晚明留存的相关文献和前贤发表的大量论著，积累了丰富的研究资料，写成 30 万字的博士论文，并在《文学遗产》、《江淮论坛》、《兰州学刊》、《船山学刊》等刊物发表了好几篇文章，使我有后生可畏之叹。尤其是在学风飘浮的当下，肯坐下来扎扎实实读书的人已经不多了，永刚能够安心读书做学问是颇为难得的，我常常用他作为例证来勉励其他学生。工夫不负有心人，他的刻苦努力得到了回报，其博士论文获得了外审专家和答辩专家的一致好评。这不仅是因为他对东林书院的文学活动和东林党人的社团活动有细致的梳理，让我们能够对党团文社和文学发展的关系有更深入的了解，对晚明文学出现的新特点和新面貌有更准确的把握，而且他所提出的一些独特看法，也能够启发我们对晚明文学作进一步思考。例如，他以天启四年（1624）为界，将晚明文学划分为前后两个时期，认为前期是以狂禅派学术所孵化的性灵派为主导的时期，后期则是以实学思潮所孕育的社团文学为主导的时期，前者以楚地为据点，后者以江南为中心，两大文学思潮交相递嬗、演进发展，而所有这一切，又与党争密切相关。这一认识是否能够为学界所接受，还需要大家讨论，但他能够独立思考的勇气是可嘉的。

读博期间，永刚就和广西民族大学签订了工作合同，他不愿为找工作耗费太多精力，也体现了他务实的性格。毕业后，永刚到广西民族大学文学院工作，仍然保持着质朴勤勉的作风，深得同事和领导的信任。半年后就被评聘为副教授，一年后开始指导硕士研究生。他的关于"东林党议与晚明文学活动"的系列文章也不时见诸于刊物。我为他的成长感到高兴。近期，他又申请了学校学术著作出版基金，打算将其博士论文公开出版，索序于我，我自然不能推托也不应推托，愿意将他的成果推荐给大家。不过，当我看到他寄来打算出版的书稿时，又觉得有几分遗憾。因为学校资助出版经费有限，永刚不得不删除博士论文的一部分内容。例如，博士论文中原有的阉党的文学活动部分就在这部书稿中被删除了。然而，阉党作为东林党的对立面是不能绕过的，尽管在谈到东林书院和东林党人的文学活动时也涉及到阉党，但那仅是作为党争的背景而展开的，并不是对阉党的正面论述，况且阉党的文学活动也有自己的特点，并构成了晚明文学的重要部分，如阮大铖与中江社及其演剧活动，就必须加以关注。再如，附录部分原博士论文有《东林党政治活动辑录》，我曾建议他增加《东林党文学活动概览》，这样，附录的内容就完整了，因为本论题就是东林党议和晚明文学活动。有这两份"活动"资料，读者读完全文后再系统地集中回顾一下，也许印象会更深刻些。这两份"活动"资料，可以是粗线条的，但应是与党争和文学活动相关联的。永刚对我说，阉党的文学活动部分原博士论文做得不够扎实，先放下也好，等以后深入研究了再做补充。两份"活动"资料，也还未考虑成熟，就都留待以后吧。永刚的意思我明白，现在学术著作出版难，有了资助出版的机会，不妨先将主要部分公诸于世，听听学界的意见，自己再作进一步思考，进一步研究，等到条件成熟，再来补充修订。我是赞成学术研究要有精益求精的精神的，也希望在不久的将来能够看到永刚对这一课题的更加全面、更加系统、更加深刻的著作问世，以弥补今天的遗憾。是为序。

戊子年初冬于武昌紫菘·枫林上城

目　　录

绪 论

　　嘉靖（1522—1566）以后，伴随着社会的急剧变革，中国文学开始了近古期的转折，"从明中叶到清代的鸦片战争，是中国文学近古期的第一段"[①]。仅以嘉靖（1522）至万历（1573）五十余年间观之，文学界有前后七子相继立坛建坫，一扫明初文坛雍容、委靡之文风，遂使天下风动，文人士子翕然宗之。在经历了复古文风的洗礼之后，万历以后文学之急变势头更加高涨，公安、竟陵主性灵，以矫复古；复社以文社联盟，重树复古大旗，针砭公安、竟陵，尊经复古，形成高于原点的悖反式演进格局。在思想界，王学之崛起大有与程朱比肩之势。张居正改革尽管极力压制王学，却依然未能阻止阳明在万历十二年（1584）从祀孔庙，加冕"先儒王子"的称号。从某种意义上说，这之后的意识形态，已经由独尊程朱一变而为"王与朱共天下"之局面了。思想界的这种变化使得统治阶级所赖以维系的信仰面临着严重的危机，自由兼启蒙之思潮

---

　　① 袁行霈等：《中国文学史》（第4卷），高等教育出版社1999年版，第3页。

以迅雷不及掩耳之势汹汹而来。文学界与思想界的变化，脱不了政治的干系。贯穿晚明始终的东林党议是这一时期政治斗争的主旋律，掀起了社会各个领域迅急而激烈的变化。

关于晚明党争，清人谷应泰《明史纪事本末》① 以"东林党议"呼之，专章记述以万历二十一年（1593）癸巳京察为端，至崇祯十七年（1644）亡国为限，约五十年的政治风云、腥风血雨。动荡的晚明政坛所发生的每一件大事几乎都有东林党人的参与，保国本、争三案、矿税更兼京察、与三党争意气、与魏阉夺权柄，声势煊赫于天下。东林党以书院为基础发而为朋党，在历代党争中皆未尝见，可谓独树一帜，因其具有共同的道德标准和政治理想，故能形成更强大的力量，并且有鲜明的救世理论和启蒙思想，易掀起广泛的社会思潮，进而形成体系整合的东林学术，以之干政，从而影响全国的政治格局，波及整个晚明社会。议者每将明亡之果归于门户之祸，而东林党首当其冲。孟森在论其原因时指出："门户之祸，起自万历。人主心厌言官，一切不理；言官知讥政府必不掇祸，而可耸外间之听，以示威于政府，政府亦无制裁言官之术，则视其声势最盛者而依倚之。于是言官各立门户以相角，门户中取得胜势，而政权即随之，此朋党所由炽也。"② 君主荒于朝政，言官与阁部势同水火，交相争斗，间杂君子小人的意气之争，"而国不可问矣"③。"自是朋党论益炽，中行、用贤、植、东之创于前，元标、南星、宪成、攀龙继之，言事者益裁量执政，日与枝柱，水火

① 谷应泰：《明史纪事本末》卷六十六，中华书局 1977 年版，第 1059 页。

② 孟森：《明清史讲义》，中华书局 1981 年版，第 246 页。

③ 蒋平阶：《东林始末》附录，北京古籍出版社 2002 年版，第 68 页。

喷射，迄于明亡。"① 张岱更是将矛头鲜明地指向以顾宪成为首的东林党："夫东林自顾泾阳讲学以来，以此名目，祸我国家八九十年。以其党升沉，用占筮数兴败。其党盛，则为终南之捷径；其党败，则为元祐之党碑。风波水火，龙战于野，其血玄黄。朋党之祸与国家相为始终。"② 作为东林后裔的黄宗羲对此语出无奈和悲壮："今天下之言东林者，以其党祸与国运终始，小人既资为口实，以为亡国由于东林，称之为两党，即有知之者，亦言东林非不为君子，然不无过激，且依附者之不纯为君子也，终是东汉党锢中人物。"又云："数十年来，勇者燔妻子，弱者埋土室，忠义之盛，度越前代，犹是东林之流风余韵也。一堂师友，冷风热血，洗涤乾坤。无智之徒，窃窃然从而议之，可悲也夫！"③ 作为气节昭著，励志高远的有识之士，其所做的种种努力是难能可贵的，但溺于君子小人的意气之争，所采取的策略和方式是有失明智的，因而对明亡的后果负有不可推卸的责任，悲剧的壮美更甚于历代之党争。

关于东林党议的研究，历史方面居多。王赓唐、赵承中先生曾对1949年10月至1990年12月间的研究成果进行综述，撰写了《建国以来明末东林党研究述评》一文，署名"黄兆"，刊于《中国史研究动态》1991年第11期上。其后又撰《晚明东林党研究综述》（1991—2004），辑入《东林书院重修400周年全国学术研讨会论文集》。该书由时代文艺出版社2004年10月出版，收录相关研究论文32篇。这

---

① 张廷玉：《赵用贤传》，《明史》卷一百一十七，中华书局1974年版。
② 张岱：《与李砚翁》，《琅嬛文集》卷三，上海古籍出版社1991年版。
③ 黄宗羲：《东林学案一》，《明儒学案》卷五十八，中华书局1985年版，第1375页。

次学术会议的召开值东林书院 400 年重修之际，盛况空前，其所交流之研究成果亦应集中体现了学界当前对于东林党这一课题的关注度、广度及深度。而十年前的 1994 年亦召开了东林党学术研讨会，并于 1998 年 10 月由江苏文史资料编辑部出版了《东林党学术研讨会薛福成学术研讨会资料集》。两次会议的成果相比较而言，主要有以下几种变化：

1. 对于东林党的研究视野更加广泛

由主要关注于史料的梳理转向更多视角的研究，涉及思想、学术、政治、教育等诸多方面的交叉研究。如李承贵先生的《高攀龙的佛教观——兼及高攀龙思想的儒学本色》、步近智先生的《略论泰州学派与东林学派之异同》、张宪博先生的《从依附到参与的政治文化嬗变》、金奋飞先生的《读书静坐会友——明末东林书院日常生活暨讲学教育活动述略》，分别从学术、宗教、政治、教育等方面进行深入研究，扩大了研究的范围和领域。

2. 对于同一问题的研究更加深入

对于东林党的评价，由局限于阶级性的探讨，更多转向思想层面的研究，对实学思想的研究有所深入。如金其桢先生《略论东林学派的实学思想体系》认为东林学派由广大"志在世道"、致力于治国救世的在朝在野的东林党人及民间士绅学者组成，其领袖人物是顾宪成、高攀龙等人。他们在与"王学"末流和专权阉党的斗争中，继承发扬了我国传统儒学经世致用思想和北宋以来实学思想的精华，并根据时代的实际需要加以发扬光大，先后在教育、学术、道德修养和认识论及治国济世等方面提出了一系列主张和见解，形成了一个反对空幻虚无、谈空说玄，提倡求真务实、实学实用，致力治国济民、经世致用的实学思想体系，把实学思潮推向了高潮，对当时社会和后世都产生了深远而广泛的影响。

3. 研究的影响度扩大

在 2004 年的论文集中，收录了日本学者鹤久成章先生的《论东林学派"性学思想"之成立》，该文在研究东林学派的讲学精神时，介入了"性"与"学"的关系探讨，认为东林学派所追求的学问，称之为"性学"是相称的。这是认识到朱子学及阳明学局限性的东林学者们，不拘泥于朱、王之学，忠于自己的心性，认真地去探求摸索真学问的结果，而绝非折中朱子学与阳明学之意识下的产物。日本学者对此问题的研究，为国内学界的研究提供了一种思维方式上的借鉴。

总体而言，对于东林党议的历史研究呈现了继续深入，不断创新的良好局面。关于这方面的专著也时有问世。早在 1934 年，商务印书馆就出版了谢国桢先生的《明清之际党社运动考》，鲁迅先生当时的评价是"钩索文籍，用力甚勤"。他在自序中说："我觉得明亡于党争，可是吾国吾民族不挠的精神却表现于结社。其间又可以看到明季社会的状况和士大夫的风气，是在研究吾国社会史上很重要的问题。所以我写这篇文字就以党争和结社为背景，来叙述明清之际的历史，以唤醒民族之精神。"① 谢国桢先生这段话，道出了党争对于晚明局势至关重要的影响，兼及社的问题，为后之学者多所借鉴。其后又有李楘先生的《东林党籍考》（人民文学出版社 1957 年版）以《东林党人榜》309 人为目，参以《夥坏封疆录》、《东林点将录》、《东林籍贯》、《东林朋党录》、《盗柄东林

---

① 谢国桢：《明清之际党社运动考·自序》，上海书店 2004 年版。

夥》、《东林胁从》、《天鉴录》等诸多东林党名单及相关史料，考证颇详。北京大学王天有教授的博士论文《晚明东林党议》于 1991 年由上海古籍出版社出版，全书 10 万余字，集中探讨了东林党议的性质、东林党议与张居正改革、东林党议的是非、东林党议的时代和阶级局限性问题，可视为研究晚明东林党议的系统专论。李向英先生的《明末东林党》（中华书局1983 年版）、朱文杰先生的《东林党史话》（华东师范大学出版社 1989 年版）和《东林书院与东林党》（中央编译出版社1996 年版）等对东林党的发生与发展，也做了一定的史料方面的梳理工作。

关于东林党议的历史研究已渐趋热点化，然以之涉及文学研究尚需期待学者们的关注。吴承学先生在《一个期待关注的学术领域……明清诗文研究》中指出："晚明时期文人社团最为活跃，……当时的文人社团，像复社、应社、几社、豫章社都是文学创作兼政治活动于一身的团体，社团文学是值得更为深入研究的问题。"又说："在史学界有关东林党争的研究较多，但文学界对东林党争与明代中后期文人集团，乃至文学创作和文学批评的关系还缺乏足够的研究。"① 王齐洲师有《明代党争与明代文学》（《古典文学知识》1992 年第 6 期）一文，介绍了明代党争的基本情况，并从三个方面总结了明代党争对明代文学的主要影响：一、党争刺激了文学社团的勃兴；二、党争对作家们的文学创作活动以至创作风格产生了直接影响；三、明代文学中的不少优秀之作是对明代党争的直接反映。该文之于党争对明代文学影响的宏观把握，为其后进行

---

① 吴承学：《世纪之交的对话：古代文学研究的回顾与展望》，上海古籍出版社 2000 年版，第 212 页。

这一课题的研究提供了借鉴。

关于党争对晚明文学的影响，目前主要涉及以下几点：

1. 关于东林党议对竟陵派的影响

学界于竟陵派谈及较多。邬国平先生的《钟惺、谭元春与晚明党争的关系》具体针对党争对竟陵派的影响做了重点论述。将晚明党争（南明以前）大致分为三个阶段：一、从张居正去世到魏忠贤揽权前止，此为党争的剧烈期；二、从魏忠贤揽权至失败，此为党争的激变期；三、从魏忠贤败亡至崇祯朝结束，此为党争的继续期。他认为在第二阶段的党争，“完全表现为东林党同‘阉党’的流血斗争。……有的原来在两派的争论中持观望、中立和超脱态度的人，却从血腥的事实中惊醒过来，反而改变了早先的态度，转而同情和支持东林党（谭元春即为其中的一位）”。第三阶段党争的一个显著特点是“复社的出现，它把当时的知识分子广泛地结集在自己的周围，同阁臣派展开了斗争，从而成为东林党的后劲”。文中提到钟惺在党争中的立场和所持的观点是与东林党相敌对的，属于拥护“庙堂”的内阁派一员。但是在党争中他却遭到了两派的打击。第一次打击是他所拥护的党派，此事发生在万历四十七年（1619）。第二次打击是天启三年（1623）的癸亥京察。东林党为报复丁巳大计，尽逐齐、楚、浙、宣、昆党诸人。钟惺在中计之列。谭元春早先超脱两派之外而后成为东林党的支持者，并加入复社。党争对他们的影响首先是“推动了他们对现实的关心”，其次是“形成了他们幽深孤峭的文学风格”。① 陈书录先生指出竟陵派从政

---

① 邬国平：《竟陵派与明代文学批评》，上海古籍出版社 2004 年版，第 16—17 页。

治上收敛解放思想的锋芒，从文学上对"宁今宁俗"、"独抒性灵"加以补救，"企图以古雅之旧瓶装今俗之新酒"，以幽峭孤深、新奇隽永的小品文来折射幽情单绪的心态，但有时过分局限于幽独的感遇、僻涩的意境，"纤僻流为鬼趣"，弱化了文学领域中的思想解放。① 左东岭先生认为从公安到竟陵，晚明士人经历了由开放到封闭心态的转换，而个中原因，"无论是朝政的混乱，李贽、紫柏的被害，还是公安派自身的危机感，又均来自朝廷中党争的日益加剧"②。钱谦益与竟陵的一桩公案是学界较多关注的问题，多数学者认为是因为党争的影响。李圣华先生认为钱谦益力掊竟陵，概出于两个方面的原因：其一，宣泄党争余恨和亡国耻辱。钱氏贪生而腆颜降清后，内心深受煎熬，沿着文章之弊等同党争、兵祸的批评之路滑得更远，振振有词地定谳钟、谭为有害于斯世之"诗妖"，诗乃"亡国之音"。其二，力挽大雅的文学取向。他抨击、丑诋竟陵，不只出于个人感情，深层用意还包括借清理诗坛"异端"，恢复雅正统绪。③ 李兴余先生《关于公安派与竟陵派关系之我见》认为钱谦益打着为公安派鸣不平的幌子，借小修之口而大肆攻诮竟陵派。这种寓扬于抑的做法与钟、谭忠实于中郎作品之态度有天壤之别。因此，小修所说的"诗道其张于楚乎"，确是充分证明了公安与竟陵的共同目标与任务。④ 吴调公先生提到钱谦益攻击竟陵诗文为"诗妖"、"鬼趣"时，认为"这显然是一派恶毒攻讦之词"。

---

① 陈书录：《明代诗文的演变》，江苏教育出版社 1996 年版，第 28—29 页。

② 左东岭：《王学与中晚明士人心态》，人民文学出版社 2000 年版，第 734 页。

③ 李圣华：《晚明诗歌研究》，人民文学出版社 2002 年版，第 201—202 页。

④ 张国光、黄清泉：《晚明文学革新派公安三袁研究》，华中师范大学出版社 1987 年版。

他同时强调竟陵派也有"发愤不平处",原因之一是"竟陵派后期有一部分人参加了当时蔚然成风的结社活动",他提到了谭氏兄弟谭元春、元礼、元方、元亮皆加入复社,"从竟陵后期部分成员,参加比较进步的政治活动,特别是参加复社这一点,对竟陵派风格的演变是多少发生影响的"。①

2. 关于东林党议对结社的影响

学界关于党争对结社的影响屡有论及。何宗美先生《明末清初文人结社研究》无疑是这方面的一本力作,书中关于党争对结社的影响予以较多的关注,认为党争背景下的文人结社有了新的特点,表现在:其一,社之性质变化,政治性增强。其二,社之规模趋大,组织性增强。其三,"援社为重","丐党为荣"。其四,"社争"成为党争的一种重要形式。其五,文人社团内部纷争日益激烈,也是社局与朝局相表里,党社一体化的表现。② 李圣华先生的《论晚明结社与时代学术及文学之关系》则将学术与结社的关系予以反向定位,认为结社在晚明学术的演变中起到了具体作用,而晚明学术的演变,撮其大要,有两点值得注意:"一、万历中叶前,李贽为首的狂禅派,承传左派王学,推奉三教合一,以禅释儒,肯定自然人性,与程朱理学构成某种意义的对立。二、万历中叶后,狂禅派在政治威劫下走向衰落,顾宪成、高攀龙率众讲学东林,宣扬程朱之学,批评'异端'学说及'侈谈心性'的学风,倡导'用实',以求振兴世道,迨明末,这一思想渐占上风。

---

① 吴调公:《为竟陵派一辩》,《文学评论》1983 年第 3 期。
② 何宗美:《明末清初文人结社研究》,南开大学出版社 2003 年版,第 93—102 页。

晚明学术流变过程中，葡萄社、证修社传习左派王学与李贽之学，构成'异学'坛坫；复社、几社及证人社批评'异学'，成为发扬东林学术的坛坫。"① 他还从以诗风流变的视角，给予东林人士很高的评价："作为晚明文坛的一个群体构成，高攀龙、顾宪成、杨涟、安希范、赵南星等东林士子虽不以诗名，亦不废声诗"，他们"宣扬用实之学，呼吁作家关注现实，以理约束性情，决定了明末诗歌的走向"②。

以上简要介绍了前人关于东林党议的历史研究及其对晚明文学的影响，可以看出，有关东林党议的历史研究已经很多，但关于党争与晚明文学结合的系统研究还是很不充分的。事实上，党争在晚明之惨烈、波及范围之广、持续时间之长，史无前例。因此，党争对于晚明文学的影响必然是举足轻重的。本书试图着眼于这一命题，将晚明文学置于党争的大背景下，以政治与学术的双重视角，展开全方位的系统观照，希冀能对晚明文学有新的认识，并对晚清及"五四"文学研究提供借鉴。

---

① 陈飞等：《中国古典文学与文献学研究》（第1辑），学苑出版社2002年版，第298页。

② 《晚明诗歌研究》，第291页。

第 一 章

东林书院与东林党的关联

东林党议之所以对晚明社会具有震撼力，与东林党紧密关联的东林学派起到了学术前导的作用，为之规限了学术旨向和扩大了舆论宣传，使东林党在政坛的纷争中易于明确其政治方向和扩大政治联盟。最早提出东林学派这一概念的是黄宗羲，其《明儒学案》为顾宪成、高攀龙等17人立传，以四卷篇幅缕析其思想学术精要，名之曰《东林学案》。黄宗羲这一界定是从学术角度进行的。因此，作为东林党重要成员的邹元标、冯从吾分别被列入《江右王门学案》和《甘泉学案》。日本学者沟口雄三对此提出质疑，他说："所谓的东林派被狭窄地限定在反无善无恶的学派圈内"，"限定在《东林学案》内"，"局限于东林书院的讲学运动"，"这种归纳方法有欠通之处"，而且，"《东林学案》人员仅限于江苏、浙江两地"，"我们不得不说这种分类掺杂了黄宗羲的主观意识和私人感情"。他认为："所谓东林派人士是要以东林党人士的思想倾向、政治行动或人际关系为基本考察项目，将其中内容类比、推广至周围的人们，在比较中提炼出他们共通的地方。"主张把被黄宗羲列为《甘泉学案》的冯从吾、《江右王门学案》的邹元标、

《诸儒学案》的吕坤都列入东林学派。① 沟氏此论是以东林党
的政治诉求来统摄东林学派的学术旨向，模糊了政治与学术的
界限。实际上，东林党作为一个政治联盟，吸收近乎趋同的学
术派别加入其中，也无可厚非，并非一定属于东林学派才能成
为东林党的一员。总体而言，东林学派作为一个学术派别，肇
端了明清之际"经世致用"的实学思潮，客观上为东林党提
供了政治上的思想武器；东林党是特定事件中具有这一思想的
士大夫集结而成的政治联盟。东林学派和东林党虽然关系密
切，但仍是不同领域内的两个概念，不能等而化之。

第一节　东林书院与东林党的构成

一　"天下东林讲学书院"

《明史·熹宗本纪》载，天启五年（1625）"八月壬午，
毁天下东林讲学书院"。对于这次禁毁书院，孙承泽《书院考
跋》有这样的描述：

> 有明盛时，各省俱有书院，自张江陵为政，始行禁
> 止。江陵殁后，复稍稍建置，其著名者如江西之仁文书
> 院，陕西之关中书院，及无锡之东林书院，而东林为盛。
> 至天启中，京师始有首善书院。然人不知有各处书院也，
> 而统谓之东林，又不知东林所自始也，而但借此二字以为
> 排陷君子之具。东林书院者，乃宋杨龟山先生讲学之所

---

① 沟口雄三：《中国前近代思想的演变》，中华书局2005年版，第345—353
页。

也，后废为寺。顾泾阳先生自吏部罢归，购其地建杨先生
祠，同志者相与构精舍居焉。至甲辰冬，始与高忠宪数公
开讲其中，立为讲会，一以考亭白鹿洞规为教。然躬与讲
席者，仅数人。时泾阳先生已辞光禄之召不赴，于新进立
朝诸公漠无与也。适忠宪公起为总宪，风裁大著，疏发御
史崔呈秀之赃。呈秀遂父事忠贤，日喉忠贤曰："东林欲
杀我父子。"忠贤亦不知东林为何地，东林之人为何人，
辄曰东林杀我。既而杨左诸人攻珰，珰益信诸人之言不虚
也。于是，有憾于诸君子者，牵连罗织以逢逆珰之恶，锒
铛大狱，惨动天地。于是，首毁京师首善书院，而天下之
书院俱废矣。①

以东林书院泛称"天下讲学书院"，体现了东林书院在全国的
政治性影响，成为当时书院的代名词。东林书院而外，矫旨中
还涉及关中、江右、徽州书院。首善书院因为处于京师重地，
而首当其冲。

首善书院始建于天启二年（1622），因"以在京师为首善
地也"②，故名首善书院，"为邹忠介元标、冯恭定从吾两公讲
习之所，以继东林者也"。③ 是时，"京师独缺"当时"通都
大邑所在皆有"的书院作为讲习之所，"欲讲学者，率寄迹于
琳宫梵宇，黄冠缁流之所居，而无一敬业乐群之地"。后由御
史台同仁集资，东林党人周宗建等督工创建书院。高攀龙、余
懋衡、华允诚、曹于汴、钟羽正、刘宗周等东林党人相继讲学

① 《畿辅通志》卷一百一十二，四库全书本。
② 叶向高：《首善书院记》，陈谷嘉、邓洪波：《中国书院史资料》，浙江教育出版社1998年版，第813页。
③ 王昶：《天下书院总志》，同上，第814页。

其中。创建伊始，便在朝中引起争议。兵科给事中朱童蒙率先发难："宪臣议开讲学之坛，国家恐启门户之渐，宜安本分，以东林为戒"，疏请亟行禁谕。① 高攀龙起而辩诬："夫黄门（朱童蒙）所言东林，非东林也，乃攻东林者之言也；所言东林之祸，非东林能祸人，乃攻东林者欲祸东林也。国家用一当用，行一当行，去一当去，必曰是东林之脉也；或有人言一当用，言一当行，言一当去，必曰是东林之人也。不论东西南北，风马牛不相及之人，苟出于正，目为一党，东林何幸，而合天下之众正；何不幸，而受天下之群猜。弓蛇石虎，涂豕鬼车，皆非实事也。即如郭明龙正域，生平未尝讲学，生平不识东林，黄门谓与顾宪成开讲东林。即此而观，他可例推。"② 同年十月、十一月，邹元标、冯从吾相继离京，书院已处于辍讲状态。天启四年（1624），叶向高、邹元标、冯从吾、高攀龙、赵南星等先后罢官，首善书院名存实亡。

关中书院为冯从吾万历三十七年（1609）所创。冯从吾与周淑远先后讲学其中，并订有《学会约》、《关中士大夫会约》，以为讲会之规章制度，"凡农、工、商、贾中有志向者，咸来听讲"，四方从游者五千余人，关中之学一时大盛。冯从吾因此又被誉为"关中夫子"③。

江右书院即邹元标于其家乡所创之仁文书院，原名文江书院。"夺情"事件之后，邹元标家居讲学前后几三十年，躬身不辍，"元标未得行斯道于朝，退愿得行斯道于野，俾乡子弟

① 《江右王门学案八》，《明儒学案》卷二十三。
② 高攀龙：《论学揭》，许献：《东林书院志》卷十七，清光绪七年（1881）刊本。
③ 毕懋康：《冯少墟先生集序》，张聪贤、董曾臣：《嘉庆长安县志》卷十九，清嘉庆二十年（1815）刻本。

孝友忠信，雝雝翼翼，庶上不负今天子明圣之世，下不负良有
司振作之美，而余睠睠欲开斯地之意，庶几其不孤也欤！"①
其以书院为中心，与吴越、楚湘、中州、秦晋名儒多有往来。

徽州书院为余懋衡讲习之所。其致力讲学，先后创建明新
书院，邹元标为作记，后建正学书院，与冯从吾讲学其中。又
曾参与邹元标、冯从吾首善书院讲会。故张讷斥其与邹、冯等
人"南北主盟，互相雄长，请赐处分"②。

以上书院主讲者均为东林党人，学术旨向略与东林同，皆
"问道东林，力主正学"③，可视为东林旁支。正如钱人麟所
说："梁溪（高攀龙）倡始于前，而东林之名始立。吉水（邹
元标）、高邑（赵南星）应和于远，而东林之局以成。"④

东林书院为故杨时讲学之地，嘉、隆、万三朝，王学以江
南为盛，闻人诠、耿定理、谢廷杰皆应王门后学之请，曾议复
书院，皆未有所成。万历七年（1579），张居正诏毁天下书
院，顾宪成业师常州知府施观民所创之龙城书院被毁，本人被
革职。万历三十一年（1603），常州知府欧阳东凤在龙城书院
旧址建先贤祠，聚众讲学。刘元珍有"同善会"、高攀龙有
"乐志堂"、钱一本有"经正堂"，此外还有"惜阴社"。时王
学末流谈禅之风甚盛，"三教合一"主张流行。高攀龙在万历
二十年（1592）上《崇正学辟异学说疏》，指出："今高明之
士半已为佛老之徒"，"今日对病之药，正在扶持程朱之学，

---

①　邹元标：《仁文书院记》，《光绪江西通志》卷八十一，清光绪七年
（1881）刻本。

②　《明熹宗实录》卷六十二，台湾史语所 1962 年影印北平图书馆红格钞本。

③　施璜：《会纪》，《还古书院志》卷十一，江苏教育出版社 1995 年版。

④　钱人麟：《东林别乘》，广东省中山图书馆 1958 年油印本。

深严二氏之防"①。万历二十六年（1598）秋，顾宪成、高攀龙等会苏州、常州诸友于二泉之上，与管志道辩"无善无恶"之旨，遂有创建书院之设想：

> 观听者踵相接，至无所容，于是泾阳先生倡议曰："百工居肆以成其事，吾辈可无讲习之所？"乃集同志数人醵金数百，卜筑杨龟山先生讲学遗址，相传所谓东林者，与诸友栖息其中，每月集吴越士绅会讲三日。②

顾宪成认为："有一乡之精神，则能通乎一乡；有一国之精神，则能通乎一国，有天下之精神，则能通乎天下；有万世之精神，则能通乎万世。"③ 于是，以系道脉、树风声为己任，联合顾允成、刘元珍、安希范、史孟麟、叶茂才、钱一本等捐资申请重修东林书院。万历三十二年（1604）四月动工，阅五月而成。常州知府欧阳东凤作《重修东林书院记》、无锡知县林宰作《重修道南祠记》、邹元标作《依庸堂记》。书院建成后，顾宪成偕高攀龙、钱一本、薛敷教、安希范、刘元珍、叶茂才、吴桂森、史孟麟等讲学其中，并依白鹿洞规，亲拟讲会宗旨、院规和会约仪式。《东林会约》首列孔子、颜子、曾子、子思、孟子为学要旨，次揭朱子《白鹿洞书院学规》，复次引申朱熹学规而开列"饬四要"、"破二惑"、"崇九益"、"屏九损"，意在阐明东林书院继承杨时精神，上承周、程，下接朱熹，以程朱理学反对王学陋习的学术主张。

---

① 高攀龙：《高子遗书》卷七，四库全书本。
② 叶茂才：《高景逸先生行状》，《东林书院志》卷七。
③ 顾宪成：《小心斋札记》卷一，清光绪三年（1877）刊本。

东林书院自万历三十二年（1604）建成，至天启五年（1625）禁毁，先后由顾宪成、高攀龙和吴桂森主盟。顾宪成首为主盟，前后八年之久，为开风气之先，也是东林书院讲学至盛时期，故功劳尤大。清代康熙年间胡献征指出："海内百年以来言正学者，首东林；言东林者，首泾阳（顾宪成）。"①万历三十九年（1611），御史徐兆奎首劾"东林党"，书院讲学活动便江河日下，已非昔日盛时可比。顾宪成逝后，高攀龙主盟东林，自万历四十年（1612）至天启元年（1621），历时十年。其实万历四十年（1612）之后，党争益烈，虽高攀龙申定《东林讲会规则》，在政治斗争中坚持讲学，然书院已无宁日。尽管如此，《东林书院志》对高攀龙所作贡献还是给予了充分肯定："隆、万以来，则有顾泾阳先生生于邑之东林……以鼓舞善类，讲明正学。士蒸蒸向往，几与白鹿、紫阳鼎立宇内。维时与泾阳先生相左右，继先生为主盟而集其成者，高先生存之也。"②吴桂森主盟东林，始于高攀龙天启元年（1621）。北上之后，其最盛时也只天启元年（1621）、二年（1622）间，"是时群贤蔚起，朝野蒸蒸，先生代景逸先生司其坛坫，而景逸在都中以政暇讲学于首善书院，三千里外遥相应和，一时大儒如少墟冯先生、南皋邹先生辈，闻东林有先生，群然向往，脉脉神交"③。

"天下东林书院"以东林书院为核心，彼此交往不断，而藉此亦使东林书院声名远播。在当时王学风靡天下之际，东林书院独反其道而以程朱为旨归，倡以纠王学空疏之弊，因而所

---

① 胡献征：《顾宪成年谱序》，顾与沐：《顾端文公年谱》谱首，清康熙何硕卿刻本。

② 叶茂才：《高景逸先生行状》，《东林书院志》卷七。

③ 邹期桢：《吴桂森墓志铭》，《东林书院志》卷九。

受关注度逐渐扩大。关于东林讲会的盛况，胡佳胤曾有亲历：
万历三十七年（1609）"仲秋十九日，吴子往邀余入东林社。
时泾阳先生为会主，而高、刘诸公翼之。予与子往及一方外楚
人为客，列东西坐。坐定，泾阳先生讲《孟子》首章，析义
利之旨。自是互相送难，及尽心、天命诸义。讲罢，一人从东
席趋下，正立揖，出所书魏庄渠先生励学语读一过，闻者悚
然。罢会，设鸡黍供客，酒数巡，各散出。微言久绝，此会为
东南领袖，风动四方，真千古一事矣！"① 东林讲会名声日大，
主要在于东林学派开放的思想旨向，能够容纳不同的学术流
派，交相论辩，以究明学问。顾宪成说："自古未有关闭门户
独自做成的圣贤，自古圣贤未有离群绝类，孤立无与的学
问。"② 万历三十二年（1604），东林书院成立之初，顾宪成即
书《启南浙诸同人》，邀请各地学人来东林讲学。同年，顾宪
成邀请罗大紘到东林书院讲学，然而直到顾死后，罗才到东林
一游，时东林主盟者为高攀龙。后来罗在《寄谢高景逸丈》
中说："东林之游，与顾泾阳有宿约，不谓转盼间遂隔今古，
登讲堂殊深神痛。"③ 万历三十九年（1611）秋，安徽讲学名
儒方学渐与弟子安述之、汪崇正、吴畏之驾舟东下，自八月上
旬出发，二十日抵达东林书院，与顾宪成、高攀龙、安希范、
刘楚槼、张弦所、顾白余等人讲学，之后游毗陵（武进），会
钱一本。同年，方学渐以东游之经历写下了《东游记》一
书。④ 除邀请或接待来访学者之外，东林书院也时而出访。万
历三十八年（1610），史孟麟在宜兴创立明道书院，"邹南皋

---

① 《东林书院志》卷二十一。
② 顾宪成：《丽泽衍》，《东林书院志》卷三。
③ 罗大紘：《紫原文集》卷六，四库禁毁丛刊本。
④ 方学渐：《东游记小引》，《东林书院志》卷十六。

元标、刘念台宗周诸公不远千里赢粮而至，顾宪成、唐鹤征、高攀龙、钱一本暇则及门讲诵焉"。①

东林书院而外，徽州书院、关中书院、仁文书院之间彼此也交往不断："初懋衡于新安之紫阳书院倡新理学，及令永新善邹元标，建明新书院。按秦又作正学书院，引冯从吾讲学其中。"② 万历四十五年（1617）的新安大会，汪应蛟、余懋衡托邹元标门人汪汝修不远千里送函到关中，邀冯从吾赴会，并拟在会后偕二三同志前往江西吉水会邹元标。冯从吾留汪汝修于关中两月，后因病未能赴会。汪汝修将别，冯从吾托其致信余懋衡，称"贵郡大会尤不肖素愿分一尺光景者，远辱台命，此正可以明证学问一大机会也，即跋涉岂敢有惮焉。弟病体支离，蹒跚不前，奈何！惟老公祖时惠鞭影，策我桑榆，则虽隔数千里，与会讲一堂无异耳"。③ 余懋衡也曾书招邹元标，但邹元标也因病未能到会，于是有《答新安会中诸友》云："道乡佳盟，下招腐儒，谊当竭厥以趋，遂夙慕真心，顾归耕二十余年，杜门一壑，遂成孤性。而去年一病元神未复，坐失良晤，岂不佞道缘之悭乎！"④ 在致冯从吾的书中，邹元标表达了彼此之间的深厚交谊："同声相应，同气相求，不佞于门下应求非一日矣。乃今春偶于张鄢陵得闻其概。今得亲奉手教，神情会合，针芥相投，何幸何幸！捧读大集，宛侍几席，聆金玉之间而令人醉心起舞也。……拙序聊当请事，亦以志神交万

① 吴景墙：《宜兴荆溪县新志》，清光绪八年（1882）刊本。
② 马步蟾：《儒林·人物志》，《道光徽州府志》卷十三，清道光七年（1827）刻本。
③ 冯从吾：《答余少原廷尉》，《冯少墟集》卷十五，上海古籍出版社1993年版。
④ 邹元标：《愿学集》卷二，四库全书本。

一。此生若有晤时，则道缘未了，刿心有期，此生如竟无晤期乎，则数语订盟，亦永千秋。……两地悠悠，所恃者真性流贯，不作纤毫间隔，即时时如见也。"① 天启初年，邹元标、冯从吾入京，分别担任正副都御史。高攀龙亦辞东林主盟，任左都御史，余懋衡出任兵部右侍郎。是时四大书院的讲学精英终大会于首善书院。

东林书院与关中书院、仁文书院、徽南书院的主要人物都列名东林党籍，故而在学术上交往频繁。康熙二十一年（1682），黄声谐在《洛闽源流录序》中回顾东林与关中、紫阳书院之间往来时说："既而大往小来，东林起南，关中起北，异地同符，而吾乡余少原暨登原汪先生出而应之，遂与顾端文、高忠宪、冯恭定诸先生丽泽讲习，周旋朝野，砥柱中流，……东林、紫阳道义之交，其来有自。"② 关中学派冯从吾虽隶属关学，但早年也曾师从顾宪成，因此极有渊源。万历十年（1582），顾宪成三十二岁时，冯从吾来问学。吴桂森撰《真儒一脉》，以冯从吾与顾、高并称，系于东林。对此，严毅在《东林或问》中解释："或曰：东林属吴地而素衣乃以关中冯少墟系之东林，何也？曰：讲坛有领袖之人，因有某地之目。自万历甲辰，顾、高倡学梁溪，于是前乎此而讲学者以东林为应求。后乎此者以东林为宗主，盖不啻濂洛关闽之齐一众心矣，况冯公师事泾阳，尤所谓声气同而道脉合者，不系之东林而谁系？"③

"天下东林书院"的交流在王学空疏流弊泛滥之际，皆倡

---

① 《答冯少墟侍御》，《愿学集》卷二。
② 张夏：《洛闽源流录》，清康熙二十一年（1682）黄昌衢彝叙堂本。
③ 《东林书院志》卷十七。

导实践，务为实用。东林书院首为导引："自顿悟之教炽，而时修之学衰。嘉隆以来，学者信虚语而卑实践。渐磨既久，浸灌益深，视居敬为拘囚，目穷理为学究，恶言工夫，托之本体，更不知操存涵养为何物矣。斯文未丧，东林代兴。高景逸先生心程朱而脉孔孟，拜官之日，首辟世则张子之邪说，使程朱之学晦而复明。未几，罢官，归里三十年，与泾阳顾先生辈力扶正学，专事时修。"① 关中冯从吾讲学强调"躬行"、"救时"，江右邹元标提倡"躬行立教"，得到顾宪成的赞许②。东林书院第三任主盟吴桂森总结说："尊王学者导流扬波，至有心学、理学之名，而脉若分为二矣。悟门既辟，一切穷理居敬之学视为尘垢秕糠，而流弊且中于人心。于是，东林君子起而维之，言体则必合之于用，言悟则必证之于修，程朱之说复揭中天……其一时并兴，声气同而道脉合者，则有关中冯恭定少墟先生云。"③ 正是由于以东林书院为首的"天下讲学书院"的共同努力，一扫王学流弊之迷雾，而使"程朱之说复揭中天"。

二　东林书院与东林党的关联

关于东林书院和东林党的关系，其所具是非复杂性，论者多以"东林"之称等而化之，实则不然。单从表面区分，前者属于学术范畴，后者属于政治范畴。但二者确实也存在着密不可分的关系。东林书院领袖顾宪成、高攀龙等被目为东林党魁，从某种意义上说明了东林书院在晚明政坛上的影

---

① 高攀龙：《东林景逸高夫子论学语序》，《东林书院志》卷十六。
② 顾宪成：《尚行精舍记》，《泾皋藏稿》卷十，四库全书本。
③ 吴桂森：《真儒一脉序》，《东林书院志》卷十六。

响和地位，以至于模糊了学术和政治的界限，合而为一体化。因此，欲理清二者之间的关系，实非易事，也非一语所能概括。下面拟对东林书院与东林党中人物作比对，以窥其一斑。

清人许献《东林书院志》卷一载万历三十二年（1604）"捐修东林书院者"名单，以及东林书院成员"列传"。名单中黑体则为《东林党人榜》中人物，括号内容据史料补。

（一）捐修东林书院者：

顾（宪成）泾阳（文选司郎中）	高（攀龙）景逸（都察院左都御史，宪成弟子）	顾（允成）泾凡（礼部主事，宪成弟）
安（希范）我素（礼部主事）	刘（元珍）本孺（礼部郎中）	叶（茂才）园适（吏部郎中）
张（大受）弦所	史（孟麟）玉池（吏科给事中）	王（永图）俭斋（宪成婿）
顾亭之（宪成子）	顾木之（宪成子）	顾夹之（宪成侄）
钱（一本）启新（御史）	陈（幼学）筠堂（刑部主事）	顾襄宇

（二）列传：

顾（宪成）泾阳（文选司郎中）	高（攀龙）景逸（都察院左都御史）	顾（允成）泾凡（礼部主事）
钱（一本）启新（御史）	安（希范）我素（礼部主事）	叶（茂才）园适（吏部郎中）
陈（幼学）筠塘（刑部主事）	薛（敷教）以身（凤翔府教授）	刘（元珍）本孺（礼部郎中）
张（大受）弦所	许（世卿）静余	王（永图）俭斋
史（孟麟）玉池（吏科给事中）	邹（元标）南皋（左都御史）	冯（从吾）少墟（工部尚书）
孙（慎行）淇澳（礼部尚书）	吴（桂森）觊庵	华认庵

于（孔兼）景素（礼部郎中）	丁（元荐）慎所（尚宝司少卿）	华（允谋）燕超
余（玉节）振衡	刘（宗周）念台（左通政）	秦（尔载）水庵
宿（梦鲤）仁寰	姜（志礼）同节	贺（时泰）亨阳
汪（康谣）鹤屿	李（复阳）元冲	周（孔教）怀鲁
欧阳（东凤）宜诸（常州知府）	魏（大中）廓园（吏科都给事中）	杨（涟）大洪（左副都御史）
周（顺昌）蓼洲（吏部郎中）	缪（昌期）西溪（左谕德）	陈（于廷）中湛（吏部侍郎）
王（家祯）轩箓	蔡（懋德）云怡	黄（道周）石斋（翰林编修）
文（震孟）湛持（翰林修撰）	金（铉）狷庵	马（世奇）素修
吴（钟峦）霞舟	陈（龙正）几亭	华（允诚）凤超
龚（廷祥）佩潜	邹（期祯）经畲	邹（期相）忠余
张（云鸾）泰岩	黄（伯英）日斋	秦（重泰）澹缘
陈（正卿）并渔	顾（枢）庸庵	施（元徵）旷如
周（镳）仲驭	成（勇）宝慈	刁（包）蒙吉
陈（揆）子众	高（世泰）汇旃	熊（祚延）祈公
恽（日初）逊庵	孙（奇逢）蕅门	秦（镛）大音
胡（时忠）慎三	严（毅）佩之	王（崇简）敬哉
孙（承泽）北海	龚（廷历）振西	汤（斌）潜庵
熊（赐履）敬修	陆（陇）稼书	吴（日慎）徽仲
汪（璲）默庵	施（璜）虹玉	宋牧仲
许（汝霖）时庵	张（伯行）孝先	张（夏）菰川
高（愈）紫超	林（宰）平华（无锡县令）	曾（樱）二云（常州知府）

从表中可以看出，捐修东林书院十五人中，除东林八君中的七人外，只有陈幼学、史孟麟为东林党人，其余或为顾氏家人或弟子，其范围也仅限于"一郡之内"。列传所列八十一人，只有二十六人列名东林党籍。其中包括捐修上述九人，以及东

林八君中的薛敷教为书院成员无疑。丁元荐为顾宪成弟子，有
祭顾宪成文："荐游先生之门三十有二年，生我者父母，知我成
我者先生"，可视为书院成员。于孔兼亦为书院成员，尝为顾宪
成作传："邑故有东林书院……宪成与弟允成倡修之……偕同志
高攀龙、钱一本、薛敷教、史孟麟、于孔兼讲学其中。"① 文震
孟也可列入东林书院之列。《顾宪成年谱》云："南皋邹公作
《依庸堂记》，其起语曰：'余友顾叔时，偕某某诸君子讲
学……'虚首席以待公（宪成）自定。泾凡公请填入存之。至
是，公命文震孟文起书丹刻石。"其余十三人中，欧阳东凤、林
宰、曾樱为地方政府要员，不能算作书院成员。邹元标、冯从
吾、魏大中、周顺昌、缪昌期、刘宗周皆非东林书院成员。《顾
宪成年谱》云："公与邹一生从未识面，切偲友谊，并于书牍往
还中得之。"冯从吾虽曾从学于顾宪成，但"为关学之宗，仲好
去师门最远，前后立朝，都不相值"。魏大中虽是高攀龙门生，
但其与东林书院无涉。《明史稿·丁慎所传》云："过高攀龙，
给事中魏大中至，攀龙请与交欢。辞曰：'吾老矣，不能涉嫌要
津'，遂别去。"② 可以看出，魏大中与丁元荐虽同列名东林党，
但并不相识，魏大中更像党中人物，而丁元荐则更像书院中人。
周顺昌亦非书院中人："时东林诸名公布列当途，公与之胶漆。
予尝讯公：'兄后进，何缘遽入东林？'公曰：'曩吾司李福州，
其人之与吾同调者，皆东林一脉。臭味相投，自有不谋之合。
岂真揭揭焉若建鼓而求亡子，以互相标榜乎哉！'"③ 缪昌期也
非书院成员："方昌期之未入都也，无锡顾宪成、高攀龙辟讲堂

---

① 《东林书院志》卷七。
② 《东林书院志》卷九。
③ 殷献臣：《周吏部年谱》，清康熙四十年（1701）刻本。

于东林庵。昌期私谓人曰:'诸君有意立名,党锢道学之禁,殆将合矣。'既登朝,而群小攻东林甚急。还观其所为,此皆附时相,走私门,恶清流清议为己害。昌期虽未心许东林,而攻者滋甚。盱衡扼腕,形于颜色。朝论遂以东林目之,昌期弗顾也。"①《顾宪成年谱》云:"后起东谦、静之曰:'兄尝邀余谒顾泾阳子,余以病未果。后托兄介绍,行有日矣,而兄病且卒,泾阳亦卒。'"刘宗周与顾宪成未曾谋面,因此也不可能为书院成员。孙慎行、黄道周、陈于廷、杨涟皆无讲学东林书院之记录,因此也非书院成员。以上东林党中人物皆有出仕经历,此不赘述。没有出仕经历的吴桂森,为顾宪成、高攀龙之后的第三任主盟,"先生代景逸司其坛"②,却并未列入东林党籍。

由上可得出如下结论:1. 东林书院中除东林八君等首要人物外,其余多数人皆非东林党人。2. 东林书院中列名东林党籍者都有出仕经历,余则也非东林党中人物,如吴桂森。3. 列名东林党中人物多由于意气之激,自称东林,实则与东林书院无涉,如周顺昌、缪昌期。4. 即使同为东林党中人物,但有些并不相识,如丁元荐与魏大中。

因此,从人员组成上,东林书院和东林党虽有一定意义上的联系,但更多的应是名目而已,实则为阉党借以倾陷正人君子以东林代称也。诚如李三才万历四十四年(1616)所上疏云:"东林者,乃光禄寺少卿顾宪成讲学东南之所也。……从之游者,高攀龙、安希范、刘元珍等,皆研习性命,检束身心,亭艺表表,高世之彦也。异哉此东林也,何负于国家哉?"③

---

① 陈鼎:《缪昌期李应昇列传》,《东林列传》卷四,四库全书本。
② 华贞元:《吴觐华先生墓志铭》,《东林书院志》卷九。
③ 《原任总督漕运户部尚书李三才疏》,《万历邸钞》万历四十四年丙辰卷,江苏广陵古籍刻印社1991年版。

第二节　东林书院与东林党的旨向

一　东林学术与王学的斗法

东林学派崛起于王学末流障目天下，甚嚣尘上之际。是时，学风日靡，士大夫谈禅之风尤盛。虽然万历七年（1579），张居正已窥其流弊，力挽狂澜而禁讲学，但在其殁后两年，阳明在王学门人的努力下得以入祀孔庙，获得了统治者认定的合法地位。庙堂林野空谈心性之风日隆，动摇了程朱思想的统治地位，"嘉隆而后，笃信程朱，不迁异说者，无复几人矣"。① 正所谓盛极必衰，王学成于讲学，败于讲学，阳明之后，王门弟子分散各处，各治一方，日益分化成不同的流派，"然阳明在军日久，享年不永，其所倡良知宗旨，犹多未及究。其平常言教，颇杂老释与宋贤陈言，与其良知之说多有错差，而阳明包和混会，不及剖析。故其深厚，门人后学即多分歧，梨洲所谓'各以意见掺和，说玄说妙，几同射覆也。'"② 思想的多元化发展给了程朱理学复苏的可乘之机。以顾宪成为首的东林学派以讲学为依托，起而纠王学之弊。胡献征《顾宪成年谱序》认为其"言之直接透彻，令学者如拨云雾见青天。砥姚江（王守仁）颓澜，遏娄东（管东溟）之狂焰，功不在孟子下"。事实上，东林学派对王学的纠弹，又反之于顾宪成等人所受王学之教益，"东林领袖顾宪成的学术渊

---

① 《儒林传序》，《明史》卷二百八十二。
② 钱穆：《中国学术思想史论丛》（第七卷），安徽教育出版社 2004 年版，第 124 页。

源在王学，这是不必争论的，但他不囿于王学，并能洞察到王
学的弊端，进而超越王学，也是一个明显的事实。顾宪成的超
越王学，在形式上，表现为复兴朱熹思想，但因他思想是直面
于现实的产物，故断不宜以为只是简单地返归考亭而已。继承
顾宪成事业的学生高攀龙，以及那许多归于旗下的同志，学术
思想上的门径均宜作如是观。"① 故而其争论愈坚，影响益大，
逐渐取王学而代之，成为晚明学术思想领域内具有统治地位的
思想派别。

作为东林开山，顾宪成的学术及思想旨向对于东林学派起
着不可或缺的规范作用。据《顾宪成年谱》载，他早年就私塾
诵读《论语》、《孟子》、周敦颐的《太极图说》、程颐的《识仁
篇》、张载的《西铭》，以及朱熹、陆九渊、邵雍等人的著述典
籍，远"祖孔子"，近"师紫阳（朱熹）"，接受的是儒家正统
思想教育。诸生时，"即以文章名世，坊间所刻诸论，皆其历试
冠军之作"。但他对于当时盛行的阳明思想也并不排斥，少年时
代有一次，业师授其一本王阳明的《传习录》，他一直"朝夕佩
习不敢忘"。二十岁时，顾氏兄弟师事张原洛，后者少游唐顺
之、薛应旂，因于隆庆四年（1570）绍介薛应旂门下，顾氏兄
弟的思想转折由此开始。薛应旂先后师从无锡邵宝、江西泰和
欧阳德、陕西关中吕柟。邵宝"学以洛、闽为的，尝曰：'吾愿
为真士大夫，不愿为假道学。'"② 欧阳德隶属于《江右王门学
案》，为阳明高足，"学务实践，不尚空虚③。吕柟位列《河东
学案》，以格物为"穷理"，强调"先知而后行"，尝指阳明

---

①　何俊：《西学与晚明思想的裂变》，上海人民出版社1998年版，第48页。
②　《邵宝传》，《明史》卷二百八十二。
③　《欧阳德传》，《明史》卷二百八十三。

"良知"之偏，认为其以"良知教人"，是"混沌的说法"。当时学者大率归阳明，而"独守程朱不变者，惟柟与罗钦顺云"。又曾九载南都讲学，"东南学者，尽出其门"①。从师承来看，薛应旂学兼程朱与陆王，黄宗羲将其列入《南中王门学案》，隶属心学一宗。然薛氏并非迷于心学一途，经历了由心学向程朱的回归：

> 讲学者将以明斯道而措诸行也。苟非深造自得者，是难与口舌争也。……旂虽寡陋，自童年时即有志于学。三十年前，从事举业，出入训诂，章分句析，漫无归着。一旦闻阳明王公之论，尽取象山之书读之，直闯本原而有工夫易简。正如解缠缚而舒手足，披云雾而睹青天，喜悦不胜，时发狂叫，遂以为道在是矣。如是者又三十年。……年逾五十，犹未能不惑。及罢官归，则既老是矣。恐终无所得，而虚负此生，日以孔孟之书，反复潜玩。赖天之灵，恍然而悟，始知朱子之言，孔子教人之法也。②

薛应旂任南京吏部考功郎时，主官吏考察，时浙江王门王畿任南京兵部主事，"置龙溪（王畿）于察典，论者以为逢迎贵溪（夏言）。其实龙溪言行不掩，先生盖借龙溪以正学术也。先生尝及南野（欧阳德）之门，而一时诸儒，不许其名王氏学者，以此节也"③。隆庆初年，薛应旂重编《考亭渊源录》，并以之授顾氏兄弟及孙薛敷政、薛敷教（东林八君

---

① 《吕柟传》，《明史》卷二百八十二。
② 薛应旂：《考亭渊源录》，隆庆三年（1569）刻本。
③ 《南中王门学案》，《明儒学案》卷二十五。

之一），言曰："洙泗以下，姚江以上，萃于是矣。异日，其无忘老夫也。"① 黄宗羲评价薛应旂功绩时说："然东林之学，顾导源于此，岂可没哉！"② 有如此之学术渊源，使顾宪成能够理性地消弭朱与王的分歧，而兼取其所长，他曾说："朱子平，阳明高；朱子精实，阳明开大；朱子即修即悟，阳明即悟即修。以此言之，两先生所以'考之事为之著，察之念虑之微，求之文字之中，索之讲坛之际'者委有不同处，要其至于道则均焉。"其学术观念是开放和会通的，认为朱与王最终的归处都是一致的："阳明之所谓'知'即朱子之所谓'物'，朱子之所以格物者即阳明之所以致知也。总是一般，有何同异，可以忘言矣。"③ 对于当时王学所产生的流弊，顾宪成有明确认识："阳明先生开发有余，收束不足。一时心目俱醒，恍若拨云雾而见白日，岂不大快？然而此窍一凿，混沌几亡。往往凭虚进而弄精魄，任自然而藐兢业。陵夷至今，议论益玄，习尚益下。高之放诞而不经，卑之顽钝而无耻。仁人君子又相顾徘徊，喟然叹息，以为倡始者殆亦不能无遗虑焉而追惜之。"④ 至于二者的冲突，他认为二者皆有其流弊，因之采取的是一种调和的姿态："朱子揭格物，不善用者流而为拘矣；阳明以良知破之，所以虚其实也。阳明揭致知，不善用者流而为荡矣；见罗以修身收之，所以实其虚也。皆大有功于世教。然而三言原并立于《大学》一篇之中也。是故以之相发明则可，以之相弁髦则不

---

① 《泾皋藏稿》卷二十二。
② 《提学薛方山先生应旂》，《明儒学案》卷二十五。
③ 《小心斋札记》卷七。
④ 《小心斋札记》卷三。

可；以之相补救则可，以之相排摈则不可。"① 受顾宪成影
响，高攀龙在学术上也是兼采朱、王而以朱为主，他在回忆
所由顾氏启发而后体悟得之时说：

> 吾年二十有五，闻令公李元冲（名复阳）与顾泾阳
> 讲学，始志于学。以为圣人之所以为圣人者，必有做处。
> 未知其方，启《大学或问》，见朱子说："入道之要莫如
> 敬"，故专用力于肃恭收敛。持心方寸间，但觉气郁身
> 拘，大不自在。及放下，又散漫如故，无可奈何。久之，
> 忽思程子谓"心要在腔子里"，不知腔子何指，果在方寸
> 间否耶？见注释不得，忽于《小学》中见其解曰："腔子
> 犹言身子耳。"大喜，以为心不专在方寸，浑身是心也，
> 顿自轻松快活。……过汀州，陆行至一旅舍，舍有小楼，
> 前对山，后临涧，登楼甚乐。偶见明道先生曰："百官万
> 务，兵革百万之众，饮水曲肱，乐在其中。万变俱在人，
> 其实无一事。"猛省曰："原来如此，实无一事也。"一念
> 缠绵，斩然遂绝。忽如百斤担子，顿尔落地，又如电光一
> 闪，透体通明。遂与天地融合无际，更无天人内外之隔。
> 至此见六合皆心，腔子是其区宇，方寸亦其本位，神而明
> 之，总无方所可言也。②

对于阳明心学，高攀龙专以"格物"论之，意在调和："阳明
先生于朱子格物，若未尝涉其藩也者。其致良知，乃明明德
也。然而不本于格物，遂认明德为无善无恶。故明德一也，由

---

① 《小心斋札记》卷十一。
② 《高子遗书》卷十。

格物而入者，其学实，其明也即心即性。不由格物而入者，其学虚，其明也是心非性。心性岂有二哉？则所以入者，有毫厘之辨也。"① 高攀龙以"格物"论学，悟修并重，又较顾宪成为细。至于孙慎行，以"理义"、"气质"来阐释"齐"、"善"、"长"之说，"三者之说，天下浸淫久矣，得先生而云雾为之一开，真有功于孟子者也。……蕺山先师曰：近看孙淇澳书，觉更严密。谓自幼自老，无一事不合于义，方养得浩然之气，苟有不慊则馁矣。"故黄宗羲评价说："东林之学，泾阳导其源，景逸始入细，至先生而集其成矣。"②

　　万历二十二年（1594），顾宪成以会推阁臣而罢官家居，遂专心从事讲学。当时学术领域内，阳明心学弊端日显，王学末流利用阳明"无善无恶心之体"的理论，提倡"三教合一"，大张禅风。二十年（1592）前后，理学内部爆发了一场关于"无善无恶"说的争论，论辩的双方为泰州学派的周汝登和甘泉学派的许敬庵。"南都讲学，先生与杨复所、周海门为主盟。周、杨皆近溪之门人，持论不同。海门以'无善无恶'为宗，先生作'九谛'以难之。言：'文成宗旨，元与圣门不异，故云性无不善，故知无不良，良知即是未发之中，此其立论至为明析。'无善无恶'心之体一语，盖指其未发廓然寂然者而言之，则形容得一静字，合下三言始为无病。今以心意知物俱无善恶可言者，非文成之正传也。'时在万历二十年（1592）前后，名公毕集，讲会甚盛，两家门下，互有口语，先生亦以是解官矣。"③ 围绕"无善无恶"的争论遂起波澜，

① 《高子遗书》卷八。
② 《东林学案二》，《明儒学案》卷五十九。
③ 《甘泉学案》，《明儒学案》卷四十一。

万历二十五年（1597）后，又掀起了更为激烈的论争。在这
次论争中，顾宪成、顾允成及关学冯从吾加入进来，成为主
角。钱一本说："无善无恶之说，近时为顾叔时、顾季时、冯
仲好明白排决不已，不至蔓延为害。"① 论辩的另一方则以管
志道为主要代表。《顾宪成年谱》万历二十六（1598）、二十
七年（1599）载："时太仓管东溟以绝学自居，一贯三教，而
实专宗佛氏。公（顾宪成）与之反复辩难，积累成帙，管名
其牍曰《问辨》，公亦名其编曰《质疑》，于'无善无恶'四
字驳之甚力。……昆陵二三君子皆力主公之说。"顾宪成认为
"无善无恶"易造成"空"、"混"之弊，"空则见谓无一之可
有，混则弊且无一之不有；空则并以善为恶，混则遂以恶为
善"。②《朱子二大辨序》进一步指出："'无善无恶'之说行，
且并道德而浮云之矣。"③ "'无善无恶'之说伸，则为善去恶
之说必屈，为善去恶之说屈，则以其亲义序别信为土苴，以学
问思辨行为桎梏，一切藐而不事者必伸。虽圣人复起亦无如之
何矣。尚可得而教正邪。"④ 因此于"阳明'无善无恶'一
语，辩难不遗余力，以为坏天下教法，自斯言始"⑤。冯从吾
亦说："近世学者，病支离者什一，并猖狂者什九，皆起于为
'无善无恶'之说所误。良可浩叹。"⑥ 顾允成所言明确指出了
后来东林学派形成的思想旨向，即倡导实学，实现"修"、
"齐"、"治"、"平"的内圣外王的儒家理想："窃惟天下之治

---

① 《东林学案一》，《明儒学案》卷五十八。
② 顾宪成：《还经录》，清康熙刻本。
③ 《小心斋札记》卷十。
④ 顾宪成：《东林会约》，《东林书院志》卷二。
⑤ 《东林学案一》，《明儒学案》卷五十八。
⑥ 《答杨原忠运长》，《少墟集》卷十五。

乱系于人心，人心邪正系于治道。治道之隆污又系于学术。……近乃有以'无善无恶'为宗者。举义利王伯一扫而除，而浮游于莫可是非之地。……今日讲学家苦心劳力，只成就'无善无恶'四字。夫学贵治本治要反经。正心诚意四字不着，则'无善无恶'四字不息。'无善无恶'四字不息，则修齐治平未易几也。"① 其后，黄宗羲评价这场论争时，认为双方皆曲解了阳明的"立言之旨"：

> 阳明言"无善无恶心之体"，原与性无善无不善之意不同。性以理言，理无不善，安得云无善？心无气言，气之动有善不善，而当其藏体于寂之时，独知湛然而已，亦安得谓之有善有恶乎？且阳明之必为是言者，因后世格物穷理之学，有先乎善而立也。乃先生建立宗旨，竟以性为无善无恶，失却阳明之意。而曰"无善无恶，斯为至善"，多费分疏，增此转辙。善一也，有有善之善，有无善之善，求直截而反支离矣。先生九解，只解得人为一边。善源于性，是有根者也，故虽戕贼之久，而忽然发露。恶生于染，是无根者也，故虽动胜之时，而忽然销陨。若果无善，是尧不必存，桀亦可亡矣。儒释之判，端在于此。先生之无善无恶，即释之所谓空也。后来顾泾阳、冯少墟皆以无善无恶一言，排挞阳明，岂知与阳明绝无干与！故学阳明者，与议阳明者，均失阳明立言之旨，可谓之茧丝牛毛乎！②

---

① 《东林学案三》，《明儒学案》卷六十。
② 《泰州学案五》，《明儒学案》卷三十六。

事实上，论辩的受益者当属以顾宪成为首的反对派。他们与"无善无恶"说的论辩，实际上是东林学术在当时思想领域的预演，无疑这次成功的演出，使他们名声大震，而在此时，作为学术宣传阵地东林书院的成立就提上了议事日程。次年，顾宪成即表达了他对于学术联盟的迫切希望："我吴尽多君子，若能联属为一，相牵相引，接天地之善脉于无穷，岂非大胜事哉!"① 希望将原来分散的讲学活动"联属"成统一的组织。他曾对高攀龙说："日月逝矣，百工居肆以成事，吾曹可无讲习之所乎?"② 至万历三十二年（1604），在常州知府欧阳东凤、无锡县令林宰的帮助下，东林书院仅历五月即告竣工，正式宣告东林学派作为一个学术派别，向已与程朱学并立格局的王学发起了挑战。

二　东林党的实学思想及政治理念

东林党的实学思想是应时代要求而产生的，是对明中后期王学的反驳与修正。阳明创立心学，倡导"致良知"、"知行合一"之说。其所谓"知行合一"起初并非如后来所发展之"空谈心性"，他说："夫问思辨行皆所以为学，未有学而不行者也。如言孝，则必服劳奉养，躬行孝道，然后谓之学。岂徒悬空口耳讲说，而遂可以谓之学孝乎?学射则必张弓挟矢，引满中的；学书则必伸纸张笔，操觚染翰，尽天下之学，未有不行而可以言学者也。"③ 由此可知，王阳明创心学之初衷与后来王学之流弊大相径庭。阳明之后，王学产生了分化，以其学术宗旨和修行方法而言，可分为"尊德

---

① 《泾皋藏稿》卷五。
② 《顾泾阳先生传》，《东林书院志》卷七。
③ 王守仁：《答顾东桥书》，《王文成公全书》卷二，四部丛刊本。

性"、主"顿悟"的王学左派和"道问学"、主"渐修"的王学右派。"双江、念庵使王学向右发展","龙溪、心斋使王学向左发展"。

王学左派在当时影响很大,"阳明先生之学,有泰州、龙溪而风行天下"①,听其讲学者"不下千余","牧童樵竖,钓老渔翁,市井少年,公门健将,行商坐贾,织妇耕夫,窃屦名儒,衣冠大盗"②等社会各阶层皆宗其说。左派王学成为当时相当流行的思潮,提倡个性解放,对程朱理学造成了强烈的冲击。东林党人刘宗周尖锐地指出:"自文成而后,学者盛谈玄虚,遍天下皆禅学。"③以顾宪成、高攀龙等为首的东林党人"志在世道",对置国艰民危于不顾,弃儒入禅,空谈心性,不务实学的王学末流极为不满,他们适应时代的要求,大力倡导实学,从而对王学末流进行修正。万历二十六年(1598)前后,爆发了心体为"无善无恶"的论争。论辩的双方,一方是以管志道、周汝登为代表的倡导王阳明"无善无恶心之体"说,一方是以顾宪成、高攀龙为代表的东林党人,以及关学冯从吾、泰州学派方本庵等。东林党人"力阐性善之旨,以辟无善无恶之说"④。顾宪成认为"无善无恶"之说存在严重危害:"'无善无恶'四字最险、最巧。君子一生兢兢业业、择善固执,只著此四字,便枉了为君子。小人一生猖狂放肆,纵意恣行,只著此四字,便乐得做小人。语云:'埋藏君子,出脱小人',此八字乃'无善无

---

① 《泰州学案一》,《明儒学案》卷三十二。
② 李贽:《罗近溪先生告文》,《焚书》卷三,中华书局1975年版。
③ 刘宗周:《蕺山先生年谱》,《刘子全书》卷四十,清刊本。
④ 《东林书院志序》,《东林书院志》卷首。

恶'四字膏肓之病也。"① 万历四十一年（1613），刘宗周上《修正学以淑人心、以培国家之元气疏》直言："王守仁之学，良知也，无善无恶，其弊也，必为佛老顽钝而无耻。……佛老之害，自宪成而救。"② 东林党人强调"道性善"，以补"无善无恶"之说，"性善发于孟子，孰不谓老生常谈。然自'无善无恶'之说炽行之后，忽抬出此二字以正告天下，遂耸乎有回澜漳川之功"，"顾泾阳先生与忠宪公（高攀龙）讲学宗旨，全在揭出'性善'二字，以砥'无善无恶'之狂澜"③。关于这场心体为"无善无恶"的论辩，实际上是社会危机严重恶化的产物，是崇尚实学和空谈心性之间的思想论争，为实学思潮的高涨起到了先导作用。

对于程朱理学空洞的教条已不适应济世救民的需要，东林党人进行了重新的阐释和修正，力图弘扬儒学经世的传统。顾宪成等人以"忠恕"这一道德原则来概括《大学》的"治国平天下"的政治学说，把"诚意、正心、修身"概括为"忠"，把"齐家、治国、平天下"概括为"恕"，强调只有"诚意、正心、修身"的个人道德修养完善了，才能"恕己及物"，达到"齐家治国平天下"的最高理想。因此，黄尊素提出"以开物成务为学，视天下安危"的治学主张，十分鄙视"志不在宏济艰难，沾沾自喜，拣择题目以卖声名"的小人④。高攀龙甚至提出"无用便是落空学问，……立本正要致用"、"学问通不得百姓日用，便不是学

① 《还经录》卷一。
② 《刘子全书》卷十四。
③ 《东林书院志序》，《东林书院志》卷首。
④ 《东林学案四》，《明儒学案》卷六十一。

问”的观点①。这种以能否治国平天下作为衡量学问之“有
用”或“无用”的尺度，表明了东林党人倡导经世实学的强
烈愿望。高攀龙明确指出，首先须“格物”，其次归于“治
国平天下”，然后“始为有用之学”，“事即是学，学即是
事。无事外之学、学外之事也。然学者苟能随事察明辨，处
处事事合理，物物得所便，是尽性之学。若是个腐儒，不通
事务，不谙时事，在一身而害一身，在一家而害一家，在一
国而害一国，当天下之任而害天下。所以《大学》之道，先
致格物，后必归结于治国平天下，然后始为有用之学也。不
然单靠言语说得何用”。② 如何由程朱与阳明之虚入实学之
实，高攀龙认为必须通过“格物”，否则儒学即“入于禅”，
而“虚其实”。他说：“圣人之学，所以与佛氏异者，以格
物而致良知也。儒者之学，每入于禅者，以致知不在格物
也。致知而不在格物者，自以为知之真，而不知非物之则，
于是从心逾规，生心害政，去至善远矣”，“二先生（陆象
山、王阳明）学问俱从致知入。圣学须从格物入。致知不在
格物，虚灵知觉虽妙，不察于天理之精微矣”。③ 进而认为：
“今日虚症见矣，吾辈当相与稽弊而反之于实。”④ 高攀龙的
“反之于实”的观点，是在对程朱理学与王学末流空虚之弊
批判的基础上总结出来的，是实学思想的具体体现。

东林党的实学思想体现在学术层面上的“反之于实”，
取决于其对王学与程朱理学空疏学风的纠弹，以及君子论学
“与世为体”的宗旨。以实学为指导思想，力图建立重实践

① 《高子遗书》卷四。
② 《高景逸先生东林论学语上》，《东林书院志》卷五。
③ 《王仪寰先生格物说小序》，《高子遗书》卷九。
④ 《知及之章》，《高子遗书》卷四。

与实证的新学风。

作为东林党领袖的顾宪成和高攀龙于万历三十二年（1604），在无锡重建东林书院，提倡经世救国的务实之学，成为"一时儒者之宗"①。时人对二人评价甚高："隆万以来，则有顾泾阳（宪成）先生于邑（无锡）之东南，辟道南精舍，以鼓舞善类、讲明正学，蒸蒸向往，几与白鹿、紫阳鼎立宇内。维时与泾阳先生相左右，继先生为主盟而集其成，高先生存之也。"② 以顾、高为首，包括钱一本、顾允成等在东林书院讲学，"讽议朝政，裁量人物"，一时影响颇为深远，"远近名贤，同声相应，天下学者，咸以东林为归"。③ 黄宗羲在评论顾宪成时说："先生（顾宪成）论学，与世为体，尝言：官辇毂，念头不在君父上；官封疆，念头不在百姓上；至于水间林下，三三两两，相与讲求性命，切磨德义，念头不在世道上，即有他美，君子不齿也。"④ 顾宪成以"君子所不齿"否定了为学的空疏之弊，将学问落到了实处。针对王学末流的儒学空无理论，完全背离了儒学的经世宗旨。东林党人尖锐地指出，这是"以学术杀天下"，并认为"学术之邪正，关系治乱甚大"，"学术者，天下之大本也。学术正，政事焉有不正"。⑤ 东林党人倡导实学，就是要拨正空虚的学风，而"反之于实"。顾宪成赞同邹元标"躬行立教"的主张，认为这是"今日对病之药"，在他所订立的《东林会约》中，标其宗旨"躬修力践"，强调"先

---

① 《高攀龙传》，《明史》卷二百四十三。
② 《景逸高先生名状》，《高子遗书》卷末。
③ 裴大中：《光绪无锡金匮县志》，清光绪二十九年（1903）刊本。
④ 《东林学案一》，《明儒学案》卷五十八。
⑤ 《语》，《高子遗书》卷一。

行后言，慎言敏行之训"。顾宪成等人在讲学中强调"讲"、"习"结合，认为过去讲学的缺陷在于"所讲非所行，所行非所讲"。因此，顾宪成强调要"讲以讲乎习之事，习以习乎讲之理"。高攀龙强调东林讲会，"每有所疑，各呈所见，商量印证，方有益进。不然，会时单讲几章书义，只是故事而已。虽有所闻，亦不过长得些闻见，还不是会之正格"。可见，他们讲学侧重实践和实证的新学风。

东林党倡导实学还体现在政治层面上"治国平天下"的理想，这与其学术层面的"反之于实"，提倡实践和实证的新学风是一致的。东林讲学往往"讽议朝政，裁量人物"，足见其宗旨并不单纯在于讲学。为达到"治国平天下"的目的，东林党人宁愿以生命践履政治理想。他们"至于削夺不足为耻，刀锯不足为畏"[1]。东林党人"慨然以天下自任"的做法，在朝野上下引起了轰动，"当是时，士大夫抱道忤时者，率退处林野，闻风响附，学舍至不能容"[2]。他们目睹朝政赢败，内阁形同虚设，国家权力尽入于阉宦之手，表现出强烈地愤慨："天下即乏才，何至尽出中官下！"[3] 要求"政事归于六部，公论付之言官"[4]。在万历三十八年（1610）召开的东林大会上，顾宪成公开宣称："是非者，天下之是非，自当听之天下，无庸效市贾争言耳。"[5] 高攀龙要求东林同志，"君子之所作所为，直要通得天下人才行得。……不能通天下人而欲行一己的独见，不要说天下人不从，即同志中也不从。"他甚至

---

① 《柬周来玉侍郎》，《高子遗书》卷八。
② 《顾宪成传》，《明史》卷二百三十一。
③ 《刘宗周传》，《明史》卷二百五十五。
④ 《史孟麟传》，《明史》卷二百三十一。
⑤ 顾宪成：《以俟录》，清光绪十二年（1886）汇印本。

公开对封建君主的专制提出了挑战："有益于民而有损于国者，权民为重，则宜从民。"①

东林党人最可贵的政治表现是领导市民在各地开展了轰轰烈烈的反矿税斗争，代表了市民阶层的愿望和要求。东林党人以叶向高为首，包括魏允贞、冯琦、田大益、王元翰、萧近高、朱吾弼、温纯、金士衡、吴达可、汪应蛟、张问达、汤兆京、王纪、张养蒙等纷纷上疏请罢矿税，一时间，"中外争矿税者无虑百十疏"。叶向高在疏中表达了对矿税的忧虑："臣等窃惟矿税之忧，中外皆言其不可，而陛下坚欲为之。群言不能争，群怨不能动。度皇上之心，必曰：国家之威灵甚张，小民之力量甚微，即有狂图，何渠能逞？不知三代以来，危亡之祸，接踵见矣。"② 东林党李三才是反矿税中最得力者，他在疏中一针见血地指出："陛下爱珠玉，民亦慕温饱；陛下爱子孙，民亦恋妻孥。奈何陛下欲崇聚财贿，而不使小民享升斗之需；欲绵祚万年，而不使小民适朝夕之乐？自古未有朝廷之政令，天下之情形一至于斯，而可幸无乱者！今阙政猥多，而陛下病源则在溺志货财。臣请焕发德音，罢除天下矿税。欲心既去，然后政事可理。"③ 同时，他采取有力措施除掉了榷使陈增及其爪牙，得到了市民的广泛称颂。此外，东林党人福建推官周顺昌、湖广佥事冯应京、陕西巡按余懋衡、咸阳知县满朝荐、襄阳推官何栋如等都直接参与领导了地方的反矿税斗争。由于东林党人的一系列政治运动代表了市民阶层的利益，因此，当东林党人遭到镇压时，激起了多次民变。最著名的就是

---

① 《东林论学语上》，《东林书院志》卷五。
② 《叶向高传》，《明史》卷二百四十。
③ 《李三才传》，《明史》卷二百三十二。

复社领袖张溥《五人墓碑记》中所描写的苏州民变，此外还有常州和浙江民变。天启五年（1625），东林党人杨涟、左光斗、袁化中、魏大中、周朝瑞、顾大章诏逮入狱惨死，史称"六君子"。天启六年（1626），七君子除高攀龙投水自沉外，其余六君子周起元、周宗建、缪昌期、周顺昌、李应升、黄尊素继之死难，真正做到了"一堂师友，冷风热血，洗涤乾坤"①，实践了其学术与政治相统一的实学思想和政治理念。

---

① 《东林学案一》，《明儒学案》卷五十八。

第 二 章

东林书院与东林党的文学活动

作为一个学术团体，东林书院集中了众多当时颇具声望的理学家，诸如东林八君，他们以讲学为主，矫心学流弊，一归程朱。然讲学之余，亦"联属同志，以文会友，以友辅仁"，以为涤荡心灵，交流感情。东林党作为晚明政坛极具影响力的政治集团，是当时先进士大夫群体的杰出代表，他们中绝大多数以科举进仕，既有宏伟的政治抱负，也有深邃的理学思想。居庙堂之上，则忧国忧民；退居林下，则以清议鉴政。无论作为政治家，亦或理学家，都掩饰不了他们对于文学的理解。他们虽没有形成统一的文学派别，但他们中的某些重要人物，以其在政治上的声望，亦能影响周围的一群人组成学术性或文学性的社团。前者以刘宗周"证人社"为例，后者以钱谦益"虞山诗社"为例。

第一节　东林书院的文学活动

一　东林书院的讲经活动

东林书院丽泽堂上梁文有云："伏愿上梁之后，德自成邻，文常会友。闻己过，道人善。勿虚讲习之功。"道出了其讲会的宗旨，即"德自成邻，文常会友"。东林书院下设两个讲堂"依庸"和"丽泽"，前者以道性善为主，传程朱正脉，偏重于学术。后者主"以文会友，以友辅仁"，偏重于文学。然其首先应该是权德为重，复揭程朱，这是当时王学流弊甚嚣尘上，程朱日衰的局面所决定的。高攀龙认为："天下不患无政事，但患无学术。何者？政事者存乎其人，人者存乎其心。学术正则心术正，心术正则生于其心，发于政事者岂有不正乎！故学术者，天下之大本。"[①] 可以看出，东林学派是将学术与政治联系在一起的，欲政事先学术。因此，究明学术就成为其讲学活动的主导，而这又是通过讲述儒家经典来实现的。

嘉隆以降，程朱式微，王学如日中天，然其开化之功伴随流弊日深，造成了维护封建秩序伦理道德的失范，"姚江（阳明）挺豪杰妙悟良知，一破泥文之蔽，其功甚伟，岂可不谓孔子之学？然而非孔子之教也，今其弊略见矣。始也扫闻见以明心耳，究且任心而废学，于是乎诗书礼乐轻，而士鲜实悟；始也扫善恶以空念耳，究且任空而废行，于是乎名

---

① 《语》，《高子遗书》卷一。

节忠义轻，而士鲜实修"。① 东林书院之成立，意欲救此流弊。正如华允谊所说："嘉（靖）隆（庆）以降，则学术多歧矣。姚江（王阳明）扫除格致，单揭良知，其说深入人心髓，而程朱正脉几处闰位。于是顾端文（宪成）、高忠宪（攀龙）两先生倡复书院，阐绎而救正之。"② 他们把这种道德的重整上升到救世的高度，因此就显得相当重要了，对于这一点，有志于世道的东林学人毫不掩饰其经世救国之念：

> 士之号为有志者，未有不亟亟于救世者也。夫苟亟亟于救世，则其所为必与世殊。是故世之所余，矫之以不足；世之所不足，矫之以有余。矫，非中也，待夫有余不足者也。是故，其矫之者，乃其所以救之者也。③

这种以道德救世的思想在东林书院的会约中具体化了："窃见迩时论学率以悟为宗，吾不得而非之也，徐而察之，往往有如所谓亲义别序信为土苴，以学问思辨行为桎梏，一切藐而不事者，则又不得而是之也。识者忧其然，思为救正。"④《东林会约》明确规定："每会推一人为主，主说四书一章，此外有问则问，有商量则商量。凡在会中，各虚怀以听，即有所见，须俟两下讲论已毕，更端呈请，不必搀乱。"通过讲论四书五经，究明学问。顾宪成谈到东林讲会时的这种状况时说："每岁一大会，每月一小会，弟进而讲于堂，持论侃侃，远必称孔孟，近必称周程有为新奇险怪之说者，辄愀

---

① 《崇文会语序》，《高子遗书》卷九。
② 华允谊：《跋东林续志》，《东林书院志》卷十六。
③ 《赠凤云杨君令峡江序》，《泾皋藏稿》卷八。
④ 《东林会约》，《东林书院志》卷二。

然改容，辞而却之。"① 如此讲习，则不仅可使学问日进，也可联属同志：

自古未有关门闭户独自做成的圣贤，自古圣贤未有离群绝类、孤立无与的学问，所以然者何？这道理是个极精极细的物事，须用大家商量方可下手；这学问是个极重极大的勾当，须用大家帮扶方可得手，故学者惟其无志于道则亦已耳，幸而有志于道，定然寻几个好朋友并胆同心，细细参求，细细理会，未知的要与剖明，已知的要与印证，未能的要与休验，已能的要与保持如此而讲，如此而习，于是怠者起，断者联，生者熟，相渐相摩，不觉日进而光大矣！②

东林书院院规开宗明义以"列孔、颜、曾、思、孟，明统宗也；次白鹿洞学规，定法程也；申之以饬四要，辨二惑，崇九益，屏九损，卫道救时"。四要之中明确有"尊经"一条："一曰尊经。尊经云何？经，常道也。孔子表章六籍，程子表章四书。凡以昭往示来，维世教，觉人心，为天下留此常道也。"尊经的目的在于重道，以六经和程朱理学为出发点，是针对王门后学束书不观、游谈无根的学风而发："若厌其平淡，别生新奇以见趋，是曰穿凿；或畏其方严，文之圆转以自便，是曰矫诬；又或寻行数墨，习而不知其味，是曰玩物；或胶柱鼓瑟，泥而不知其变，是曰执方；至乃枵腹高心，目空古，一则曰何必读书然后为学，一则曰六

---

① 《先弟季时述》，《泾皋藏稿》卷二十二。
② 《顾泾阳先生东林商语上》，《东林书院志》卷三。

经注我，我注六经，即孔子大圣一腔苦心，程朱大儒穷年毕
力，都付诸东流已耳。"① 由此可见，东林书院以"尊经"
来正本清源，绍明儒学正统。诚如赵南星所说："公兄弟
（顾宪成、顾允成）与群贤时聚而讲学，其学惟就孔孟宋诸
大儒之书阐明之，温故知新，不离乎区盖之间，高明者闻之
可入，始学者闻之不骇。"②

　　东林书院讲学首先明确儒学道脉："故东林在而龟山
（杨时）在，龟山在而洛闽夫子（程朱）在，洛闽夫子在而
先圣（孔孟）在，神一也，一著而无不著。"③ 顾宪成还利
用梦境来宣传这一主张："一夕梦杨龟山先生于崇正书院拜
而请曰：'孔子删述五经，垂训万世，独《礼记》纯驳几
半，似非原经，二程夫子绍明孔绪，何不釐正，补此阙典。'
先生曰：'已釐正矣。'曰：'何不传。'先生曰：'何尝不
传？'曰：'安在？'先生曰：'《大学》、《中庸》是也。'觉
而语泾凡公且曰：'《大学》、《中庸》还为《礼》经，五经
备矣。周子之《太极图说》、《通书》，朱子之《小学》，窃
以为可羽翼《论》、《孟》，配为四书。'泾凡公曰：'此真千
古不易之案也。'次年，创复东林，实文靖讲学故也。"④ 顾
宪成《东林商语》即是讲习《论语》、《孟子》所得。如其
中有这样一段高攀龙问《论语》于顾宪成的记载：

　　　　高存之又问《论语》记"子所雅言，诗书执礼。子

---

　　① 《东林会约》，《东林书院志》卷二。
　　② 赵南星：《明南京光禄少卿泾阳顾公碑》，《味檗斋文集》卷一，畿辅丛
书本。
　　③ 《东林志序》，《高子遗书》卷九。
　　④ 《杂记》，《东林书院志》卷二十二。

罕言利与命与仁。子不语乱力怪神。"窃惟圣人所罕言
所不语必有深意，所惟雅言，决非词章记诵，资入口耳
津津，拈出必有一段恳切，为人至意，后人才说诗书执
礼往往以为寻常无奇，忽而不察圣人何不虑天下，后世
厌忽不察，乃区区于先民寻常之训守，而不失如此，望
明教之。

　　吾夫子赞《易》叙《书》删《诗》正《礼》修
《春秋》，总是一个脉络，而独雅言诗书礼也。岂不似乎
或含或显或泄或秘分作两样，曰利，曰命，曰仁，各是
一个端绪而均之，其罕言也。曰怪，曰力，曰乱，曰
神，各是一个极缄而均之，岂不语也。岂不似乎公私没
辨，邪正莫不似乎株守寻常棋藏妙密，而于门弟子有所
隐也。窃尝思之矣。学者之侈虚驰，而忽真修也久矣。
宁毕无高，宁浅无深，宁近无远，宁庸无奇，庶几其知
返乎？此一说也。虽然是犹有高毕浅深，远近庸奇之见
也。究竟即毕即高离毕无高，即浅即深离浅无深，即近
即远离近无远，即庸即奇离庸无奇，即之者一之也。取
之日用而有余离之者一之也。求之渺茫而不足此又一说
也。故曰下学而上达，又曰庸德之行，庸言之谨，所以
提撕天下万世者至矣。此吾夫子之意也。①

顾宪成对《论语》中的话语加以阐发，结合现实学术的空疏
之弊，倡导由读经而尊德行，而至于"提撕天下万世"。高
攀龙论学继承了顾宪成的思想，对经典的阐释也迎合了儒家
的传统：

---

① 《顾泾阳先生东林商语上》，《东林书院志》卷三。

事即是学，学即是事，无事外之学，学外之事也。然学者苟能随事精察明辨，的确处之事事合理，物物得所，便是尽性之学。若是个腐儒，不通世务，不谙时事，在一身而害一身，在一家而害一家，在一国而害一国，当天下之任而害天下。吾辈处事接物，只是至诚直道行去，不必添一毫算计。所以孟子云：君子可欺以其方，难罔以非道。小人以方而欺君子，君子宁受其欺也，若罔以非道，君子必不从。①

万历二十年（1592），高攀龙在行人司任上疏言："自古治天下者，未有不以教化为先务，而教化隆则学术之邪正，为之所系非小也。是以圣帝明王必务表彰正学，使天下晓然知所趋，截然有所守，而后上无异教，下无异习，道德可一，风俗可同，贤才出而治化昌矣！"② 可以看出，其早期欲以道德教化治天下的政治理想和其后在东林书院的讲经活动是一脉相承的。因此，东林书院的讲经活动不仅是对当时学术的救弊，也是东林学人有志经世的理想所在。

东林书院讲经活动中，《周易》也是被屡屡讲述的内容。东林八君顾宪成、顾允成、高攀龙、安希范、刘元珍、叶茂才、钱一本、薛敷教皆是当时的理学名臣。顾宪成、高攀龙、钱一本、吴桂森等擅长谈《易》。如顾宪成从《周易》中万物生成的传统观点阐发出"善"是万物的本源："《易》曰：'大哉乾元，万物资始。'曰：'至哉坤元，万物资生。'曰：'元者，善之长也。'可见乾坤万物，一齐从'善'中流出。

---

① 《高景逸先生东林论学语上》，《东林书院志》卷五。
② 《崇正学辟异说疏》，《高子遗书》卷七。

圣人要范围天地、曲成万物,所以欲培植此'善'字。"① 万
历四十一年(1613),高攀龙尝邀钱一本至东林讲《易》:"昆
陵钱先生受易于江右名儒,而心有独得……癸丑冬,会高存之
偕二三同志延至东林讲《易》,多士云集,匝月始竟。各克其
量而去,盖旷举也,亦奇逢也。"②

在讲经过程中,东林学人强调"会得"。高攀龙说:"四
书五经皆圣贤之言,苟会得,则一言一字皆可入门;会不得,
虽诵读终身,汗牛充栋,无益。"③ 因此,东林学人多有对于
经典的阐释之作。如顾宪成于万历五年(1577)就写出了流
传颇广的《学庸说》。万历十一年(1583),他在家侍母期间
潜心研究《易经》,兼治《春秋》之学。为了平息当时关于
《大学》章句的争论,万历十五年(1587),他重订了《大
学》一书的章节。万历二十年(1592),他又作了《大学通
考》和《大学质言》。万历二十二年(1594)以后,他被革职
回家,潜心著述,竭力提倡"尊经重道"、"以朱为宗"。他撰
写的《泾皋藏稿》二十二卷、《小心斋札记》十八卷、《证性
编》六卷、《还经录》一卷、《自反录》一卷、《当下绎》一
卷等大量著作,在明代经学发展史上占有一定的地位。高攀龙
任职行人期间,细细阅读《二程朱子全书》和薛瑄的著作,
手自摘抄,作《日省编》,分附《大学章句》下作初学指南。
又集《崇正编》,以先儒所论儒、释分岐处,汇成一书,"以
端学脉"。万历三十二年(1604)以后,他与顾宪成共主讲
席,撰写了《古本大学》、《正蒙集注》、《四子要书》、《朱子

---

① 高攀龙:《泾阳顾先生小传》,《高子别集》卷三,光绪二十四年(1898)
刊本。

② 叶茂才:《跋点朱馀咏》,《东林书院志》卷十六。

③ 《高景逸先生东林论学语上》,《东林书院志》卷五。

节要》等许多经学著作，对经学的传承和发展起了积极的作用。

二　东林书院的文社活动

正、嘉以来，阳明心学天下风靡。其始行之初，以书院为依托传播学术。史载："自武宗朝，王新建以良知之学行江浙两广间，而罗念庵、唐荆川诸公继之，于是东南景附，书院顿盛，虽世宗力禁而终不能止。"① 万历十二年（1584），王守仁入祀孔庙，阳明学获得了合法的地位，俨然与程朱之学分庭抗礼。当时在学术领域内，阳明心学的流弊已经日益严重，而且四分五裂成诸多流派。王学末流片面发挥阳明"四句教"，谈空说玄，公开倡"三教合一"之说。万历三十二年（1604），东林书院建成，顾宪成、高攀龙等在学术上针对王学末流空疏之弊，倡经世致用之实学。东林书院下设两个讲堂，一为"依庸"，一为"丽泽"。"依庸"重在学术，主张性善，下学上达，传程朱道脉，此为目的；"丽泽"则为途径，主要为"朋友讲习"和"联属同志，以文会友，以友辅仁"两个方面。由此可以看出，东林在注重学术的同时，并未忽视文学的功用，以其为辅佐学术之用，而沾染了东林学术的文学无疑也具有了鲜明的道学色彩。《东林会约》规定："会日，久坐之后，宜歌诗一二章，以为涤荡凝滞，开发性灵之助，须互相倡和，反复涵咏。每章至数遍，庶几心口融洽，神明自通，有深长之味也。"东林学术与文学的关系如此体现得十分鲜明。尽管东林把文学作为学术的附庸，但其间或的文学活动却也体现出来，体现了对于学术与文学关系的理解。

---

① 沈德符：《万历野获编》卷二十四，中华书局 1959 年版。

东林书院自成立后，明确提出"卫道救时"的宗旨。规定每年除一次大会外，每月还有三日小会。黄宗羲说："每月三日远近集者数百人，以为纪纲世界，全要是非明白。"① 其他闻风而起者，有毗陵经正堂、金沙志矩堂、荆溪明道书院、虞山文学书院，"皆捧珠盘，请先生莅焉"。② 东林书院在江南可谓显赫一时，渐而成为全国清议的舆论中心。然书院讲学之外，尝以文会友，隐约有一文社存在。据《顾端文公年谱》载："顾泾阳先生起昆陵，葺龟山之遗址曰东林者为社。一时名士高公景逸、安公我素、刘公楚盘、张公弦所及泾阳之从子白余相与纪纲其事。东南之士翕然响应，而东林之声遂振于天下。"顾宪成在《明故孝廉静余许君墓志铭》中也有自述："甲午归田，偕同志修东林之社，君时时眈临之。"③ 甲午为万历二十二年（1594），这年五月，吏部廷推阁臣，顾宪成力荐王家屏，神宗不满王家屏曾干预立嫡之事，因下吏部再报，王家屏仍列名其中，神宗怒将顾宪成削籍。同年九月，顾宪成回到无锡，仍然忧心国事，有诗云："嘐嘐妄拟古之人，岁月蹉跎忽至今。一息尚存应有事，莫将夭寿贰吾心。"④ 此外，他在给友人的信中亦抒发了不愿终老山林的志向："生平颇怀热肠，何能耕闲钓寂。"于是决心"而今而后，惟应收拾精神，并归一路，只以讲学一事为日用饮食。学非讲可了，而切磨淘洗，实赖于此"。⑤ 万历二十五年（1597），顾宪成于"小心斋"东侧建"同人堂"，作为"月集诸从游者会"的处所，也

① 《东林学案一》，《明儒学案》卷五十八。
② 同上。
③ 《泾皋藏稿》卷十六。
④ 《东林书院志》卷七。
⑤ 《泾皋藏稿》卷五。

是他在重修东林书院之前于故里讲学的主要场所。当时受教者
后来显名于世者，有缪昌期、马士奇等。"丁酉家居，弟子云
集，邻居梵宇僦寓都遍，至无所容。先生商之仲季，各就溪旁
近舍，构书室数十楹居之。省其勤窳，资其乏绝，萃四方学
者，课之同人堂，择其中之可语上者，朝夕镞励，期于有成。
时则如缪昌期、当时马士奇君常辈并留之家塾。"① 万历三十
二年（1604），东林书院修复后，顾宪成"移同人家社于丽泽
堂，月课多士，未进者得拔第一，文誉立着，辄青其衿，故士
皆争奋起，所奖成孤寒甚重"。早年就学于东林书院，后中举
入仕者大有人在，足可见其文事之盛。万历三十九年
（1611），安徽桐城方本庵以72岁高龄会讲东林，"亲与东林
讲坛，且为顾、高两先生推重"②，作《东林今言》、《东林别
语》。他所著《心学宗性善绎》也由顾宪成、高攀龙作序。临
别时，顾宪成作《题千里同声卷》送之，有"先生不远千里，
驾扁舟，携二三高足，俨然而临"之语③。顾宪成殁后，东林
社遭到了攻击，"未几，光禄（宪成二兄泾白）与先生皆卒，
而'东林之社'遂被言者痛诋"。④

　　东林社的盟主当为顾宪成。于此，顾宪成并无推却。《三
变说》："予顷偕同志修'东林之盟'，稍稍有携时义就商者，
遂因而结一文会焉。"⑤《又简修吾李总漕》："东林之社是弟
书生腐肠未断处，幸一二同志并不我弃，欣然共事，相与日切

---

① 《轶事二》，《东林书院志》卷二十二。
② 《轶事一》，《东林书院志》卷二十一。
③ 顾宪成：《题千里同声卷赠方本庵》，《东林书院志》卷十六。
④ 朱国桢：《涌幢小品》卷二十五，文化艺术出版社1998年版。
⑤ 《泾皋藏稿》卷十二。

月磨于其中。"① 吴桂森《东林三先生赞》对顾宪成的评价，
则又体现了东林学人眼中顾宪成作为盟主的形象：

> 泾阳先生之学以识仁为体，故其万物一体之怀，真有
> 视天下一家中国一人者，而其皇皇于后学引掖陶成，惟日
> 不足。自东林倡导专揭庸言、庸行为矩，以尽矫当世重悟
> 轻修之弊，然先生天资超卓，颖悟神异，当众言纷杂之
> 际，徐出片词只语，无不抉微破的，人人心厌悦怿也。至
> 其虚怀乐取，与人为善之意，溢于容色，使人乐就。启新
> 先生尝曰：泾阳之虚，景逸之公，人所不能。及至末年，
> 充养益粹。景逸先生曰：顾先生进德更在晚年，盖天挺之
> 豪，独迈之勇。故其含弘光大，不啻汪汪千顷，莫测崖
> 涘。宜其领袖群贤，冠冕一世者也。至其文章名世特余
> 事耳。②

据《顾端文公年谱》载，万历四十年（1612）八月，东
林公奠顾宪成："同年同社及后学门生于孔兼、钱一本、吴达
可、薛敷教、朱凤翔、诸寿贤、王士骐、朱国祯、徐必达、洪
文衡、姜士昌、岳元声、顾际明、亍仕廉、黄止宾、陈敏中、
汤兆京、吴亮、孙慎行、于玉立、张大受、吴正志、俞汝楫、
高攀龙、刘元珍、文震孟、荆之琦、钱谦益、郁庭芝、史孟
麟、丁元荐、徐鸣皋、安希范、贺学仁、任光祖、丁鸿明、刘
廷旻、周继文、卞淇载、程山庚、赵缪、汪万里四十余人。"
规模可谓庞大，体现了顾宪成在社中的领袖地位。东林以前的

---

① 《泾皋藏稿》卷五。
② 《东林书院志》卷十七。

明代文人讲学、结社，其地域界限十分明显，即"讲坛有领袖之人，因有某地之目"。①自东林讲学后，由于参与者共同的思想倾向和一致的政治主张，地域界限被打破，形成了各地同道公认的领袖，关于这一点，严㧑《东林或问》设有问答，可以为证：

> 曰："东林属吴地，而素衣乃以关中冯少墟系之东林，何也？"曰："自万历甲辰顾、高侣学梁溪，于是，前乎此而讲学者，以东林为应求；后乎此而讲学者，以东林为宗主。盖不啻濂洛关闽之齐一众心矣，况冯公师事泾阳，尤所谓声气同而道脉合者，不系之东林而谁系焉。"曰："邹南皋亦与梁溪侣和，而必舍邹而从冯，何也？"曰："此素衣之定识也。"

冯从吾系陕西长安人，曾筑关中书院，与顾宪成、高攀龙、钱一本并称为"东林四大君子，盖论道不论地也"②。冯从吾追附东林，并非仅仅因为他是顾宪成早年受业京邸的弟子，更重要的是见解一致。当他读到顾宪成寄来的《小心斋札记》后说："别近三十年，所见不约而同，可谓甚奇。"③邹元标，江西吉水人，建吉水仁文书院。曾应顾宪成等人之托，为东林书院作《依庸堂记》及依庸堂楹联。高攀龙在给邹元标的复简中说："当今之世，于此三者，非先生谁与归耶！某等既得泾阳先生为之仰归，又得先生指示周行，将日孜孜焉。"④邹元

---

① 《东林书院志》卷十七。
② 《轶事一》，《东林书院志》卷二十一。
③ 《顾端文公年谱》卷二。
④ 高攀龙：《简邹南皋先生》，《东林书院志》卷三。

标曾致信顾宪成："海内同心，真修吾兄，不得促膝时时商量，我怀如何……弟今无别念，但得诸兄弟聚首一番，便成好世界。"①

　　东林社的主要成员，邹期桢《东林十先生赞》②有所论列：

　　顾泾阳先生：文烛斗牛，气凌霜雪，融为道德，金和玉节，近沿开闽，远溯洙泗，正学中兴，为斯文帜。

　　钱启新先生：易像人象，匪徒以画，惟心体之，浑身是易，知语知默，知存知亡，其庶几乎，窹寐羲皇。

　　高景逸先生：名世真儒，出类拔萃，九龙人物，古未有二，修悟两到，诞登于岸，泰山其颓，百世所叹。

　　薛玄台先生：铮铮者金，温温者玉，道德为剂，圣资为鹄，一帘明月，两袖清风，廉顽立儒，百世之宗。

　　顾泾凡先生：泾皋片地，崛起二难，龙跃平津，气紫齿寒，贞靡邪炽，力扶其衰，吾道之卫，士风者维。

　　许静余先生：士习茅靡，始于发解，天挺清标，不受世械，左高右薛，终身臭味，陋巷一瓢，圣门所贵。

　　陈筠塘先生：襜帷所驻，人歌来暮，壹秉经术，以经世务，雪霜严肃，雨露昭苏，汉之渤海，宋之龙图。

　　安我素先生：玉树临风，丰神映带，出入经史，能见其大，直道不容，挂冠早岁，胁拂烟霞，裳携薜荔。

　　刘本孺先生：天生屈轶，有佞必指，任澜滔滔，如柱斯砥，刚肠铁面，严于清霜，藩卫吾道，固若金汤。

　　华燕超先生：身不胜衣，言不出口，义路礼门，出入

① 《柬顾泾阳光禄》，《愿学集》卷三。
② 《东林书院志》卷十七。

无苟，为名孝廉，为真大夫，一毡虽冷，晚进师模。

东林社不囿门户之见，相互砥砺，以文会友。据《顾端文公年谱》载，顾宪成曾率南浙同人讲学于惠泉，云："诸友之会为举业设耳。能斤斤交砥，一言一行惟恐少有愆戾以辱东林，此即所谓以文会友，以友辅仁也。"高攀龙常召集同道，"举从简会。邑中诸老数人，每月一会，竟日清谈危坐……或于园、亭、僧、舍。衣冠甚伟观者，以为洛下耆英之遗风云"①。如此则友朋纷至沓来，其中亦有可为至交者如魏大中，"惟廓园魏公乃真东林，其初高公弟子终日谈学者也。其终身所推重即高公推重者也，所拂即高公所排斥者也。至死不渝，可为硕交"②。

社中文会每逢一事则一人赋，而常常数人数十首和之。其最著者，万历四十一年（1613），钱一本受邀至东林讲《易》，会罢，诗以纪事，东林诸君子和之。③

　　钱一本《癸丑至日丽泽堂即事》（十三首）序云："吴叔美邀予讲易东林，匝月始竟，予以十一月六日至，又四月，而日长至，其夕相与饮酒而乐之，因为诗以示学者闭关之义。"其一云："门户讥呵厉禁严，箴规药石愿加添。玄黄酣战故多剥，好恶难平亦少谦。无妄每惊牛青兆，中孚永喜鹤鸣占。只将此事终吾老，任有花枝不再拈。"

---

① 华允谊：《高景逸先生传》，《东林书院志》卷七。
② 《魏廓园先生传》，《东林书院志》卷十。
③ 《东林书院志》卷十八。

史孟麟《至后七日听启新年兄讲易奉和次韵》（二首）其一云："声臭都无指视严，行生在在几曾添。化成觍愧人文贲，善世势惭君子谦。元达乾坤宁俟画，形知上下始能占。往来消息还谁识，且向韦编信手拈。"

叶茂才《和钱启新先生丽泽堂即事》（十首）其一云："风采寒空天地严，雷声半夜一阳添。相期胜友为休复，更矢虚中受益谦。百虑已从归处尽，一元之在动中占。人人自有圆圈在，此日先生为一拈。"

张大受《和韵》（三首）其一云："伊席高谈立雪严，红炉照后若为添。六阴尽处堪观复，一线生时得益谦。妙脱陈筌非墨守，直采玄与是心占。先生象像惺千古，好共吾侪细细拈。"

安希范《和韵》（二首）其一云："寒冲孤棹气方严，入坐阳和顿觉添。谊重师资真聚萃，年忘少长各鸣谦。炉扇忘年心上易，筠帘垂肆象先占。雨花满却皋比座，且自焚香任意拈。"

刘元珍《和韵》（五首）其一云："闭关明训凛方霜严，独复何须管气添。霹雳一声来自巽，豪雄万事总归谦。当风劲节尤防晚，入土灵根好自占。静对哲人余愧怍，六爻精义为谁拈。"

邹期桢《和韵》（四首）其一云："动几活泼静方严，动静交修学日添。三月不违非远复，数年无过见真谦。谁言善易休论易，须识心占是玩占。领略先生观象诀，乾坤何处不堪拈。"

邹期相《和韵》（二首）其一云："身心体段向来严，讲易功夫今更添。易理须臾当亹亹，斯文千古在谦谦。吉凶悔吝皆由动，篆象爻辞总示占。透得先天消息后，乾坤只当一丸拈。"

吴桂森《和韵》（二首）其一云："消长机缄既孔严，个中着力各个内须添。天心可见惟来复，地道能行只一谦。指出画前元有象，会来言下尽成古。从今抉得羲皇秘，易简工夫处处拈。"

张云鸾《和韵》："四圣图书示象严，纷纷蛇足不须添。剥终干国从根复，艮止坤舆岂貌谦。商不出途群动息，后无远省只心占。常将此意从容玩，未画玄机恍惚拈。"

华贞元《和韵》："丈夫何日不霜严，但怕今朝负绕添。既得介心成地豫，还将实意证山谦。斯文一脉凭谁续，吾道千年就此占。皋比尘挥霏玉屑，趁缘早向个中拈。"

黄广《和韵》（四首）其一云："语参太极自精严，千古忧心一画添。开国有功唯蹇蹇，持身无咎是谦谦。贞元每向先天觅，剥复还从子夜占。愧我闭关疑未质，且将根窟静中拈。"

钱学礼《和韵》："今人款处古人严，一日工夫一日添。原始闭关方有复，要终伐邑乃成谦。爻爻会变还非易，念念先几才得占。洗到退藏真是密，却将何义向人拈。"

此次参与《和韵》者，前后十三人，达五十二首之多，可见社中诗会之盛。许世卿《季春既望东林听讲后用鹿游翁韵代讲者述意》对文会描述及所得颇见深意，可以看做是东林社的写照，其诗云："后生懵懂未闻道，先觉应须一倾倒。大学规模极治平，小学工夫肇洒扫。讲坛讲帐非潦草，同盟同社言归好。杨柳风来梧月皓，高谈细吐胸中抱。朋来远方投铸造，诲行不倦何知老。指与真心令自保，揭出伦常令自讨。大公一念达旻昊，矻矻孜孜嫌未早。聚乐能无求友生，人当试听嘤鸣鸟。"

第二节　东林党的文学活动

一　刘宗周及证人社

作为明代儒学殿军，后人论及浙东学术中兴之局，实不可逾越刘宗周。其说以"慎独"为宗，澄清王学之弊，有明一代学术而渐趋稳实。何柏丞先生有云："迨明代末年，浙东绍兴又有刘宗周其人者，'左袒非朱，右袒非陆'，其学说一以'慎独'为宗，实源绍程氏之无妄，遂开浙东史学中兴之局。故刘宗周在吾国史学上之地位，实与程颐同为由经入史之开山。"① 后世浙东学者无不尊奉蕺山之学，"观乎宗周先生祀尹焞（和靖）于证人社，目为程颐之正传，拳拳服膺，备致推崇，可以知其思想渊源之所自矣。观乎清代浙东诸史学家莫不师承梨洲，以推本蕺山，可以知其学术影响之所届矣。"② 刘宗周道德之风亦垂青千古，刘宗周再传弟子邵念鲁（廷采）说："蕺山刘先生……性成忠孝，学述孔曾，立朝则犯颜直谏，临难则仗死节义。真清真介，乃狷乃狂。洎乎晚年，诣力精邃，揭慎独之旨，养未发之中，刷理不爽秋毫，论事必根于诚意。固晦庵之嫡嗣，亦新建之功臣。若其正命而终，犹见全归之善，死

①　何柏丞：《通史新义》，上海书店 1992 年版，第 140 页。
②　姚名达：《刘宗周年谱序》，商务印书馆 1933 年版。

非伤勇，何从慷慨。"① 后人以其与黄道周并为明季道德完人。《明诗纪事》云："刘公蕺山与黄公石斋，以道德直节名，海内仰之如泰山北斗。刘公以忤魏阉削籍归，举证人社于塔山旁，执经门下者常数百人；黄公以劾周延儒、温体仁削籍，退而讲学于浙之大涤山、闽之榕坛，执经者至千人。卒之社屋国墟，二公皆致命遂志。明季道德完人，二人为称首焉。"

　　刘宗周（1578—1645），初名宪章，字起东，号念台，亦称念台先生、念台子，浙江山阴人。因讲学于山阴之蕺山，人称蕺山先生。万历二十九年（1601）进士，授行人司行人。天启元年（1621），为礼部主事，历光禄寺丞、尚宝司少卿、通政司右通政。以疏劾魏忠贤、客氏，削籍为民。崇祯元年（1628），起顺天府尹，历工部左侍郎、吏部左侍郎，擢左都御史。会给事中姜采、行人司副熊开元，以言得罪，下诏狱。因召对论救，触帝怒，复削职。弘光立于南都，起原官，陈复兴之策，请都凤阳。又劾马士英，争阮大铖必不可用。及福王遇害，杭州失守，潞王降清，刘宗周眼见大势已去，遂以绝食殉国。临终遗言："国破君王，为人臣子，惟有一死。……其敢尚事迁延，遗玷名教，取议将来？宗周虽不肖，窃尝奉教于君子矣。若遂与之死，某之幸也。或加之以铁钺焉而死，尤某之所甘心也。"②

　　《四库全书总目提要》评价刘宗周"立朝之日虽少，所陈奏如除诏狱、汰新饷、招无罪之流亡，恩义拊循以收天下涣涣之心，还内廷扫除之职，正懦帅失律之诛诸疏，皆切中当时利

---

① 邵廷采：《请建蕺山书院公启》，《思复堂文集》卷七，浙江古籍出版社1987年版。

② 《刘子年谱》，《刘子全书》卷四十。

弊。一厄于魏忠贤，再厄于温体仁，终厄于马士英，而姜桂之性介然不改，卒以首阳一饿，日月争光。在有明末叶，可称皎皎完人，非依草附木之流所可同日语矣"。①刘宗周一生历任数职，然据《年谱》载，"通籍四十五年，在仕仅六年有半，实立朝者四年"。在朝期间，洁身自好，廉不逾规。刘宗周平日"不赴人饮，亦不招人饮"，佐餐不过鱼蔬。时各级官员车马肩舆，独宗周独乘羸马，蹩蹙行于长安道中。崇祯曾赐敕曰："蔬食菜羹，三月不知肉味。敝车羸马，廿年犹是书生。"万历三十六年（1608），赵士谔知会稽，造访刘宗周问疾，只见皂帷缕缕百结，补丁成串，而多盖被子也破烂不堪。赵士谔为之折服，叹曰："梁伯敬、管幼安以上人物也！谁谓处士纯盗虚声哉？"及京察议刘宗周，赵士谔方为考功郎，争曰："刘大行之清修，人所不堪，此士谔之所亲见者。"刘宗周之行为时士所重，有海盐吴磊斋感其义，卒以身殉国。《明诗纪事》引《西河诗话》云："海盐吴磊斋太常未第时，梦一隐者来谒，口诵文文山'山河破碎风飘絮，身世浮沉雨打萍'之句。询其名，曰：'我刘宗周也。'时磊斋尚未知公名，心记之。及壬戌既第，适刘公以仪曹郎知贡举，见之讶然。又二十年，磊斋与公皆先后赴召，每相间京邸甚亲。及癸未以都察院见放，磊斋始流涕，使友道所梦于公，公亦讶然。次年，磊斋由吏曹擢太常，殉国，慨然曰：'吾不可负刘公。'公后作甲申恸哭记凡十人，以磊斋为首。其诗有云：'何人死后骨先寒，二十年前梦底酸。'"刘宗周亦于次年，殉于首阳之饿。黄宗羲《思旧录》载："乙酉六月，先生勺水不进者已二十日，道上行人断绝，余徒步二百馀里，至先生之家，而先生以

①　纪昀：《四库全书总目提要》卷一百七十二，中华书局1965年版。

降城避至村中杨塅，余遂翻峣门山支径入杨塅。先生卧匡床，手挥羽扇。余不敢哭，泪痕承睫，自序其来。先生不应，但颔之而已。时大兵将渡，人心惶惑，余亦不能久侍，复徒步而返，至今思之痛绝也。"①

继顾、高之后，刘宗周起而纠王学之弊，功莫大焉。黄宗羲评价其师云："有明学术，白沙开其端，至姚江而始大明。盖从前习熟先儒之成说，未反身理会，推见其隐，此亦一述朱，彼亦一述朱……逮及先师蕺山，学术流弊，救正殆尽。向无姚江，则学脉中绝，向无蕺山，则流弊充塞。凡海内之知学者，要皆东浙之所衣被也。"② 对此，后世学者都予以肯定，以刘宗周为明代理学殿军。梁启超先生说："凡一个有价值的学派，已经成立而且风行，断无骤然消灭之理，但到了末流，流弊当然相缘而生。继起的人，往往对该学派内容有所修正，给他一种新生命，然后可以维持于不敝。王学在万历、天启年间，几已与禅宗打成一片。东林领袖顾泾阳、高景逸提倡格物，以救空谈之弊，算是第一次修正。刘蕺山晚出，提倡慎独，以救放纵之弊，算是第二次修正。明清嬗代之际，王门下唯蕺山先生一派独盛，学风已渐趋健实。"③ 牟宗三先生也有生动评价："他不是徒托理学家之名，而是有真实的实践工夫的，所以能绝食而死。明朝崇祯皇帝吊死于煤山，福王在南京做了一年皇帝（弘光帝）就垮了，他便在浙江的家乡绝食而死。绝食而死并不容易。他不是一两天就死了，而是过了三十多天才死的。起初只是不吃饭，但还是喝水；到后来，连水也

---

① 黄宗羲：《思旧录》，《黄宗羲全集》第 1 册，浙江古籍出版社 1985 年版。
② 黄宗羲：《移史论不宜立理学传》，《黄梨洲文集》，中华书局 1959 年版。
③ 梁启超：《中国近三百年学术史》，东方出版社 1996 年版，第 47 页。

不喝，这才死去。这是殉国，也是替这门学问作最后的见证。所以讲理学讲到刘蕺山就完了。满清入主中国以后，这门学问就不能讲了，学问也断了。直到现在。"①

对于王学的态度，刘宗周曾有三变："先生于阳明学凡三变，始疑之，中信之，终而辩难不遗余力。"即刘宗周晚年始倡"慎独"之说。时在天启五年（1625）五月，刘宗周会诸生讲会于蕺山解吟轩。《年谱》云："先生痛言世道之祸，酿于人心，而人心之恶，以不学而进。今日理会此事，正欲明人心本然之善，他日不至凶于尔国，害于尔家，……每会令学者收敛身心，使根砥凝定为入道之基。尝曰：'此心绝无凑泊处，从前是过去，向后是未来，逐外是人分，搜里是鬼窟。四路把截，就其中间不容发处，恰是此心真凑泊处。此处理会得分明，即大本达道皆从此出。'于是，有慎独之说焉。"关于"慎独"，刘宗周尝言："自昔相传孔门心法，一则曰慎独，再则曰慎独。"② 他的具体工夫"六事六课"是对"慎独"宗旨的贯彻。如六事之一"凛闲居以体独"，刘宗周解释说："夫人心有独体焉，即天命之性而率性之道所从出也。慎独而中和位育，天下之能事毕焉。然则独体至微，安所容慎，惟有一独处之时叮为下手法。"六事之二"卜动念以知几"，是在念头初动时独体做主："独体本无动静，而动念其端倪也。动而生阳，七情着焉，念如其初，则情返乎性。东无不善，动亦静矣。"六事之三"谨威仪以定命"，是将"慎独"工夫贯彻于威仪动作上："慎独之学，既于动念上卜贞邪，已是端本澄源。而念不自念泯也，容貌辞气之间，有为之符者矣。所谓静

---

① 牟宗三：《从陆象山到刘蕺山》，上海古籍出版社 2001 年版，第 188 页。
② 《证人要旨》，《刘子全书》卷一。

而生阴也。于焉官虽止而神自行，仍一一以独体闲之，静而妙合于动矣。"其余"敦大老伦以凝道"、"备百行以考旋"、"迁善改过以作圣"，皆"慎独"工夫贯穿于伦理原则及日常行为。

崇祯四年（1631）三月，刘宗周率缙绅学士二百多人大会于陶石篑祠，成立证人社。《证人会约书后》云："石梁首发'圣人非人'之论，为多士告，一时闻之，无不汗下者，余因命门人某次第其仪节，以示可久，遂题其社曰'证人'。"指出良知为本，小心体证，"天理"可明，圣人"人人可做"①。证人社之成立，意味着浙东学人对"异学"的大力清理。刘宗周的蕺山之学，在继承阳明学的同时，更多地汲取程朱理学的思想，昌明以性束情，以体证工夫取代顿悟，以用实反对尚谈心性，与顾、高学术基本达成一致，这与其早年从学高攀龙亦不无关系。据《年谱》载，万历四十年（1612），刘宗周三十五岁谒高景逸，并认为他"生平为道交者，惟周宁宇、高景逸、丁长孺、刘静之、魏廓园五人而已。而景逸泊静之尤，以德业资丽泽，称最挚云"。

关于证人社的成因，全祖望《梨洲先生神道碑文》有所揭示："越中承海门周氏之绪馀，援儒入释，石梁陶氏奭龄为之魁。传其学者，沈国模、管宗圣、史孝咸、王朝式辈，鼓动狂澜，翕然从之，姚江之绪，至是大坏，忠介忧之。"② 刘宗周邀请陶奭龄赴会，希望通过辩证，清理以禅诠儒的学风，使学者明"天理"以致良知，并与其展开了一场本体与工夫之

①《刘子全书》卷十三。

② 全祖望：《鲒埼亭文集》卷十一，清同治十一年（1872）姚江借树山房藏板刊本。

辩。《明儒言行录·刘宗周》云："先生立证人社。陶石梁奭龄与先生分席而讲。石梁言：识得本体，不用工夫。先生曰：工夫愈精密，则本体愈昭荧，今谓既识，后遂一无事事，可以纵横自如，六通无碍，势必至为无忌惮之归而已。其徒甚不然之，曰：识认即工夫，恶得少之。先生曰：识认终属想象边事，即偶有所得，亦一时恍惚之见，不可据以为了彻也，其本体只在日用常行之中，若舍日用常行以为别有一物，可以两相凑泊，无乃索吾道于虚无影响之间乎？"① 陶奭龄主识得本体，即不用工夫，而刘宗周反之，认为工夫愈精密，即本体愈昭明。前者主一悟本体即万事俱了，后者重工夫实落，于工夫中见本体。应当说，陶奭龄的路数代表王门后学中重玄解的一面。而刘宗周所以不能同意，也正可以看做是他对阳明良知教的工夫指点方法不满的具体表现。刘宗周当然不是一概反对谈论本体，只是反对将本体作玄妙观，要求认准本体做工夫。所以，他在《证人会约》中郑重指出："孔门约其旨曰慎独，而阳明先生曰'良知即独知时'，可谓先后一揆。慎独一着即是致良知，是故可与知人，可与知天，即人即天，即本体即工夫。"刘宗周的高足黄宗羲在论及自己的从学经历时，道出了当时士人在辟佛问题上的分流，亦可见其当时辩论之激烈："始虽与陶石梁同讲席，为证人之会，而学不同。石梁之门人，皆学佛，后且流于因果。分会于白马山，羲尝听讲。石梁言一名臣转身为马，引其族姑证之。羲甚不然其言，退而与王业泪、王毓蓍推择一辈时名之士，四十余人，执贽先生门下。此四十余人者，皆喜辟佛，然而无有根柢，于学问之事，亦浮慕而已，反资学佛者之口实。先生有忧之，两者交讯，故传先

① 沈佳：《明儒言行录》，四库全书本。

生之学者，未易一二也。"①

关于证人社的成员，黄宗羲《黄梨洲文集·蕺山同志考序》云："先生讲学二十余年，历东林、首善、证人三书院，从游者不下数百人。然当桑海之际，其高第弟子，多归风节。又先生在当时，不欲以师道自居，亦未尝考从游姓氏而籍之。今先生梦奠已一世，……某尝考索至三百七十六人，尚有遗者。"其成员亦遍及各地，不乏远道而来者，据《刘子全书》前编《蕺山先生弟子集》载，他的门生有来自山东的叶廷秀，有来自陕西的董标，来自河北的韩参夫，来自江西的邓履中等，其中又多殉节之士，著名者有祁彪佳、吴钟峦、祝渊、王毓蓍等。然承其说者少，"蕺山门下多气节之士，而契其微旨者寥寥"。② 门人中只有黄宗羲和陈确以光大师门为宗旨。然而，黄宗羲面临末世危机，政治哲学思想逐渐发生了变化，已不再是封建伦理道德意义上的完人，而是倡时代风气之先的启蒙者，是封建专制制度与意识形态的批判者。

二　钱谦益及虞山诗派

虞山诗派以地域而名，时与陈子龙云间、吴伟业娄东鼎足而立，皆立坛坫，煊赫于诗坛。王士禛《分甘馀话》云："明末暨国初歌行约有三派：虞山源于少陵，时与苏近；大樽（陈子龙）源于东川，参以大复（何景明）；娄江源于元白，工丽时而过之。"③ 诗派的核心人物为当时东林党魁兼文坛盟主钱谦益。

---

① 《蕺山学案》，《明儒学案》卷六十二。
② 李慈铭：《越缦堂读书记》，中华书局1963年版，第403页。
③ 王士禛：《分甘馀话》，中华书局1989年版。

钱谦益（1582—1664），字受之，号牧斋，又自称牧翁、蒙叟、尚湖、绛云老人、虞山老民、聚沙居士、敬他老人、东涧遗老等。万历三十八年（1610）探花，晋身翰林。隶名"东林浪子"，身兼书生和政客双重角色。屡以东林党魁之目罢黜，在朝不足五年，而退居虞山几五十年，声名鹊起。《林六长虞山诗序》云："自余通籍，以至于归田，海内之文人墨卿，高冠长剑，连袂而游于虞山者，指不可胜屈也。"① 钱谦益又善奖掖后学，自言："古之文人才士，当其隐鳞戢羽名闻未彰，必有文章巨公以片言只语定其声价，借其羽毛，然后可以及时成名。"② 顺治二年（1645）降清后，身为贰臣，颇多悔意。尝编《列朝诗集小传》品评明代诗人及诗歌流变，以为明诗总结。又矫复古而宗宋，为清代诗风的开山。

钱谦益身为文苑宗师，喜好奖掖后进。东林党王象春侄孙王士禛即为其援引而步入文坛，后倡"神韵"，主盟清初文坛数十年。钱谦益为作《王贻上诗集序》大加延誉："思深哉！小雅之复作也。微斯人，其谁与归？"③ 在《与王贻上》书中，对其寄以厚望："窃欲以狂澜之既倒，望砥柱于高贤。"④ 这使王士禛感念至深，他回忆说：

> 予初以诗贽于虞山钱先生，时年二十有八，其诗皆丙申后少作也。先生一见欣然为序之，又赠长句，有"骐骥奋蹴踏，万马瘖不骄；勿以独角麟，俪彼万牛毛"之句，盖用宋文宪公赠方正学语也。又采其诗入所纂《吾

---

① 钱谦益：《初学集》卷三十三，上海古籍出版社 2003 年版。
② 《徐子能集序》，《初学集》卷三十二。
③ 钱谦益：《有学集》卷十七，上海古籍出版社 2003 年版。
④ 钱谦益：《牧斋尺牍》，上海古籍出版社 2003 年版。

炙集》，方舍山自海虞归，为余言之。所以题拂而扬诩之者，无所不至。……今将五十年，回思往事，真平生第一知己也。①

清人曹溶评价钱谦益云："宗伯文价既高，多与清流往来，好延引后进，凡得其片言褒奖，必至跃龙门，声价百倍。"② 不仅如此，钱谦益还为当时名家宋琬、施闰章、屈大均以及与其合称"江左三大家"的吴伟业、龚鼎孳诗文集作序。自是，钱谦益名声益重，一时人皆奉为"宗主"。陈子龙尊其为"汉苑文章首"③。黄宗羲认为其"四海宗盟五十年"④。顾炎武亦认为"牧斋死而江南无人胜此矣"⑤。《清史稿·文苑传》首列钱谦益，并云："明末文衰甚矣，清运既兴，文气亦随之一振，谦益归命，以诗文雄于时，足负起衰之责。"⑥ 是故，虞山诗人近水楼台，环其左右者，形成虞山诗派。

钱谦益而外，冯班、冯舒声名最著，人称"二冯"，为虞山诗派卓有贡献者。张鸿《常熟二冯先生集跋》云："启、祯之间，虞山文学蔚然称盛。蒙叟、稼轩赫奕眉目，冯氏二兄弟奔走疏附，允称健者。祖少陵，宗玉溪，张皇西昆，隐然立虞山学派，二先生之力也。"⑦ 陆敕先以"里中同人"之诗结为

① 王士禛：《古夫于亭杂录》，中华书局1988年版。
② 曹溶：《明人小传》，清钞本。
③ 陈子龙：《赠钱牧斋少宗伯》，《陈忠裕全集》卷十八，清嘉庆八年（1803）刊本。
④ 黄宗羲：《南雷诗历·八哀诗之五》，《黄宗羲全集》第11册。
⑤ 傅山：《为李天生作十首之八自注》，《霜红龛集》卷九，山西古籍出版社2004年版。
⑥ 赵尔巽：《文苑一·钱谦益》，《清史稿》卷四百八十四，中华书局1998年版。
⑦ 冯班、冯舒：《常熟二冯先生集》，民国排印本。

一集，命之曰《虞山诗约》。钱谦益欣然作序，标立"希风大雅"之旨：

> 嗟夫！千古之远，四海之广，文人学士如此其多也。诸子挟其所得，希风而尚友，扬抎研摹，期以贬俗学而起大雅。余虽老矣，请从而后焉。若说以吾邑之诗为职志，刻石立坫，胥天下而奉要约焉，则余愿为五千退席之弟子，卷舌而不谈可也。①

冯班又作进一步说明："虞山多诗人，以读书博闻者为宗，情动于中，形于外，未尝不学古人也，上通《诗》《骚》，下亦不遗于近代。然而甘苦疾徐，得于心，应于手，亦不专乎往代之糟粕也。工拙深浅虽人人不同，然视世之沾沾口绝者为异矣。东涧老人亡来，流风未泯，作者间出。"② 指出了虞山以学问为根柢、主性情的立派宗旨。王应奎对虞山诗派的传承作了总结："吾郡诗学，首重虞山，钱蒙叟倡于前，冯钝吟振于后，盖彬彬乎称盛矣。"③

虞山诗派虽以钱谦益为重，然论诗主旨各有所宗。单学傅《海虞诗话》云："虞山诗派钱东涧主才，冯定远主法，后学各有所宗。"④ 由此可知，钱谦益与冯班分别为虞山诗派确立了方向。钱谦益由晚唐至宋元诸名家皆有所宗。瞿式耜在《初学集后序》中说："先生之诗，以杜、韩为宗，而出入于香山、樊川、松陵，以迄东坡、放翁、遗山诸家。"于晚唐则

① 《虞山诗约序》，《初学集》卷三十二。
② 冯班：《马小山停云集序》，《钝吟文稿》卷三，清康熙年间汲古阁刊本。
③ 王应奎：《西桥小集序》，《柳南文钞》卷五，清乾隆刻本。
④ 单学傅：《海虞诗话》，民国四年（1915）翁氏铜华馆刊本。

宗李商隐，"近体芬芳悱恻，神矣圣矣，义山复生，无以加之"①。曾手抄《李商隐诗集》三卷传世。时有石林长老名道源者，"师仪范清古，风骨棱棱。禅诵之隙，喜涉外典。焚膏宿火，食跖继獭，笺注缮写，盈囊溢箧……常笺解李义山诗及《类纂》"，"好义山诗，穷老尽气，注释不少休"②。并有钱谦益门人钱龙惕作诗"原本温、李，旁及于子瞻、裕之，憔悴婉笃，大约愁苦之词居多"，二人互商，共笺李诗，龙惕"因取新旧唐书并诸家文集小说有关本诗者，或人或事，随题笺释于下……得上中下三卷，以复石林长老"③。钱谦益《注李义山诗集序》肯定二人为义山诗所作的贡献，并力抉其"婉娈托寄，隐谜连比"，"忠愤蟠郁，鼓吹少陵"之风雅。在答吴伟业四律小序中，钱谦益说："观杨孟载（眉庵）论李商隐《无题诗》，'因以深悟风人之旨'。"④ 可见，钱谦益注重的是义山诗的风雅之旨。冯班宗义山，重其法式。钱谦益认为："其为诗沉酣六代，出入于义山、牧之、庭筠间。"⑤ 冯班《同人拟西昆体诗序》自述："余自束发受书，逮及壮岁，经业之瑕，留心联绝。于时好事多绮纨子弟，会集之间，必有丝竹管弦，红妆夹坐，刻烛擘笺，尚于绮丽，以温李为范式。"追随其者如陈协字彦和，号邺仙，亦以法式为重，其"《佛幌》、《旷谷》、《金庭》、《鹤山》、《雪蕉》诸集，大率炼饰文采，秾纤丽密，体类西昆，盖学钝吟而入其室者也"。

① 钱仲联：《梦苕庵诗话》，齐鲁书社1986年版。
② 《石林长老七十序》，《有学集》卷二十五。
③ 王应奎：《海虞诗苑》卷四，王绍文道光九年（1829）重修本。
④ 吴伟业：《梅村诗话》，丁福保：《清诗话》，上海古籍出版社1978年版，第72页。
⑤ 《冯定远诗序》，《初学集》卷三十二。

虞山诗派“形成于明末，壮大于清初，历明天启、崇祯、清顺治、康熙四朝，前后时间一百年。……到乾隆年代，厉鹗、袁枚之诗转变了诗坛风尚之后，以钱、冯为宗的虞山派已成了强弩之末，虞山诗人大都向厉、袁两宗去讨生活了。”①关于成员，胡幼峰在《清初虞山派诗论》中，以《海虞诗苑》为据，参考《国朝诗别裁集》和《江苏诗征》列举四十人，其中以冯舒（己苍）、钱曾（遵王）、钱陆灿（湘灵）、严熊（武伯）、钱良择（玉友）、王誉昌（露湑）、王应奎（柳南）为虞山重要诗人，又列“宗钱”、“宗冯”、“出入钱冯”和“后期弟子”数人。宗钱有：孙永祚（子长）、顾琨（孝柔）、陈式（金如）、何云（士龙）、邓林梓（肯堂）、钱天保（羽生）、邵陵（湘南）、凌竹（南楼）、陈晨（赤城）、蒋拱辰（星来）、严虞惇（宝成）、赵廷珂（声佩）、孙淇（宝洲）。宗冯有：陈玉齐（士衡）、孙江（岷自）、戴淙（介眉）、瞿峄（邻凫）、陈协（彦和）、马行初（小山）、龚庸（士依）、冯行贤（补之）、冯武（窦伯）。出入钱、冯有：陆贻典（敕先）、钱龙惕（夕公）。后期弟子有：陆辂（次公）、徐兰（芬若）、陈祖范（亦韩）、侯铨（秉衡）等。②

钱谦益而外，重要成员情况简介如下：

冯班（1602—1671），字定远，号钝吟老人，双玉生。常熟人。钱谦益弟子，虞山诗派的主要人物。入清不仕，与兄舒齐名，时称“海虞二冯”。论诗穷源溯流，《诗》三百篇以下，一一考其根底，明其变化所自。力诋严羽，尤不取江西派，而好李商隐与西昆体。于时，则贬斥七子、竟陵，“王（世贞）、

---

① 赵永纪：《论清初诗坛的虞山诗派》，《文学遗产》1986 年第 4 期。
② 胡幼峰：《清初虞山派诗论》，台湾国立编译馆 1994 年版。

李（攀龙）、李（梦阳）、何（景明）之论诗，如贵胄子弟倚恃门阀，傲忽自大，时时不会人情。钟（惺）、谭（元春）如屠沽家儿，时有慧黠，异乎雅流。"又说："钟伯敬（惺）创革弘、正、嘉、隆之体，自以为得真性情也，人皆病之不学。余以为此君天资太俗，虽学亦无益。所谓性情乃鄙夫鄙妇、市井猥亵之谈耳，君子之性情不如此也。"① 对于钱谦益《列朝诗集》录入七子、竟陵诸人，十分不屑："钱牧翁选国朝诗选，余谓止合痛论李、何、王、李，如伯敬辈本非诗人，弃而不取可也。"② 有《冯氏小集》、《钝吟集》、《钝吟杂录》、《钝吟书要》等。近代张鸿辑有《常熟二冯先生集》。

冯舒（1593—1649），字已苍，号默庵，与其弟冯班称"海虞二冯"。论诗主旨亦趋同。《四库总目提要·冯定远集》概括"海虞二冯"的诗学宗旨，称"舒之论诗，讲起承转合最严；而班之论诗，则欲化去起承转合，定法微有不同。然二人皆以晚唐为宗，由温、李以上溯齐、梁，故《才调集》外又有《玉台新咏》评本，盖其渊源在二书也。其说力排严羽，尤不取江西宗派，持论亦时有独到"③。于时，亦力诋七子、公安、竟陵、汤显祖："李、何、王、李文章伯，予视一钱亦不值；袁、汤、钟、谭天子师，予独唾骂供笑嗤。"④ 有《诗纪匡谬》。

瞿式耜（1590—1651），字伯略，一字起田，号稼轩，钱谦益门人。万历四十四年（1616）进士。为永历朝吏、兵两部尚书、文渊阁大学士。临危受命，留守桂林抗清，被执，从

① 冯班：《钝吟杂录》卷三，江苏古籍出版社 1987 年版。
② 《正俗》，《钝吟杂录》卷三。
③ 《四库全书总目提要》卷一百八十一。
④ 冯舒：《放歌》，《默庵遗稿》卷二，民国排印本。

容赴难。所作《耕石斋诗》，多忧国伤时之咏，尤其是临难时的《浩气吟》，视死如归，慷慨悲壮，可与文天祥《正气歌》并传。诗中常以苏武、文天祥自喻："苏卿绛节唯思汉，信国丹心只告天"、"无逃大义昭千古，敢望文山节并重"。钱谦益有《哭稼轩留守相公一百韵》，首云："师弟恩三纪，君臣谊百年。哀音腾粤地，老泪洒吴天。"① 有《瞿式耜集》。

钱陆灿（1612—1698），字尔弢，一字湘灵，号圆沙、铁牛居士、铁牛翁。学古文于顾大韶，学诗于吴伟业，学时文于马世奇，学佛于熊开元。高才嗜古，经义清真。客居金陵、武进三十余年，门下弟子众多，学者称"圆沙先生"。文崇钱谦益，称其文"不名一家，不拘一体，学则地负海涵，文则班、马、韩、柳"。以诗名时，钱良择评其诗"其健得之于曹子建，其邃得之于阮嗣宗，得李之豪陈之劲，得杜之大韩之雄"②，富有才情，骨格苍老，有沉雄之调，颓然天放，有高旷之思，似歌似谣。晚年益齿尊名高，不为虞山诗派所缚，以穷老书生，巍然领袖东南。著有《调运斋集》，编《常熟县志》二十六卷。

钱曾（1629—1701），字遵王，号也是翁，钱谦益族孙。工于诗，取法晚唐，典雅精细，陶冶功深，为钱谦益所重，授以诗法。尤激赏其《秋夜宿破山寺绝句》，以为《吾炙集》压卷之作。钱曾深得钱谦益衣钵，故笺注钱谦益《初学集》、《有学集》、《投笔集》，对诗中的庾词隐语、佛道典故，能一一发其根柢，溯其源流。沈德潜《清诗别裁集》云："遵王注牧斋诗集，固博闻士也。诗流易有余，不求警策，得牧斋一

---

① 《有学集》卷四。
② 钱良择：《抚云集》，人民出版社1985年版。

体。"著有《交芦集》、《判春集》，编有《也是园书目》、《述古堂书目》和《述古堂宋元本目录》。

陆贻典（1617—1683以后），字敕先，号觌庵。博学工诗，钱谦益门人。其论诗，谓法与情不可缺一。曾编撰同里诗人作品为一集，名曰《虞山诗约》。钱谦益为之序，阐述诗学宗旨，为《初学集》中重要论诗之文。《有学集》中又有《陆敕先诗稿序》，为钱谦益晚年论诗兼论陆诗的重要论文。有《觌庵诗抄》六卷、《唐诗鼓吹笺注》十卷。

钱龙惕（1609—1666以后），字夕公。早年游钱谦益门，谈古赋诗，以吟咏为乐。明亡后，杜门不出。与诸子论诗，为同好作序，助长者吟兴，抒一己情愫，览古吊今，感事伤时，牢悲悒郁，孤愤慷慨，一一充斥于字里行间。论诗则尊陶潜、李、杜、韩、柳、元、白之后，则举温、李。著有《玉溪生诗笺》和《大充集》。

钱良择（1645—?），字玉友，号木庵。钱陆灿族子。弱冠时与弟中枢并以诗名，时人称"虞山二钱"。曾游京师，与查慎行兄弟订金石交，斗酒吟诗，名噪京师，出入公卿之门，为座上宾，后又出使海外和西域，三十年间足迹几遍天下。所至以诗酒与名士相结。晚年归空门，读史研经，尤好《南华》、《楞严》。作诗初学钱谦益，后学杜、韩，进而求诸风、骚，为诗气雄调响，豪放激昂。有《抚云集》十卷、《出塞纪略选》、《唐诗审体》。

第 三 章

东林党的地域分布及文学创作

　　作为政治派别，东林党在晚明政坛上极具影响力，其政治行为左右了一定的政治局势。故常有议者对其功过是非褒贬不一，但由此也折射出其举足轻重的政治地位。如同晚明政坛的波谲云诡，文坛也一片喧嚣，文社、流派迭相递嬗，初时尚可平和，继者皦皦其声，意气难平，彼此攻击者甚哗。东林党人虽不以声诗名世，但多由科举入仕，政治与学术备受关注，于文学也时有所论。由于东林党的区域分布比较广泛，因此文风迥然不同，易于以区域文学革新来形成新的合力，进而影响文坛的走向。据《东林籍贯》，所列北直八人，南直四十一人，浙江十一人，江西十六人，湖广二十人，河南七人，福建五人，山东十三人，山西十五人，陕西十八人，四川五人，广东、云南、贵州各一人。其中以山左、北直、南直诗风迥异，可为代表。最可称道者，为"六君子"、"七君子"之节义诗，恢弘志士之气，实现人生理想的绝唱，践履了诗言志的新内涵。

第一节　东林党的地域分布及文学创作

一　南直双璧：顾宪成、高攀龙

顾宪成（1550—1612），南直无锡（今属江苏）人，字叔时，号泾阳，世称泾阳先生、东林先生。万历八年（1580）进士。倡"三元会"，激评时政。初授户部主事，改吏部，补验封司主事。万历十五年（1587），大计京官忤权贵，谪桂阳判官。累迁处州推官，吏部考功主事，员外郎。万历二十一年（1593），任吏部文选司郎中，上疏反对三王并封。次年因廷推王家屏，削籍归。万历三十二年（1604），修复东林书院，与高攀龙、钱一本、于孔兼等讲学其中，"讲习之余，往往讽议朝政，裁量人物"，"当是时，士大夫抱道忤时者率退处林野，闻风响应，学舍至不能容"①，逐渐成为全国舆论的中心，始为东林学派，终为小人加之名目，呼曰"东林党"。万历三十六年（1608），起为南京光禄少卿，力辞不就。万历三十八年（1610），顾宪成卧病，仍忧心国事，力荐李三才入阁，先后致书辅臣叶向高和吏部尚书孙丕扬为延誉，并有书激励李三才以救世为己任，"必大才如丈，卓识如丈，全副精神如丈，方有旋转之望"②。万历四十年（1612）病卒。有《顾端文公遗书》。

顾宪成一生励志讲学，以天下事为重，尝曰："官辇毂，志不在君父；官封疆，志不在民生；居水边林下，志不在世

---

① 《顾宪成传》，《明史》卷二百三十一。
② 《简修吾李总漕》，《泾皋藏稿》卷五。

道，君子无取焉。"在朝直言敢谏，不畏权贵，"江陵（张居正）病，百官为之斋醮，同官署先生名，先生闻之驰往削去"，"娄江（王锡爵）谓先生曰：'近有怪事知之乎？'先生曰：'何也？'曰：'内阁所是，外论必以为非；内阁所非，外论必以为是。'先生曰：'外间亦有怪事。'娄江曰：'何也？'曰：'外论所是，内阁必以为非；外论所非，内阁必以为是。'"① 在野以清议鉴朝政。时以顾宪成为首，与高攀龙、顾允成、安希范、刘元珍、叶茂才、钱一本、薛敷教号称"东林八君子"，顾宪成又与赵南星、邹元标并称"东林三君"。除讲学东林书院外，顾宪成常受邀讲学于常州经正堂和常熟虞山书院。他还不囿门户之见，力邀关学冯从吾、江右王学邹元标、泰州学派方本庵来东林讲学，并撰《小心斋札记》以求正学。《顾端文公年谱》载，方大镇曰："读《小心斋札记》、东林诸会《商语》……其穷理之精与救世之切，概可想见。此一臣者，大节嶙峋，独诣纯实，盖得圣学之正传者也。"有赞曰："宪成诸人，清节侉修，为士林标准。"②

顾宪成为理学名臣，文章独开堂奥，天下宗之。自谓："此非吾人安身立命处，乃从事性命之学，日取濂洛关闽诸书，究极其旨，务丁微析，穷探真知力践，余皆所不屑。"同安蔡献臣曰："先生之学直窥本原，先生之志力担世道，先生之风千仞高翔，先生之言百世可俟。"③ 其终身以理学为事，所著甚丰。据《顾端文公年谱》载，顾宪成万历二年（1574）作《学庸说》，"公于制举业意殊不屑，塾间求示者众，恒以

---

① 《东林学案一》，《明儒学案》卷五十八。
② 张廷玉：《顾宪成赞》，《皇清文类》卷三十，四库全书本。
③ 《顾宪成》，《明儒言行录》卷九。

笔墨代口语，作学庸说。"万历二十二年（1594）作《小心斋札记》，"公在部时已积劳成疾，至是频苦脑晕，病中体究心性有所得，辄札记之。始于甲午，迄于辛亥，手自删定为十八卷"。万历二十五年（1597）作《还经录》，"大旨阐明性善，辟二氏虚无之说，而于姚江所谓知行合一者，务反覆辩论，以求至当，后作证性编，此稿遂不复传。"万历二十六年（1598）讲学惠泉，作《质疑编》，"时太仓管东溟志道以绝学自居，一贯三教而实专宗佛氏。公与之反覆辩难，积累成帙。管名其牍曰问辨，公亦明其编曰质疑。"万历二十七年（1599）会阳羡山中作《质疑续编》，"见管牍中是会，复作续编。言自古圣贤教人惟日为善去恶，为善为其所固有也，去恶去其所本无也。本体如是，工夫如是，其致一而已。"万历二十八年（1600）作《证性编》，"编目存经一卷、原异一卷、质疑二卷、徵信一卷、或问一卷、罪言二卷。"万历二十九年（1601）集《五经余》，"以太极图说经世启蒙等为易余，以三代下诏诘奏疏等为书余，以骚赋古诗等为诗余，以纲目诸史为春秋余，以历代典章之合宜者为礼余。"万历三十四年（1606）作《虞山商语》、《虞山商语一》。万历三十六年（1608）作《仁文商语》、《南岳商语》、《虞山商语三》、《经正堂商语》、《当下绎》。万历三十七年（1609）作《识仁答语》。万历三十八年（1610）刻《以俟录》，"即所上阁铨三书，公自为之序言生平有两癖：一是好善癖，一是忧世癖。二者合并而发，勃不自禁，至是非者，天下之是非自当听之，天下勿庸效市贾争言耳。"万历三十九年（1611）作《志矩堂商语》、《心学宗序》、《自反录》。凡此皆究明理学，以明性善之旨也。孙奇逢《理学传心纂要》八卷录"周子、二程子、张子、邵子、朱子、陆九渊、薛瑄、王守仁、罗洪先、顾宪成十一人，以为直接道统之传人。"①

顾宪成《泾皋藏稿》刻于万历三十九年（1611），即其卒前一年，"集生平书、疏、记、序、传、志诸文，详加删定，手自编次为二十二卷"。其论文不以词采见长，多掘温柔敦厚之旨，"发乎情，止乎礼仪"。《泾皋藏稿》录所为集序足可见其论旨。如《鹤峰先生诗集序》云："今读其诗，春容尔雅，发乎情，止乎礼义，了无不平之感。"又如《辽阳稿序》云："及读先生诗，大都风格遒劲，神情开拔，其托物寄兴，往往多深长之思，读之辄为脉脉心动。至如《朱夏篇》有曰：'僻居日三省，旧愆发新怆。'《自责篇》有曰：'大言了无忌，夷考胡不违。'又如《新居篇》有曰：'君王最得甄陶法，苦志劳筋付此行。'《东溪篇》有曰：'丘园钟鼎吾何择，话到经纶一厚颜。'又可见先生于其间所为磨礲锻炼，自有用力处，此反身修德之一证也。然则诗何能溺心？溺者自溺耳。亦何能竭日？竭者自竭耳！"《李见罗先生诗集序》收入《明文海》云："自近世之学者沉于训诂，没于辞章，讘讘焉守咫尺之义，不觐于大道。儒者慨然发愤，欲起而救其敝。于是乎招而来之曰：尔其归而求诸心，斯其意亦美矣。及此说既行，学者又惟日以寻索本体为务，播扬腾弄了无实际。至于土苴六经浮游万物，而犹曰：吾犹得于心。甚者恣情肆欲，惟其意之所，便有从而难之，辄曰：吾无愧于心而已。迹非所论也。愚窃伤之，徒自恨其力之莫以救也。"

顾宪成诗名不张，然偶为之亦多抒怀之作。《明诗纪事》收其诗一首。《送虹宾》云："不尽临歧意，依依立马看。

---

① 《四库全书总目提要》卷九十七。

一经登第早，三尺事人难。月到河阳满，天连函谷宽。之官有嘉誉，条尔遍长安。"此诗拟唐人送别诗，颇有风度，间或流露既慨入仕之难，仍不忘显官扬名之矛盾心态，情真意切，为顾诗中不可多得之作。

高攀龙（1526—1626），初字云从，后字存之，别号景逸。南直无锡（今属江苏）人。二十一岁中乡试，为东林党人沈鲤所赏识，以"天下士"期之。二十五岁时，顾宪成讲学黉宫，高攀龙深受启发，"吾学其有兴耶！吾夙有志于学"，遂立志"终身师事顾先生"，并为"教下后学第一人"。① 二十八岁中进士，观政大理寺。三年后谒选行人，期间反复研读理学著作，曾上《崇正学辟异说疏》指出："程朱正学，崇尚已久，岂可清议！近来士习玄虚，何裨实用。"② 又上《今日第一要务疏》，提出"除刑戮"、"举朝讲"、"用谏臣"、"发内帑"③ 四项主张，以求改革朝政。被贬广东揭阳，编写《朱子要语》，并写有《阳明说辨》，对阳明心学多有指摘。回乡后，建水居，读书自励。其时，儒学内部展开了针对"无善无恶"说的两次大论辩，高攀龙积极参与其中，撰写《异端辨》、《答泾阳论管东溟》、《与管东溟虞山精舍答问》、《与管东溟》等文，并完成《朱子节要》和《正蒙注》。当时，讲学之风甚盛。高攀龙合四郡同志会讲于乐志堂。万历三十二年（1604），顾宪成倡议重修东林书院，高攀龙实左右之。万历四十年（1612），顾宪成病逝，高攀龙主盟书院，直至天启初年出任光禄寺丞，其后

---

① 《谱传》，《高子遗书》卷十。
② 《高子遗书》卷七。
③ 《高子遗书》卷十七。

书院由叶茂才、吴桂森主持，"盖前此泾阳先生未殁，泾阳
主之。泾阳既殁，景逸先生主之。景逸之出，间适、觐华两
先生主之"。① 邹元标、冯从吾于京师创首善书院，高攀龙每
会必至。天启四年（1624）六月，杨涟首劾魏忠贤二十四大
罪。九月，高攀龙劾贪污御史崔呈秀。东林与阉党的斗争进
入白热化。魏忠贤大兴冤狱，高攀龙及赵南星等遭罢。天启
五年（1625），"六君子"殉难，阉党编纂 309 人的《东林
党人榜》，同时诏毁"天下东林讲学书院"。天启六年
（1626），阉党又兴"七君子"狱，高攀龙未能幸免，于缇
骑来捕之前，"循屈平之遗则"，投湖自沉。有《高子遗
书》。后世评价高攀龙甚高，以之与顾宪成并立海内儒宗，
"隆万以来则有顾泾阳先生于邑之东，辟道南精舍，以鼓舞
善类，讲明正学，士蒸蒸向往，几与白鹿、紫阳鼎立宇内。
维时与泾阳先生相左右，继先生为主盟而集其成，高先生存
之也"。②

　　高攀龙为理学名臣，主"修"、"悟"并重的道德修养
论，专心执著于"至善"的道德追求，反对所谓的玄虚、空
无之士风，"今之谈学者多混禅学，便说只要认得这个己。
他原自修的，何须添个修；原自敬的，何须添个敬，反成障
碍了。此是误天下学者只将虚影子骗过一生，其实不曾修，
有日就污坏而已"③。高攀龙力倡通过"读书穷理"，来完善
道德修养，"学者要多读书。读书多，心量便广阔，义理便
昭明。读书不多，便不透理；不透则心量便窒塞矣。吾人心

---

① 《东林书院志》卷二十一。
② 《高景逸先生行状》，《东林书院志》卷七。
③ 《君子修己以敬章》，《高子遗书》卷四。

量原是广阔的，只因读书少，见识便狭窄。若读书穷理工夫到，穷得一分理，心量便开一分。读书，即明心也！"① 他主张"静坐"和"读书"相结合，强调"穷理必由读书而入，静坐读书必由朋友讲习而入"，认为这是"入德要诀"②。与此相应，其理学著述有《东林讲义札记》、《周易孔义》、《毛诗集注》、《四子要书》、《古本大学》、《困学记》等二十余种，门人陈龙正辑为《高子遗书》。所为诗中亦常以道德修养为实，世教为宗，而不局限于诗的形式，"先生天下规矩，援世翼教，不以声律自绳"。③ 诗风恬淡冲夷，别有寄托，颇似陶诗。陈龙正《高忠宪公诗集序》云："先生不尽效陶，大都有陶韵，逸兴、幽怀适与之符"，"《静坐》、《戊午》诸吟则专以举道，譬如禅家之有偈，术家之有歌诀，不过假借宫商明宗传要，使人哦则易熟，熟则难忘，而字句间之淘汰琢磨，概非所计矣，全在学者善观"。然而诗中深藏理学之机，又非陶诗所能蕴涵。秦赓彤《重刻高忠宪公诗集序》认为："夫乃叹先生之诗，前序拟诸陶，并拟诸骚，犹未尽先生之诗也。先生之诗，见道之诗也，其味淡，其言和，其性情之冲夷，皆学问之所见也。鸢飞鱼跃之机、水面云天之象，皆于诗恍然遇之。"如《水居》云："薄暮登楼，四望远畴。时雨既降，农人乍休。乳燕来止，儵鱼出游。万族有乐，吾亦何忧。"《静坐吟》云："我爱山中坐，恍若羲皇时。青松影寂寂，白云出迟迟。兽窟有浚谷，鸟栖无卑枝。万物得所止，人岂不如之。耕岩饮谷水，常得中心怡。"

---

① 《东林书院志》卷六。
② 《示学者》，《高子遗书》卷三。
③ 《静志居诗话》卷十六。

二诗异曲同工，于静思中，得自然之趣，并及于万物之和谐，而得心怡。这与消极闲适的诗歌迥然不同，体现了其于修身养性之中，并未忘怀世间民生，其道德品格之完善与世教之旨于此可见一斑。

二　北直二杰：赵南星、孙承宗

赵南星（1550—1627），字梦白，号侪鹤，别号清都散客，高邑（今属河北）人。万历二年（1574）进士，授汝宁府推官，迁户部郎，用清望推择为吏部文选郎，上书陈说天下四大害，触犯时忌，乞归。万历中，起为考功郎中，与吏部尚书孙鑨、左都御史李世达主癸巳京察。赵南星不徇私情，率先罢黜姻亲王三余及孙鑨甥吕胤昌，以示决心，一时公论所非之人，尽行贬斥，首辅王锡爵大恚。于是有疏劾赵南星专擅权势，培植党羽，诏贬为民，既贬，名声日高，时人目其与邹元标、顾宪成为"东林三君"。光宗起为太常少卿，改右通政，进太常卿，擢工部右侍郎。熹宗即位，拜左都御史。赵南星慨然以"整肃天下为己任"。天启三年（1623），与吏部尚书张问达主癸亥大计。以给事中亓诗教、赵兴邦、官应震、吴亮嗣结党乱政，议行废黜。吏科给事中魏应嘉力持不可，赵南星遂撰《四凶论》，终将四人黜去。寻代张问达为吏部尚书。赵南星以掌吏部铨选之便，大荐东林党人。一时间，众正盈朝，"高攀龙、杨涟、左光斗秉宪，李腾芳、陈于廷佐铨，魏大中、袁化中长科道，郑三俊、李邦华、孙居相、饶伸、王之寀辈悉置卿贰，而四司之属夏嘉遇、张光前、程国祚、刘廷谏亦皆民誉"。中外忻忻望治，小人为之侧目。天启四年（1624），高攀龙劾贪污御史崔呈秀，赵南星力谪之。阉党魏广微，"南星友允贞子也，素以通家子畜之。广微入内阁，尝三至南星门，拒勿见，又尝叹曰：见泉无子。广微恨刺骨，与忠贤党比，而龁南星"①。赵南星去职，戍代州，"日惟读书一室，不见一客，不接一札，恒恐累及亲友，即晋王遣人问候，亦谢却不敢当"。② 天启七年（1627）卒于贬所。崇祯时谥"忠毅"。赵南星一生为世所重，"持名检，立风节，严气正性，侃侃立朝，天下望之如泰山乔岳"③。王士禛更称："高邑赵忠毅公北方伟人，天下望之如泰山北斗。"④ 有《味檗斋文集》等。

燕赵素产豪杰，诗风亦雄浑粗犷，不拘古法。赵南星起于燕赵，有豪侠之风，其诗亦"步武少陵，淋漓沉痛语，使人欲泣欲啸，欲缩地而谈，欲排闼而愬。易水击筑之音，于今再见"。⑤ 于时则"厌薄七子"，"步趋北地"，"为文滔滔莽莽，输写块垒，而起伏顿挫，不能橐合于古法，要其雄健磊落，奔轶绝尘，北方之学者，未能或之先也"。⑥ 万历中，妖书事起，首辅沈一贯嗾御史康丕扬等劾已罢侍郎郭正域，因及次辅沈鲤，赖左都御史温纯力持之，东厂太监陈矩亦不听一贯指，乃以嗷生光具狱，正域、鲤获免。赵南星有《柏乡送归德沈龙江相公二首》以纪时事，其二云：

> 飞书作者何男子？善类纷纷畏祸殃。诣阙省郎朝上疏，呼天爱女夜焚香。生还暇恤时艰阨，传食犹沾帝宠光。留宿柏人无所虑，相望一水即家乡。

---

① 《赵南星传》，《明史》卷二百四十三。
② 任沉棉：《忠毅千秋赵南星》，《档案天地》1995 年第 6 期。
③ 《明史》卷二百四十三。
④ 王士禛：《蚕尾续文》，《带经堂诗话》卷三，人民文学出版社 1963 年版。
⑤ 姚希孟：《棘门集》，明崇祯间张叔籁等刻清閟全集本。
⑥ 《赵尚书南星》，《列朝诗集小传》丁集中。

其中"飞书作者何男子？善类纷纷畏祸殃"，即指此事也。其诗忧时虑世，风格沉郁，然亦情思不减，读之怆然。如《送李修吾谪东昌府推》云："古人无复望，已愧李司农。断羽犹为凤，批鳞欲触龙。太平方欲见，狂直何优容。海上忧时者，君门更几重。"《寄魏懋权时乃兄以言得罪》云："浮云满天地，吾道竟何其！仕路生俱拙，交情死不疑。鹡鸰君有泪，乌鹊我无枝。昔忆同樽酒，茫茫未可期。"二诗于忧世之间，感慨执友之境遇，情深意真。

孙承宗（1563—1638），字稚绳，号恺阳，高阳（今属河北）人。少喜兵事，"杖剑游塞下，从飞狐、拒马间，直走白登。又从纥干、青波故道南下，结纳其豪杰，与戍将老卒，周行边垒，访问要害阨塞，相与解裘马，贳酒高歌。用是以晓畅虏情，通知边事本末"。①万历三十二年（1604）进士，授翰林院编修。进中允，历谕德、洗马。熹宗即位，以左庶子充日讲官。以礼部右侍郎掌詹事府，拜兵部尚书兼东阁大学士，奉命督师，出镇山海，加太子太保。寻加少傅兼太子太傅、文华殿大学士，再加少师兼太子太师，予告回籍。崇祯二年（1629），仍起督师，又三年复予告归。崇祯七年（1634），高阳失守，入城南老营望阙拜，叱持缳者缢死。赠太傅，谥文忠。有《高阳集》。

孙承宗生燕赵之地，游学都下，负悲歌之节，"作为文章，伸纸属笔，蛟龙屈蟠，江河竞注，奏疏书檄，摇笔数钱言，灏溔演延，幕下书记，多鸿生魁士，莫得而窥其涯涘也。为时不问声病，不事粉泽，卓荦沈塞，元气郁盘，说者以为高

---

① 《孙承宗传》，《明史》卷二百五十。

阳之诗，信矣"。① 近体绝句如《谒杨太常椒山祠》云："杨
公负奇颖，舞象成奇调。孝友自天植，义烈为谭笑。两疏志竟
酬，一泓血未耗。代隔名逾尊，祚薄神复耀。我来采芳芷，洒
泣一凭吊。"《杂咏》云："汾阳亦麂官，而动合至理。君宠恩
自渥，宠去恩未已。部曲即散落，国难忍不弭。单骑岂忘身，
胸中早定矣。其处观军容，乃成大君子。相州就节度，谁咎公
无纪。"多年的军旅生涯，马革裹尸，使作者诗中自然而透凌
厉之气，多有唐人风骨。

朱彝尊《静志居诗话》云："先生自任天下之重，尽瘁师
中。司马之檄方驰，乐羊之箧已满。见危授命，无愧全人。集
中三十五忠诗，盖亦有感于珰祸而作。三十五忠者，赵尚书南
星、高总宪攀龙、周侍郎炳谟、杨副院涟、冯副院从吾、何总
督士晋、左金院光斗、李御史应昇、夏御史之令、周中丞起
元、缪宫谕昌期、苏考功继欧、张尚书问达、汪侍郎辉、丁检
讨乾学、邓中丞渼、袁御史化中、吴总督用先、顾宪副大章、
王尚书纪、魏给事大中、邹总宪元标、王侍御之寀、周主事顺
昌、夏文选嘉遇、周御史宗建、周冏少朝瑞、黄御史尊素、刘
知府铎、万郎中燝、吴侍御裕中、张都事汶、赵宗伯秉忠、公
侍郎鼐、孟参军淑孔也。东林之君子已得十八九焉。先生之言
曰：'起三十五人于九京，未必人人大有勋烈，而有勋烈者，
必此三十五人。'痛惜人才之至矣。""三十五忠诗"见于《高
阳集》，亦收入《启祯两朝遗诗》，然有出入，此录《高阳集》
如下：②

---

① 《少师孙文正公承宗》，《列朝诗集小传》丁集中。
② 孙承宗：《高阳集》卷三，清嘉庆补修本。

　　盖自官府盘互，而忠死者藉藉，死不同要于死忠也。魂一变成虹血，三年藏碧。惨矣！烈矣！当蹈高踏厚时，徒悄悒干令咫耳！谁为矫意一舒怦怦者，况其叩旧齿而祈焉？圣明御宇，忠直为昭，亦既念忠矣，遂为忠诗三十五。其人随笔次，不次第其人，故诗不必尽其人，人不必尽其事。

　　《赵太宰南星》："太宰鼙群辟，中权向四星。良心议罡罡，那忍独为醒。雅志闭杨墨，有怀辨渭泾。投荒天更远，终自在朝廷。"

　　《高总宪攀龙》："东林饶善士，予敢附东林。矫矫高司宪，中宵竟自沉。几行忧国泪，一死抗章心。莫叹重泉闭，高天家远襟。"

　　《周侍郎嘉谟》："翰林二十载，荷橐上明光。秉喆怀先德，执经侍圣皇。三长在国史，一疏计封疆。大雅谁堪继，名山好闲藏。"

　　《杨副院涟》："大心杨副宪，抗志万言书。割毒手难下，撤帘功忍居。热心良自苦，剑术未应疏。千古英雄泪，谁堪别帝裾。"

　　《冯副院从吾》："少墟窥道域，一见契予深。浩气怜孤注，春风坐满襟。月仍留阁上，学自见天心。白云真孤调，无弦抚素琴。"

　　《何总督士晋》："构手何司马，百年孝作忠。勋名高两粤，工记补三空。力抉织儿秘，冲居上相功。夜来闻迅震，犹拟见英风。"

　　《左佥院光斗》："桐江佥院左，远志包寰区。粮莠愁难尽，茛苻惊毕逋。不虞驱走狗，翻令脱精魗。化碧魂犹烈，应堪猎右孟。"

《李御史应升》："直哉李柱史,不忍见披猖。有草肠愈烈,无生骨更香。力能光社稷,重岂独门墙。结泪殷勤语,犹云报圣皇。"

《夏御史之令》："殿中执法吏,夏史拥双鞭。激手批奸颊,忠言戡弁魂。以予扶直意,念尔应时言。谁谓酬恩重,翻成祸临门。"

《周中丞起元》："予尝回潞水,手牍自留京。举世戈相向,唯君意转倾。壮心脱距尽,健臂当车轻。三叹还惊骨,斯人竟不生。"

《缪宫谕昌期》："忠贞缪谕德,秉节入承明。白发纵横下,丹心慷慨生。自来忧社稷,谁复计身名。死谢髯阉老。无烦老婢声。"

《苏考功继欧》："仁善怜标远,沈衷阅世纷。包荒期位泰,滇小结成群。不自插篱棘,其谁翻雨云。长松风雪下,兆比一苏君。"

《张太宰问达》："太宰清通手,登朝四十年。弄丸一玩世,夹袋几讨贤。家以残方破,身从死更怜。殷勤黄阁老,一诺付重泉。"

《丁简讨乾学》："京穀饶豪略,特操或鲜终。英雄丁翰简,抱节何公忠。岂独贱中要,其将矫媚风。天街羸马市,遂觉人群空。"

《邓中丞渼》："按蓟能修守,能名戚继光。中丞来训练,我武顿惟扬。挥羽习鹅鹳,投鞭驱虎狼。如君凋落尽,谁复念封疆。"

《袁御史化中》："曾忆攀髯后,携君相庆陵。郁葱属社稷,日月永升恒。予既触罗网,君仍辩葛藤。秋风兰已老,门可复谁登。"

《吴总督用先》："念我同心友，疆场戮力时。风威移帐幕，云色变旌旗。官道殷勤语，私函缱绻辞。至今忧社稷，那得不相思。"

《顾宪副大章》："公子翩翩后，津关旧有名。西曹初簉羽，司马更论兵。予既浮渝海，君还备汉京。向来忧国泪，几度为君倾。"

《王司寇纪》："中要盘官府，从来社稷忧。君方愁偃月，时已恨清流。钩党关炎祚，同文岂宋谋。不知槐柳客，相见夜台不？"

《魏给谏大中》："圣朝初愿治，特起驳流铨。报国贤臣颂，怀清秋水篇。天方薄上善，人亦向中涓。矫矫匡时略，降时一怆然。"

《邹总督元标》："握骖五十载，抱学上君门。林栗方持议，曹鸾漫叩阍。以兹常侍贵，翻令孽卿尊。何损千秋业，终烦圣主恩。"

《王侍郎之寀》："圣学高千古，神慈翼万昆。如君或过计，于众却孤搴。国是谁能定，人知自不言。何如留此议，倘可警司阍。"

《周主事顺昌》："吴市高华子，一祠捐半千。君同吴市隐，高谊薄云天。囊洗当官日，盟成必死年。朱家谈大烈，生气尚依然。"

《夏文选嘉遇》："中要相盘立，入传锋气来。起君还典剧，惊代一抡才。未刷鸾凰羽，翻成鹰隼猜。至今城旦处，心却有遗灰。"

《周御史宗建》："咨永忠串伯，安昌薄小生。汉家四十万，新颂满西京。有剑谁堪请，无门不竞声。烈哉周柱史，尚作一鸣惊。"

《周冏少朝瑞》："定秦汉剑在，阉宦却相寻。朝岂乏陈实，人其尽永钦。以今趋媪相，宁自披雄襟。骈首都亭泪，谁怜庆忌心。"

《黄御史尊素》："何必悉边略，其如有违心。生来饶劲骨，身许比南金。世自衿功狗，君方叹陆沉。如饴归视死，那愁友芳林。"

《刘知府铎》："几自忧时意，读君愤世诗。一庭方作颂，片语岂能支。忠矣二千石，冤哉三字辞。于今祇媚骨，应恨未相宜。"

《万郎中燝》："谁觇貂珰客，门看槐柳齐。自怜心似水，不忍用如泥。抱患狐为虎，防微牛有䁤，纵今身玉碎，其肯学鸡栖。"

《吴御史裕中》："人传杀两者，尔亦竟歼之。胡不恨貂竖，而密追干思。乃知中毒手，都是外纤儿。几日轮回却，相逢可有辞。"

《张都事汶》："君家饶宦业，那忍负嫌名。两祠惊方惨，群言量未平。邯郸终有步，薏苡漫成声。最喜韩中令，恩仇不欲明。"

《赵宗伯讳秉忠》："少年登上第，况复负才名。以此遭蜚语，其宁损旧声。重来跻泰道，似可展生平。几日谒归去，惊传擢马鸣。"

《公侍郎鼐》："纶池传世凤，学海见人龙。老宿饶雄略，清塗寄远踪。要人方据重，而我一当锋。念两集枯意，其宁为世容。"

《孟参军淑孔》："铮铮奇略士，矫足向风波。一苇东江上，千群汉北过。从容其对簿，慷慨忆挥戈。知尔还堪用，不怜在网罗。"

《某子甲南部郎》："天意成忠彦，而云丞相膝。望尘纷有拜，入幕并称宾。亦有工为媚，先怜患若身。乃知庐扁手，不起不生人。"

三 山左三彦：冯琦、公鼐、王象春

明嘉靖时期，青州和历下诗坛崛起，揭五百年山左诗坛振兴之绪。嘉靖中，李攀龙与王世贞创立后七子派，建帜历下诗坛。青州诗歌兴自海岱结社，王士禛《古夫于亭杂录》载："吾乡六郡，青州冠盖最盛。世宗时，林下诸老为海岱诗社，倡和尤盛。其人则冯闾山、黄海亭、石来山、刘山泉、范泉、杨滉谷、陈东渚，而即墨蓝山北亦以侨居与焉。"其中，冯裕（闾山）之四子惟健、惟敏、惟讷、惟重以古文辞声振山左，时称"临朐四冯"。公鼐有诗云："历下树赤帜，骚坛据上游。同时东方士，冯氏四子优。"① 冯惟重孙冯琦尤为俊特，时人推许一代文学宗盟。公鼐与冯琦同为馆阁重臣，少时并称"齐地二彦"，与东阿于慎行号为"山左三大家"。新城王氏一门清华，王象春尤擅诗文。后人王士禛更为文坛盟主，声赫清初诗坛。钱谦益《渔洋文集序》云："季木（王象春）殁后三十馀年，从孙贻上（王士禛）复以诗名鹊起。闽人林古度论次其集，推季木为先河，谓家学门风，渊流有自。"②

冯琦（1558—1603），字用韫，一字琢庵，临朐（今属山东）人。年十九，举万历五年（1577）进士，选翰林庶吉士。授编修，历宫詹，供奉讲筵十余年，讲求有用之学。所陈说治本乱萌，明白敷畅，比古讽谏。东朝未建，有诏并封三王，国

---

① 公鼐：《问次斋稿》，齐鲁书社 1998 年版，第 75 页。
② 王士禛：《渔洋文集》，四部丛刊本。

论沸腾，乃取皇明祖训一条，正告首辅王锡爵，锡爵实主其议，亟上疏引罪，曰："臣实憪，不考祖训，左庶子冯琦教臣也。"① 自詹翰为吏部侍郎，多建白军国大事，请建储、止矿税，草疏剀切，天下诵之。尝有疏极论时政，草具未上，易箦之间，气息支惙，力疾删定，缮写奏上，以倣古人尸谏之谊。迟明，度疏入，而后瞑。年四十有六。谥文敏。有《宗伯集》、《北海集》、《唐诗类韵》等。

冯琦为文，注重实用，不尚空谈。"当时士大夫入史馆者，服习旧学，犹以读书汲古为能事，学有根柢，词知典要，二公（于慎行、冯琦）其卓然者也。"② 所编《经济类编》、《两朝大政纪》、《通鉴分解》、《宋史纪事本末》，皆务求有裨益于国家。于慎行赞曰："其修学博而不滥，其抽思深而不谲，其综藻华而不雕，其称名奥而不晦，其议论辩说，遐探恍惚，冥造希夷，愈入愈深，愈出愈亡，而不可端倪，有庄而无之也。"③ 诗尊古体，"渊源汉魏，而轶出于唐。其为近体，沉浸盛唐而致极于杜，兼备众美而发于一窍。其究华而若敛，冲而若余，大而不陵，细而不底，神在象先而辅之以气，情悬物表而运之以辞。此所以胜尔"。④ 在当时七子、公安递嬗而出，标新竖异，形式主义诗风盛行的景况下，尤能显出其古大雅之风。虽处李攀龙复古中心，然不为所缚，欲以诗情而补其不足："今之为诗者，一何与古异也！古人之诗，情而已。若远若近，若切若不切，而可以纾己之情，可以谕人之情，人己之

---

① 《冯尚书琦》，《列朝诗集小传》丁集中。
② 同上。
③ 于慎行：《宗伯冯先生集叙》，《谷城山馆文集》卷十二，明万历于纬刻本。
④ 《冯宗伯诗叙》，《谷城山馆文集》卷十一。

情两尽而语不必书尽，彼与我知之，而后人有不及知者，此古
人之所工也。其在后人则不然，其人其地其事与夫官秩姓氏，
皆引古事相符，以为典切而已，情不必纾人，情不必谕语，已
尽而读之，不了了一了，而遂索然无馀。"① 他甚至认为宁失
格调，而勿失其情，"诗以抒情，情达而诗工，文以貌事，事
悉而文畅。古人之言尽于此矣。而后之作者高喝矜步以为雄，
多言繁称以为博，取古人之陈言，比而栉之，以为古调、古
法，调不合则强情而就之，法不合则饰事以符之。夫句比字
栉，终不可为调与法，即调与法，亦终不可为古人，然则徒失
今人情与事耳。……窃以为调欲远，情欲近。法在古人，事在
今日，必不得已，宁不得其调与法，而无失其情与事。"② 如
其《癸未春述怀五首》其三悼怀女弟之辞，情真意切，惨惨
凄凄，读之令人伤怀："女弟才四岁，半步一何娴。向人辄下
拜，颇识嗔喜颜。伤彼蕙兰花，零落清霜寒。畴昔多欢惊，一
一成悲端。余亦慕弘达，不能割此难。焚汝身上衣，碎汝指上
环。九泉长决绝，抚膺独汍澜。"其长诗沉郁顿挫，一如杜
诗。如《壬辰书事赠别钟淑濂张伯任》：

> 世事亦何常？惨舒递相荡。今日非昨日，回首一惆
> 怅。圣人久在宥，君子始用壮。漫同贾生哭，实恃汉文
> 量。日月岂不照，雷霆未敢抗。其日风尘昏，黄云自飞
> 飏。侍臣尽改服，缇骑纷持杖。矫矫山阴公，尺牍还内
> 降。庭蓄留侯册，帝厌王陵戆。赤写将去国，白麻别命
> 相。省垣及选部，一时尽屏放。就中谁最贤？钟张尤侗

---

① 冯琦：《谢京兆诗集序》，《北海集》卷十，明万历末年云间林氏刻本。
② 《于宗伯集序》，《北海集》卷十。

伉。两生躯干小，气欲排峦嶂。新从上谷来，胆落临边
将。豺狼尽已屏，藜藿谁敢傍？古来直节士，大半投炎
瘴。至尊多优容，忍使居一障。视汝舌尚在，幸汝身无
恙。莫忘国士遇，宁同庶人谤。所惜正士去，满朝气凋
丧。从兹天厩马，静立含元仗。居然沿路塞，兼虞祸机
酿。传言半疑信，蓄意多观望。稽首辞九庙，尚欲徼灵
贶。国本苟不摇，宁使臣言妄。睿予非诤臣，执经侍帷
帐。吏隐类方朔，谏说慕袁盎。威颜尚不接，肝胆终难
谅。知无匡世资，三山行将访。

万历二十一年（1593），礼科给事中李献可，疏请豫教元子。
神宗摘疏中误书弘治年号，贬一秩调外。六科给事中钟羽正、
张栋等具疏申救。大学士王家屏封还御批力谏，神宗益怒，王
家屏引疾乞罢。钟羽正、张栋均被谴。冯琦感怀古事，以鉴今
事，遂有此作，义愤之情溢于言表。

公鼐（1558—1626），字孝与，号周庭，蒙阴（今山东临
沂）人。万历二十九年（1601）进士，改庶吉士，授编修。
历谕德、左庶子，以荐李三才落职闲住。光宗时起为国子祭
酒，光宗亲书"理学名臣"四字匾额赠之。熹宗即位初期，
以"两代帝师"视之，拜为礼部右侍郎、詹事府詹事。时隔
不久，魏忠贤乱政，"群小恶其害己，尽力击排，遂引疾以
去，不得重用"。[1] 崇祯初复官，谥文介。有《问次斋稿》。

公鼐少怀大志，十五岁时所作七律《拟秋怀》，即有
"有怀投笔非吾事，愿学龙门策太平"句。万历五年
（1577），翰林编修吴中行、检讨赵用贤因反对张居正"夺

---

① 《公侍郎鼐》，《列朝诗集小传》丁集下。

情"而遭杖谪，"即日驱出国门，人不敢候视"。① 公鼐时不满二十岁，受父公家臣之托，亲自为吴、赵送行。据《蒙阴县志》载："以论夺情事忤江陵意，吴中行、赵用贤之杖谪也。家臣遣子鼐送之潞河。"② 万历二十九年（1601），公鼐始中进士，这时他已经四十四岁，"傫然诸俊后，白发几茎添。"此时，国本之争日烈。在《双林寺歌》中，公鼐描绘了宦官炙手可热的权势："喜时重冥回融风，怒时薰夏飞严雪。能使泰恒失高峻，能使河汉回西流。"他一针见血地指出："此阉叨国恩，口含天宪握天禄。不安扫除图报称，却穷土木资冥福。浚民脂膏民怨多，毕竟其身挂网罗！"面对朝廷内部宦官、权臣之间的尔虞我诈、互相倾轧，公鼐感到世情的险恶。如《天可量》一诗即是这方面的力作："天可量，海可测，惟有人心无终极；山可平，川可塞，惟有人心多反侧。翻云覆雨不移时，系风捕影杳无迹。锋镝之来尚易防，伏匿之端殊难识。圆如环，曲如钩，引绳下石虚绸缪。康庄闲闲掘陷阱，平风静浪生阳侯。"

公鼐早期深受复古之风沾染，十分推崇前后七子。在《读冯侍讲诗》中云："诗道厄中兴，明兴回颓流。成、弘际为盛，作者盈九州。李、何相对起，矫矫凌千秋。边、徐、孙与薛，振羽同夷犹。古质还汉魏，雅颂追商周。迨至嘉靖季，七子争鞿鞚。历下树赤帜，骚坛据上游。"尤其对李梦阳及李攀龙推崇备至，尊称其复古为大雅。《赠蒋生》其二云："关中作者擅辞场，海内争传李梦阳。一自源流归历下，至今大雅在东方。"他甚至希望他的朋友李季重向二

李学习，以成"三李"鼎立局面。《赠季重诗》其八："关右辞宗起庆阳，济南白雪照四东方。愿君珍重成三李，一代名家总赞皇。"其《历下访白雪楼》诗仿李攀龙《白雪楼》之作，颇有知音之慨："西望高楼雪正深，浮云天外一登临。岩松荒垄成陈迹，秋菊寒泉自赏音。溟海烟霞增蜃气，镜湖风雨有龙吟。千秋大雅谁同作？虚负当年御李心。"然其亦能辨拟古之非，历数"七子效彼西家颦"之失，提出"丈夫树立自有真"之说，诚难能可贵。如《赠邢子愿长歌》云："为君历代选宗工，前称弘正后嘉隆。北地雄浑真大雅，步趋尽出少陵下。汝南俊逸诚天然，边幅姿态未全捐。济南匠心奇其丽，藻绘无乃伤辞意。武昌才美谢诸君，节制之师独出群。东吴囊括靡不有，利钝未能免人口。大抵明兴只数家，瑜者从来不掩瑕。余子纷纷未易说，拟议原非吾所悦。丈夫树立自有真，何为效彼西家颦。"在《古乐府序》中，他集中阐述了文以代变的文学发展观，并对拟古之失作了深刻的检讨：

> 风雅之后有乐府，如唐诗之后有词曲。声听之变，有所必趋，情词之迁，有所必至。古乐之不可复久矣。后人之不能汉、魏，犹汉、魏之不能风雅，势使然也。如汉朱鹭、翁离之作，魏晋诸臣拟之，以鸣其一代之事。易名别调，当极其长，岂以古今同异为病哉！后世文士如李太白，则沿其目而革其词。杜子美、白乐天之伦，则创为意，而不袭其目，皆卓然作者，后世有述焉。近乃有拟古乐府者，遂颟以拟名，其说但取汉、魏所传之词，句模而字合之，中间岂去陶阴之误，夏五世之脱，悉所不较。或假借以附益，或因文而增损，踽踽

床屋之下，探肱滕箧之间，乃艺林之根蠹，学人之路阱矣。以此语于作者之门，不亦惴乎！夫才有长短，学有通塞。取古今之人，一一强同，则千里之谬，不容秋毫，肖貌之形，难为覿面若曰乐府，则乐府矣，尽人而能为乐府也。若曰必此为古乐府，使与古人同曹而并奏之，其何以自容哉？李于鳞曰："拟议以成其变化。"噫！拟议将以变化也，不能变化，而拟议奚耻焉？律诗出于古诗，而难于古诗，七言后于五言，而难于五言。故七律于诸体中最不易工。古急长技，惟杜氏耳。杜氏之长，则秋兴、怀古、诸将数篇而已。近世拟作甚多，大率浅率牵合，观者厌焉。

公鼐《问次斋稿》今存诗二千多首，诸体咸备，各兼其妙。王士禛云："吾乡公文介公，万历中为词林宿望，诗文淹雅，绝句尤工。"[1] 朱彝尊对其亦推崇备至："言诗于万历，则三齐之彦，吾必以公文介为巨擘焉。"[2]

王象春（1578—1632），字季木，号虞求，新城（今属山东）人。万历三十八年（1610）庚戌科进士，时韩敬为状元，王象春每叹："奈何复有人压我！"其语颇为时所传。值科场议起，遂以王象春为讦己，浙党以壬子北试，移师攻之，牵连谪外。王象春雅负性气，刚肠疾恶，扼腕抵掌，抗论士大夫邪正，党论异同，虽在郎署，咸指目之，以为能人党魁也。王士禛评价云："从叔祖季木考功，跌宕使气，常引镜自照曰：'此人不为名士，必当作贼。'尝奉使长安，饮

---

① 王士禛：《池北偶谈》，中华书局 1982 年版。
② 《公鼐》，《静志居诗话》卷十六。

于曲江，赋诗云：'韦曲杜陵文物尽，眼中多少可儿坟。'其傲兀如此。"① 崇祯五年（1632）卒于家。有《问山亭集》。

王象春初于诗，宗法李梦阳、李攀龙。万历中，李攀龙饱受非议，王象春鸣不平说："昔人诗禅并称，尚存大雅。今日诗社酷似宦途，端礼门竖党人之碑，韩侂胄标伪学之禁，谈诗者拾苏、白馀唾，矜握灵蛇，骂于鳞先生，为伧为厉，为门外汉，此辈使生七子登坛时，恐咋舌而退矣！"② 钟惺为作《问山亭诗序》，对李攀龙拟古，提出了非议："今称诗不排击李于鳞（攀龙），则人争议之，犹之嘉（靖）、隆（庆）间不步趋于鳞者，人争异之也。或以为著论驳之者，自袁石公（宏道）始，与李氏首难者，楚人也。夫于鳞前无为于鳞者，则人宜步趋之，后于鳞者，人人于鳞也，世岂复有于鳞哉？势有穷而必变，物有孤而为奇。石公恶世之群为于鳞者，使于鳞之精神光焰不复见于世，李氏功臣，孰有如石公者？今之称诗者遍满世界，化而为石公矣，是岂石公意哉？"并劝诚王象春"要以自成其为季木而已"③。王象春不服，与文天瑞击节唱和："元美吾所爱，空同尔独师。"钱谦益也奉劝二人："二兄读古人之书，而学今人之事，胸中安身立命，毕竟以今人为本根，以古人为枝叶，窠臼一成，藏识日固，并所读古人之书胥化为今人之俗学而已矣。譬之堪舆家，寻龙捉穴，必有发脉处。二兄之论诗文，从古人何者发脉乎？抑亦但从空同、元美发脉乎？"王象春"退而深惟，未尝不是吾言也"④。天启五年

① 《谈艺六》，《池北偶谈》卷十六。
② 王象春：《李观察沧溟诗序》，《问山亭主人遗诗补集》，丛书集成续编本。
③ 钟惺：《隐秀轩集》文昃集，上海古籍出版社1992年版。
④ 《王考功象春》，《列朝诗集小传》丁集下。

（1625），王象春始作《公浮来小东园诗序》对拟古进行了悖反："七子以大声壮语笼罩一世，使情人韵士尽作木强，诚诗中五霸。今矫枉太过，相率而靡，坐老温柔乡中，岂不令白云笑人。"进而阐述其论诗要旨：

> 定诗者亦如八寸三分帽子，人人可移。一人曰：必汉魏必盛唐，外此则野狐。一人驳之曰：诗人自有真，何必汉魏，何必盛唐。一人又博大其说曰：何必汉魏，何必不汉魏，何必不盛唐。两祖莫定，五字成文，今天下盖集处于第三说矣。三说聚讼，权必归一，过瞬成尘，言下便扫，其或继周，宁能无说。浮来请于此再下转语，吾尝赠浮来句云：重开诗世界，一洗俗肝肠。

其所谓"重开新世界"是指："诗固有世界。其世界中备四大宗：曰禅、曰道、曰儒，而益之曰侠。禅神道趣，儒痴而侠厉，禅为上，侠次之，道又次之，儒反居最下。"由心折复古，到转而以禅论诗，王象春为自己开辟了一条诗路，后期所为诗歌多涉禅意。《赠注历阳》云："与君当此世，或好是名流。日读离骚醉，时偕野梵游。赋成羞狗监，冻剧却狐裘。春人湖冰绽，有无钱买舟？"再如赠公安派苏惟霖的《答苏云浦侍御》其一云："恰似骑驴又觅驴，中宵听雨费踌躇。呼灯急起披衣坐，翻尽苏禅七卷书。"其二云："官不离禅禅更诗，诗是禅灯第一枝。雁叫牛鸣相涉否？花开木落又多时。"顿悟入诗，狂放不羁。以至于钱谦益感叹："季木尤以诗自负，才气奔轶，时有齐气，抑扬坠抗，未中声律。余尝戏论之：天瑞如魔波旬，具诸天相，能与帝释战斗，遇佛出世，不免愁宫殿震坏。季木则如西域波罗门教邪师外道，自有门庭，终难皈依正法。"①

王象春《问山亭集》得名其在济南大明湖畔所筑之问山亭。《问山亭诗序》云："问山亭子拱如笠，屹立湖中阅古今。箕踞悲歌王季木，时敲石几激清音。"王象春孤傲如此，"箕踞悲歌"正可为其生逢末世"侠戾"之气的真实写照。

第二节　东林党"六君子"、"七君子"的节义诗

天启年间，东林党议的性质发生了变化，由士大夫们政见不同的论争，演变为你死我活的针对阉党的血腥斗争。天启五年（1625），杨涟、左光斗、袁化中、魏大中、周朝瑞、顾大章六人殉难，时称"六君子"。天启六年（1626），高攀龙、周顺昌、缪昌期、李应升、周宗建、黄尊素、周起元，时称"七君子"。除高攀龙投水自沉外，余皆死于诏狱。东林党人在斗争中前赴后继，为正义和理想而献身的精神彪炳史册。作为政治人物，他们的牺牲精神，赢得了当时尤其是中下层民众的广泛拥护，史载东林六、七君子先后殉难，引起了当地市民的斗争。名最著者为周顺昌被逮所引发的苏州"开读之变"，市民颜佩韦等五人挺身而出，英勇就义。复社领袖张溥有《五人墓碑记》记其忠节，苏州市民将他们葬于虎丘，题曰"五人之墓"。作为以理学治世的士大夫，他们维护道统，倡道德文章，虽不以诗才闻世，但亦不废声诗。陈田对东林党人多所称许，诗亦多所录入。《明诗纪事》卷十六辛签序云："余录启、祯之诗，先忠节，次遗逸，一以伸正气，一以黜忝

---

① 《王考功象春》,《列朝诗集小传》丁集下。

窃；而科目之士大夫，乃夷而后之。其中未尝无贤明之士，牛毛麟角，节长弃短，观者自得之也。论者谓明之亡由于党祸，乃归罪于东林、复社之徒。嘻，何其僒也！夫东汉之亡亡于寺人之祸，而党锢乃兴；明之亡亦亡于阉人之孽，而东林、复社乃可显。阴阳战而霆砰电流，风水激而波涌涛飞，邪正攻而党人义愤节立。暨弘光偏安江左，支持残局，而阉党犹思翻局，以底于亡。"陈济生有《启祯遗诗》首列殉国东林党人诗，"首录忠义诸公，如罹阉祸死者与于甲申、乙酉之难，及前乎此后乎此之殉国者"，以彰显忠义，"补于世道人心"①。

一 "六君子"的节义诗

杨涟（1571—1625），字文孺，号大洪，应山（今属湖北）人。万历三十五年（1607）进士，除常熟知县、徵授户科给事中，历礼科都给事中，升任太常少卿，擢右佥都御史。性刚烈，有遗直。天启五年（1625），死珰祸。崇祯初，赠太子少保、左都御史，谥忠烈。有《杨忠烈公文集》。《启祯两朝遗诗》录其诗九首。

光宗时，封后议起，人情汹汹。杨涟上疏力争，且请遗诏中首举册立，又同诸大臣上疏，力请奉皇长子居慈庆宫。光宗阅奏，语太子曰："此汝忠臣，目属者久之。"光宗宾天，杨涟趋阁部大臣，趋乾清宫。阉人格不令入，杨涟攘臂大诟，阉人却，遂得入，恸哭。急请见太子三四，始出，诸臣呼万岁。阁臣刘一燝、韩爌奉太子两手出乾清宫，暂御慈庆宫。时选侍犹踞乾清不肯出。杨涟抗论于朝房、于掖门、于殿廷者，日以

---

① 归庄：《两朝诗选序》，陈济生：《启祯两朝遗诗》卷首，四库禁毁丛刊本。

十数；叱小竖于麟趾门者一；叱阁臣方从哲及大阉于朝者再。选侍乃移一号殿，而太子复还乾清宫。移宫之日，奋髯叫呼，声彻御座。上亦语近侍曰："胡子官，真忠臣也。"① 天启四年（1624），杨涟首劾魏忠贤二十四大罪，疏上，朝野大哗，继之者不下百余疏。"先是，杨涟疏上，魏广微恶之。时有谓广微者曰：'杨涟攻魏公，波及于阁下，公知其故乎？'曰：'不知也。'曰：'出疏者杨涟，造意者左光斗，润色者缪昌期也。吾为阁下足了此事矣。'"② 魏广微于是点《缙绅录》，分差等，目为邪人。其人则叶向高、韩爌、何如宠、钱谦益、成基命、缪昌期、姚希孟、陈子壮、侯恪、赵南星、高攀龙、杨涟、左光斗、魏大中、黄尊素、周宗建、李应昇等约六七十人，密达于魏忠贤，以渐摒斥。天启五年（1625），阉党欲以汪文言狱牵杨涟，刑讯逼供，汪文言不屈，叹曰："世间岂有贪污之杨大洪哉！"杨涟被解途中，"都城民数万，拥道攀号，争欲碎官旗而夺公。公四向叩道，告以君臣大义，始得解散"③。

杨涟《狱中绝笔》云："嗟嗟！痴心为国，妄趋死路。生有累于朝绅，死无裨于君德，虚存忠直肝肠，化作苌弘碧血，留为干日白虹，死且不瞑，但愿国家强固，圣德刚明，海内长享太平之福。……涟至此时，不悔直节，不惧酷刑，不悲残死，但令此心毫无奸欺。……大笑还大笑，但令此心未尝死。白日冥冥，于我何有哉！"临刑诗云："浩气还太虚，丹心照千古。平生未报恩，留作忠魂补。"表达了一腔热血为君王，

① 陈鼎：《杨涟左光斗传》，《东林列传》卷三，四库全书本。
② 《魏忠贤乱政》，《明史纪事本末》卷七十一。
③ 计六奇：《明季北略》卷二，中华书局1984年版。

虽九死犹未悔的忠贞与节烈。

左光斗（1575—1625），字遗直，号浮丘，桐城（今属安徽）人。万历三十五年（1607），与杨涟同年进士，累迁都察院都御史。最善者杨涟，尝与杨涟“协心建议，排阉奴，扶冲主，宸极获正，两人力为多。由是朝野并称‘杨左’”。天启五年（1625）二月，阉党徐大化劾杨涟、左光斗党同伐异，招权纳贿，并逮汪文言欲牵之，卒矫诏逮系镇抚司狱，惨死珰祸。左光斗善识人，曾于诸生中拔史可法。《明诗纪事》庚签卷六引《居易录》云：“左忠毅公视北畿学，有知人鉴，凡所题品，往往寄中。史公可法少年貌寝，公拔之为童子冠。勉之曰：‘善自爱，将来社稷臣也。’后卒如其言。”左光斗被逮，人唯恐避之不及。独史可法扮不洁之人入狱探视，见左光斗“席地倚墙而坐，面额焦烂不可辨，左膝以下筋骨尽脱矣”。不禁呜咽有声。左光斗闻之，知为史可法，“奋臂以指拨眥，目光如炬，怒曰：‘庸奴！此何地也，而汝来前？国家之事糜烂至此，老夫已矣，汝复轻身而昧大义，天下事谁可支柱者？奸人且构陷及汝，不速去，吾即扑杀汝！’因摸地上刑械，作投击势”。后史可法督师扬州，慷慨殉国。有《左忠毅公集》。《启祯两朝遗诗》录其诗八首。

《柳亭诗话》云：“孙文忠《高阳集》有三十五忠诗，左忠毅其一也。忠毅送杨大洪归里诗：‘触阶流血君方见，叩阍排簾宫始移。’痛定思痛，亦未知后日之祸，如是之烈也。”[1]左光斗被羁赴京师途中，士民数百人持金沿路相送，于是有《畿北道中士民举槛车持金钱相赠诗以谢之》云：“车指燕山道，徘徊半故人。相逢多下类，欲别且攀轮。风与畿南别，情

---

① 宋长白：《柳亭诗话》，清康熙间天茁园刻本。

因难后真。殷勤谢多士，从此避嚣尘。"忽又念及幼子，百感
交集，然又转念欲报君恩，以全臣节。《别同乡赴诏狱》云：
"斑马鸣萧萧，长河水潺潺。歧路一尊酒，行者皆声失。同学
见我来，执手如胶漆。弟子见我来，啼呼向落日。农桑见我
来，辍耕倍萧瑟。幼儿尚嬉游，不识六与七。旧德无足存，生
还未可必。天王本圣明，众女善妒忌。临风从此辞，孤臣委汉
室。流离戴君恩，努力全臣节。直道不可为，微劳易过切。安
得浮云开，与子归衡泌。"对于已经因劾魏阉乱政而殉节的好
友万燝表达痛彻肺腑的深切哀悼，同时对逆党小人予以强烈的
控诉。《哭万元白工部》云："黄雾四塞遮蓟北，浮云满天蔽
白日。道上狐狸走人宫，壮士闻之声慄慄。西江万公真人杰，
手揽斧柯伐三蘖。上疏直数中官罪，一时群小皆咋舌。胡为矫
旨杖狱中，血肉淋漓声音绝。义士掩面各吞声，不觉唾壶尽击
缺。果然恭显杀贤传，中朝之事尚何说。我有白简继君何？能
已与君同游杖下矣。丹心留在天壤间，没没之生不如死。"
《静志居诗话·左光斗》云："万忠贞之死，忠毅公哭之以诗，
有云：'我有白简继君何能已？与君同游杖下矣。丹心留在天
壤间，默默之生不如死。'是亦不愧其言者也。"入狱后，左
光斗视死如归，一心全节。《狱中同杨大洪魏廓园顾尘客周衡
台袁熙宇夜话》云："噫嘻哀哉！当今之事不可问，谁信慷慨
回气运。长安猛虎昼食人，雾盖燕云十六郡。我欲呼天，天高
不可呼。我欲告人，人心毒如荼。皋陶平生正直神，辨香可能
悉其辜。夜来床头生芝干如铁，不在李膺之前，则在范滂之
侧。英雄对此益增奇，天地愁之失颜色。噫嘻吁嗟乎，明月蚀
于天，高山崩人渊。如何长夜如长年，安得魂去飞翩翩，上与
二祖列宗诉，其缘肯教复如雪。炙谷谈天错玉屑，一啸使人意
自契。凤毛往往称三绝，皋翁绰有蓝田风。西园飞盖生从容，

瑶池会上少年雄。倾赀百万耻素封，大伯英雄气食虎。神理徒存失毛羽，封胡羯末时起舞。胸中磊块贮今古，二伯膏肓在石泉。闲理榆钱种秫田，堂下唔咿堂上絃。牙筹终不碍超然，吾翁莑苒百花底。半生生计药苗里，抱朴疑方稚仙是。子孙还与郭公比，歌罢飒飒动簷风。浮云黯淡气冥白，日自西，月自东，杨花自碧，蓼花红。请君烂醉枕新丰，终期控鹤上崆峒。"这首作于狱中的诗，是反映六君子在狱中志同道合，视死如归的抒情之作，体现了东林党人"一腔热血，洗涤乾坤"的大无畏的牺牲精神。

魏大中（1575—1625），字孔时，号廓园，嘉善（今属浙江）人。万历四十四年（1616）进士，授行人。迁工科给事中，历礼科右给事中，进吏科都给事中。天启五年（1625），死珰祸。崇祯初，赠太常卿，谥忠节。有《藏密斋集》。《启祯两朝遗诗》录其诗二十一首。

万历三十八年（1610），魏大中下第读书于城北，时三十六岁，这年夏，晤顾宪成、高攀龙、薛敷教等于徐玄仗园中。万历三十九年（1611），执弟子礼于高攀龙。万历四十年（1612），高攀龙延其入馆讲学。万历四十八年（1620），道江右访邹元标于吉水。其善者李应昇。天启三年（1623）冬十月朔，有事太庙，魏广微不至。魏大中同李应昇上疏劾之。魏广微恨之入骨。方魏大中被逮之时，变卖家产不足以凑百两之银，嘉善万人蔽于道上，痛苦挽留，并资助其财物。经苏州时，周顺昌留其三日，与舟中对语，誓决于阉党，并与魏大中缔结姻亲。离别时，周顺昌买舟远送。将过无锡，高攀龙闻讯，亲自远接于二十里外，与之面谈。待其离别，又送之高桥，临别有《高桥别语》相赠。李应昇因病不能前来相送，遣人借几十两银子赶了九十余里送之。常州知府曾樱也以俸金百两相赠。魏大中拒辞不收，"死于王家，男儿常事，何必尔尔"，安慰众人不必为此难过。其忠烈之举可见一斑。

《静志居诗话》对其评价颇高："忠节骨鲠之臣，然颇留心风雅。里人王屋布衣能诗，公见其赋秋兰作，为之击节。值文会，公曰：'孰为赋秋兰者？'起而揖之。布衣感公之知，公被逮日，徒步送之境外，挥泪而别。田按：忠节被逮，宿奉圣禅院。留题云：'果不鉴临惟有死，纵然归去已无家！'其语沉痛，读之令人流涕。"如其《秋日元尔见过书怀》："秋来工伏枕，四壁未须愁。名合长贫落，交应久病休。只君看二仲，知我业千秋。明月怀中在，逢人未肯投。"《姚孟长以文于二祠诗见投感而有赋》云："年来踪迹愧簪冠，握手西风为一弹。正以忧时图洒血，那堪吊古颂留丹。"表达了生逢末世，虽怀才握玉，但知音难识，才能无以施展的落寞。

顾大章（1575—1625），字伯钦，号尘客，常熟（今属江苏）人。与弟大韶并负奇才。大章通明经术，有经世之志。万历三十五年（1607），举进士，授泉州推官，改常州儒学教授。时朝士各执门户，交相指拨。顾大章慨然曰："党议已成，须有以解之。昔贾彪不入顾厨之目，西行以解其难。吾忍坐视耶？"补国子监博士。天启初，选刑部主事，历员外郎。时东林内部叶向高与刘一燝有隙，顾大章与缪昌期善解之。熊廷弼失疆案，顾大章惜之才，然终以典章论辟。会王纪有疏攻魏忠贤，阉党有谓疏出自顾大章手，遂以御史杨维垣劾顾大章受廷弼赂，谋曰："廷弼楚人也，顾大章杨、左之党也。以鬻狱坐顾，以关通坐杨、左，则一网尽矣。"[①] 卒逮顾大章，与

---

① 《魏大中周顺昌传》，《东林列传》卷三。

杨、左等六人下镇抚司狱。五子惨死，顾大章有幸投缳而死。
《启祯两朝遗诗》录其诗八首。

顾大章诗作多刺时之作，如《读未焚草》云："客氏何缘
比慎姬，错将乳媪当娥眉。传纶莫道中官误，学术原来胜绣
衣。"表达了对客氏与阉党相勾结祸国殃民罪行的强烈控诉。

周朝瑞（？—1625），字思永，号衡台，临清（今属山
东）人。万历三十五年（1607）进士。历给事中，迁太仆寺
卿。周朝瑞性刚正不阿，居官以清廉著。在朝侃侃倡言，群小
皆惮之。邹元标、赵南星在京师设馆与天下名宿讲孔孟之学。
周朝瑞与同年夏之令常参与其中。会有攻击者，周朝瑞大呼：
"讲学者二祖列宗之教也。今攻之，殆欲攻二祖列宗耶！"① 于
是朱童蒙等皆衔之，嗾魏广微言于魏忠贤，卒以周朝瑞下诏
狱。崇祯时，赠大理寺正卿，谥忠敏。

袁化中（？—1625），字熙宇，武定（今属山东）人。万
历三十五年（1607）进士。拜河南道御史。史载，袁化中大
呼列祖列宗而卒，卒之夕，狱中鬼哭神嚎。忽大风作，众鬼昪
镇抚司用刑胥，投诸厕。狱卒奔往救，得免。越三日，皆死。
崇祯初，赠太仆寺卿。谥忠愍。

二　"七君子"的节义诗

周顺昌（1584—1626），字景文，号缪洲，吴县（今属江
苏）人。万历四十一年（1613）进士。授福州推官。徵授吏
部主事，迁员外、郎中。天启六年（1626），死珰祸。崇祯
初，赠太常寺卿，谥忠介。有《烬余集》。《启祯两朝遗诗》
录其诗九首。

① 《魏大中周顺昌传》，《东林列传》卷三。

万历时，矿监税使横行，时税监高寀横暴，致民激变。周顺昌仗义抗寀，众始解散。魏珰恣肆，周顺昌每阅邸报，辄发愤叹息。魏大中被逮，过吴门，周顺昌独往，与之对饮三日，又约为婚姻，临别，买舟送之，校尉呵止。周顺昌张目叱曰："若不知世间有不畏死男子耶？若曹归语忠贤，吾即故吏部周顺昌也。"御史倪文焕侦之，劾周顺昌贪横，既而内臣李实也疏参周顺昌。周顺昌曰："求仁得仁，正吾今日事，吾何憾哉！"缇骑至吴县，知县陈文瑞为周顺昌门生，手持官牒，至顺昌门，泪下不止。周顺昌慨然曰："吾逮办久矣。此特意中事，勿效楚囚对泣。"① 宣诏日，市民聚观者上万人，怒殴缇骑，"诘曰：'旨从何出？'曰：'魏上公。'于是众共攀持伪旨者。时大雨，堂下万屐齐掷，缇骑伏抚、按胁下，一尉匿梁上，惊堕而死。是夜抚、按具疏告变，捕十三人下于狱，论五人大辟。五人者：颜佩韦、马杰、杨念如、沈扬、周文元。文元，公舆丁也。佩韦临刑告知府寇慎曰：'囚等为周吏部死，死于义，非为乱也。'公既毙于锦衣狱，归葬白莲桥南马家墩。崇祯初，吴人毁魏忠贤普惠祠，购佩韦等头颅合尸葬于是，题曰'五人之墓'。太仓张溥为作碑记"。②

周顺昌忧怀国事，时见诗中。如《愁》云："独坐鹰声急，风高秋气空。家书千里外，旧事一樽中。北地兵戈满，南园草木丛。朝来胁壮发，强半欲成翁。"表达了对家人的思念，以及国家边患未平的深刻忧虑，爱国之情跃然纸上。

缪昌期（1562—1626），字当时，一字又元，号西溪。先为常熟人，后徙江阴（今属江苏）。万历四十一年（1613）进

---

① 《魏大中周顺昌传》，《东林列传》卷三。
② 《周顺昌》，《静志居诗话》卷十七。

士。改庶吉士，授检讨。历赞善，谕德。天启六年（1626），死珰祸。崇祯初，赠詹事，兼侍读学士。福王时，谥文贞。有《从野堂存稿》。《启祯两朝遗诗》录其诗七首。

缪昌期善谋略，期许大义。方其未入都之时，顾宪成、高攀龙辟东林书院讲学。缪昌期私谓人曰："诸君有意立名，党锢、道学之禁，殆将合矣。"选翰林院庶吉士，值杨涟以常熟令考选，往来密切，定为石交。时群小攻东林甚急，缪昌期虽未许东林，而恶攻击者甚，往往扼腕叹息，形于颜色，朝论遂以东林目之，缪昌期亦弗顾也。万历四十三年（1615），梃击事发。缪昌期愤然曰："一御史以疯癫二字，出脱乱臣贼子。一御史以奇货元功，抹杀忠臣义士。"天启初，阉党乱政，杀光庙伴读王安，逐首辅刘一燝。缪昌期语诸叶向高曰："内传不可奉，顾命大臣不可逐。公三朝老臣，当以去就争之，力遏其渐，无令中人手滑。"魏阉造生圹于玉泉山，遣人请缪昌期为墓碑。缪昌期严词拒绝："生平耻谀墓，况肯为刑余辱吾笔邪？"魏阉闻之大恨。赵南星为冢宰，甚重缪昌期。缪昌期每预朝议，众皆侧目。杨涟二十四罪疏未上之时，缪昌期谓左光斗曰："内无张永，外无杨一清，一不中而国家从之，可侥幸乎？"杨涟与左光斗不听，疏入，叶向高言于内阁曰："此竖在君侧小心，一旦去之，不易得。"缪昌期闻言，勃然曰："谁为此言者，可斩也。"叶向高色变而起，号于众人曰："西溪杀我。"当时广宁陷落，缪昌期有所争于叶向高，叹曰："公非削国之相，即亡国之相矣。"叶向高气几晕绝，自是散言疏草出于缪昌期之说，缪昌期遂不免。方杨涟被解出京，缪昌期备酒食相送，阉党益怒。当其被逮之时，缪昌期慨然曰："早知此矣。与应山同事，与应山同祸。"下镇抚司狱，许显纯叱曰："尔为江南第一才子，何为与杨涟同谋？"缪昌期曰：

"杨涟职司风纪，某系此臣，平素交好，同谋是实，且某既为词臣，是是非非，应得执笔为皇上谋，为二祖十宗谋，死无悔也。草疏是实。"① 其善谋忠义如此。

缪昌期在被解赴京师途中，仍眷念国事，效法前贤，抱死无憾。如《槛车》云："尝读膺滂传，潸然涕不禁。而今槛车里，始悟凤根深。一死无余事，三朝未报心。南枝应北指，视我实园阴。"然又念及家中亲人，痛苦非常。如《痛亲》云："生来气体弱，父母倍情怜。妖梦频纷若，慈颜意惨然。无心逃密网，有畏负重泉。赤岸松杉邈，诸孙好护游。"表达了无法奉养父母的歉意和内疚。对于儿子则表达了深切的忧虑。如《示儿》云："诸儿初了了，长大竟无成。世事浑如梦，遗经累后生。覆巢宁有卵，刘草岂留萌。幸得收吾骨，还须隐姓名。"劝其隐姓埋名，远身避害。

李应昇（1593—1626），字仲达，号次见，江阴（今属江苏）人。缪昌期为其姑父。生而颖敏，过目不忘。师从常州名儒吴钟岱。二十岁试县学诸生第一，二十三岁登乡榜，次年成进士，授南康推官。紫阳、白鹿洞书院久废，李应昇兴复之，立馆舍，招集士人讲学其中。旬有小会，月有大会。每会必至，与诸生质疑辩难，推明紫阳之教，一时从游者千里应之。寻擢福建道御史，时邹元标、高攀龙、孙玮先后为总宪，皆与李应昇有善。凡有章奏，必托其代草，望重西台，为群小所忌。魏阉擅权，李应昇草疏十六事欲上，为杨涟二十四罪疏所先。万燝遭杖，李应昇往视，并上疏申救。魏广微骄横，李应昇持论弹劾，初拟遭廷杖一百，赖韩爌救免。高攀龙劾崔呈秀贪墨疏实出李应昇手，崔呈秀侦之，夜谒李应昇，长跪求

---

① 《缪昌期李应昇列传》，《东林列传》卷四。

解，李应昇不为所动。崔呈秀大患，与曹钦程合疏攻李应昇
"专为东林护法"，并影射高攀龙为东林大教主，以排挤正人。
李应昇夺职，筑落落斋，闭门静修。适魏大中被逮，李应昇贷
百金赠之。复书高攀龙言曰："学问之途茫茫望洋，古人云：
'不得于朝，则山林而已。'今山林席地恐复相煎。见六君子
之惨酷，不免恻恻废箸，心如悬旌矣。"① 未几，以周起元案
被逮。李应昇慷慨就道，士民送之者数以万计。有人以高攀龙
投水，讽其自裁。李应昇斥曰："大丈夫死忠死孝，讵不可死
诏狱乎！古人系狱上书，死犹以尸谏也。"② 洞庭山人朱凤翔
与李应昇为执友，破产挥千金尾舟北上，为之斡旋。李应昇遇
难后，又割田两顷予其家，可谓好义。崇祯初，赠太仆卿。福
王时，追谥忠毅。有《落落斋遗稿》。《启祯两朝遗诗》录其
诗三十七首。

　　《明诗纪事》庚签卷六《李应昇》引万曰吉《东有堂集》
云："仲达先生英飙烈魄，照耀卷册，忠孝之血，随地涌泻，
睢阳闻笛之篇，少保北伐之咏，化碧流丹，千年一辙。陈瑚
《确庵集》：忠毅服官之日，不名一钱，情不离山水，口不忘
忠孝。其游白鹿洞诗云：'至理悟消息，达士亶云靖。'公平
日澹泊宁静，所以养其刚大之气者为何如？而世之称公者，但
知其蝉蜕污泥，争光日月，而不言其树立之有本，蓄积之有
素，则亦耳食目论者之为见矣。"其《赴逮至郡》云："已作
宜鸿计，谁知是僇民。雷霆惊下土，风雨泣孤臣。忧患思贤
圣，艰难累老亲。生还何敢望，解绹诵汤仁。"表达了大难面

---

　　① 《缪昌期李应昇列传》，《东林列传》卷四。
　　② 陆文献：《李太仆传》，《赤岸李氏宗谱》卷十三，民国八年（1919）木
活字本。

前，不惧生死的心态，同时也充满了对先贤的景仰及对当世的失望和无奈。

周宗建（？—1626），字季侯，吴江（今属江苏）人。万历四十一年（1613）进士。授武康知县，改调仁和，擢监察御史。天启改元，京师大雨雹，时魏忠贤用事，周宗建遂纠其"目不识丁，衷怀叵测，为祸国家"，魏忠贤大患，赖叶向高力得免。及奉圣夫人客氏再入宫，周宗建复疏争之。魏忠贤素与客氏比，嗾使郭巩借内察谋逐周宗建。周宗建闻而叹曰："网罗既成，祸不逮矣。吾固不惜死。"遂上疏曰："故巩横行愈甚，奸谋愈深，既有忠贤为之指挥，有客氏为之操纵，有刘朝等为之爪牙，而外复有巩等蚁附蝇，集内外交通，驱除善类，天下事尚忍道哉？"① 因请诛魏忠贤、郭巩等。时杨涟、左光斗等交章劾魏忠贤，每疏必援周宗建前疏，魏忠贤大恨。遂以周起元案逮下诏狱。崇祯追赠太仆寺卿，福王时谥忠端。《启祯两朝遗诗》录其诗十八首。

周宗建有《感事三首》，其一云："贤士同牵早拂衣，宫怜金虎自相依。须教屈轶升堂陛，何事妖星近太微。鹰隼出山秋气肃，露华垂草日光晞。匡时执法西台重，汲黯功名在禁闱。"表达了对时局的关注及希望能够效法先贤建功立业。

黄尊素（1587—1626），字真长，余姚（今属浙江）人。万历四十四年（1616）进士，除宁国推官。时汤宾尹为党魁，声摄天下，官其地者必受牵扰，黄尊素至，汤宾尹为收敛。徵授山东道御史，请留用邹元标、冯从吾。天启间，魏忠贤擅权。黄尊素怅然谓同志曰："吾辈如处漏舟，亦惟衣袽，自戒勿自为敌国也。"汪文言狱起，阉党欲以陷左光斗、魏大中。

---

① 《周宗建黄尊素列传》，《东林列传》卷四。

魏大中素知黄尊素有大计，片纸属曰："事急矣，勿杀义士。"
黄尊素与掌卫事刘侨画策爱书，一无连染，群小愕然。杨涟上
二十四罪疏，初与黄尊素议之。黄尊素曰："公不见杨邃庵之
除刘瑾乎？有张永以为内主，故不劳而成。公今争以口舌，
是手搏彪虎也。一击不中，祸贻之国矣。"万燝被杖，黄尊素
上疏曰："律例所载，虽叛逆十恶应死者，犹且反复于廷议鞫
讯之间。今以披肝沥胆之臣子枉死于棰，闭之，左右必且忻忻
相告曰'吾侪借天子之尊，今而后可以立威，可以钳口矣。'
不知轻用皇上之威，颠倒在一时，而长留杀谏之名，贻讥在万
世。他日有秉董狐之笔者书曰：'某年月日，万燝以言事死'，
其奈之何？"疏上，又倡率台省会于东阁，建议有传旨廷杖
者，内阁辄封还，不得奉行。阉党闻之愕然。魏广微大享不
至，魏大中将劾之。黄尊素曰："不可。今大势已去，君子小
人之名无过，为分别则小人尚有牵顾，犹可一二分救也。若政
府明与之合，惟所欲为耳！"魏广微叹曰："诸公薄人于险，
吾能操刀而不割哉！"遂献东林党人名单于魏忠贤。[①] 天启五
年（1625），有谣传黄尊素欲用织造太监李实，密授其计。魏
忠贤大惧而逮旨下。崇祯初，赠太仆卿。福王时，追谥忠端。
有《黄忠端公集》。《启祯两朝遗诗》录其诗六首。

黄尊素有《狱中被害日作》云："正气常留海岳愁，浩然
一往复何求。十年世事无工拙，一片刚肠总祸尤。麟凤途穷悲
此际，燕莺声凄值金秋。钱塘有浪胥门泪，谁取忠魂泣属
镣。"表达了临刑之际，一腔凛然正气，忠贞不屈的大无谓
精神。

周起元（1571—1626），字仲先，号绵贞。明海澄县（今

① 《周宗建黄尊素列传》，《东林列传》卷四。

属福建）人。万历二十八年（1600）乡试第一，翌年登进士第。授浮梁知县，不久调任南昌知府。万历三十八年（1610），任湖广道御史。万历四十年（1612），奸人刘世学上疏诋毁讲学之风，诬诿东林党顾宪成，周起元两次上疏反驳。万历四十二年（1614），税监高寀在福建横征暴敛，胡作非为。周起元上《参税珰高寀疏》，历数其驻闽劣迹，为民请命，结果高寀被召回京。天启三年（1623），召为太仆寺少卿，常造访邹元标所创首善书院，升任右佥都御史，巡抚苏松，为政廉洁，"丝粟无所取"。苏州织造税监李实贪渎专横，民怨沸腾。周起元两次上疏弹劾李实不法数事，魏忠贤大恨，矫旨削周起元籍。天启六年（1626），魏忠贤命兵科给事中李鲁生以劾周起元讲学为名，与高攀龙、周顺昌、缪昌期、黄尊素、李应昇、周宗建六人"朋比为奸，讥刺朝政"，又取李实空印疏至京师，唆使李永贞、李朝钦疏诬周起元任巡抚时贪污公款十余万两，矫旨逮周起元。漳州士民大惊，闻明朝律令可用金钱赎罪，遂设木柜于城四门，不数日柜满。崇祯时，赠兵部侍郎，谥忠憨。

第四章

东林党议与复、几社的文学活动

复社、几社崛起于启、祯年间，踵武东林，体现了晚明文社"朝之党，援社为重；下之社，丐党为荣"的鲜明政治色彩。其在学术上，则"昌明泾阳之学，振起东林之绪"，强调"致世济民"的用世观念。然其本质还在于文社，以"兴复古学"、"务为有用"为立社宗旨，以"尊遗经，砭俗学，俾盛著作，比隆三代"为己任，掀起了尊经复古的高潮。在复社、几社的文学活动中，政治性和文学性的结合光耀出晚明文社绚丽的色彩。

第一节　复、几社与东林党的关联

一　复社与东林党的政治关联

复社继起东林之后，成为晚明政坛另一股新生的力量。虽然黄宗羲尝言："复社诸人尝号于人曰：吾辈嗣东林而起。不知复社，不过场屋余习，与东林何与哉？"[①] 不肯以党目自视，

---

① 黄宗羲：《南明史料》（八种），江苏古籍出版社 1999 年版，第 29 页。

然其所干预政事，以及继承东林与阉党之政治斗争，已经构成
了实体的政治行为，政治性显而易见。在政治这一层面上，复
社与东林党可谓一脉相承。首先体现在其人员构成上；其次体
现在其所参与的政治活动中。

复社的成员组成首先包括后期东林党中的重要人物，如钱
谦益、黄道周、倪元璐、华允诚、马世奇、姜埰、刘同升、陈
子壮、黄淳耀、成德、冯元飙、范景文、徐汧等。其次，东林
遗孤及师承弟子亦是一个重要的组成部分。何宗美先生《明
末清初文人结社研究》统计七十余人，以表格列出，引用
如下：

东林党	复　社	关　系
顾宪成	顾皋	孙　子
高攀龙	(1) 高永清 (2) 华时亨 (3) 秦镛	(1) 孙子 (2) 弟子 (3) 弟子之子
左光斗	(1) 左子正、左子直、左子忠、左子厚 (2) 史可法	(1) 儿子 (2) 弟子
魏大中	魏学濂、魏学洙	儿子
顾大章	顾玉书	儿子
周顺昌	(1) 周茂兰、周茂藻 (2) 文乘	(1) 儿子 (2) 女婿
缪昌期	缪采室	儿子
周宗建	(1) 周廷祚 (2) 吴昌时	(1) 儿子 (2) 弟子
黄尊素	黄宗羲	儿子
孙承宗	孙鉁、孙钥	儿子
姚希孟	(1) 姚宗典、姚宗昌 (2) 徐树丕	(1) 儿子 (2) 女婿
文震孟	文乘	儿子
史可法	史可程	弟弟

马世奇	（1）马世名（2）黄家舒	（1）弟（2）弟子
徐汧	徐籥	从侄
方孔炤	方以智	儿子
瞿式耜	（1）顾苓（2）瞿元锡	（1）亲家（2）儿子
周镳	徐时霖	弟子
郑三俊	郑三谟	兄
许士柔	许瑶	儿子
侯震旸	（1）侯峒曾、侯歧曾（2）侯洵、侯沘、侯浤	（1）儿子（2）孙子
黄毓祺	黄大湛、黄大洪	儿子
陈于廷	陈贞慧	儿子
胡守恒	（1）胡守钦（2）胡永亨	（1）弟（2）儿子
姚思仁	姚瀚	儿子
钱士晋	（1）钱栴、钱棻（2）钱默、钱熙	（1）儿子（2）孙子
刘宗周	（1）刘汋（2）王业洵、黄宗羲	（1）儿子（2）弟子
祁彪佳	祁鸿孙	从子
徐良彦	徐世溥	儿子
陈道亨	陈宏绪	儿子
邹元标	刘同升	弟子
陈子壮	陈上庸	儿子
侯恂	侯方夏、侯方来、侯方域	儿子
侯恪	侯方镇、侯方岳	儿子
熊明遇	熊人霖	儿子
姜埰	（1）姜垓（2）姜楷、姜植	（1）弟（2）从兄弟
袁中道	袁祈年	儿子
王象乾	王与朋、王与敕	侄子

　　此外，受东林党之节烈感染而入复社者，如谭元春兄弟五人。谭元春在《吊忠录序》中高度称赞杨涟"劲气一往，为风为庭"的气概，以为其精神"成金铁星斗，不可朽坏"①。

　　复社作为一个政治性社团，于晚明政治风浪多有介入，举其要者就有天启六年（1626）的"二张驱顾"，"时魏党败，鹿城顾秉谦致仕家居，方秉谦铎于娄中。溥与采率诸士驱之，檄文脍炙人口。郡中五十余人，敛资为志镌石，由是天下咸重天如、受先两人矣"。② 此外，还有崇祯九年（1636）的桃叶渡大会、崇祯十一年（1638）的《留都防乱公揭》两次逐阮事件。崇祯十四年（1641），复社与东林党联合"倒薛扶周"的事件，体现了二者密切的政治关系。起因为温体仁欲借张汉儒以倾东林，陆文声以倾复社的事件。陆文声本于张采交好，然时有陶姓恶人所为不法，张采欲处之，陆泄之，遂为水火。《复社纪略》云："陆文声自居实，少读书外父贡士周文潜家，时受先亦从文潜受经，两人同塾。……时有一陶姓恶人，所为不法，受先嫉之，列其款恶，欲达当道，偶置笔砚，文声窃视，漏泄其事，陶人往张自辩，受先知文声所为，因大怒。文声央杨姓老儒同至张所解释，受先不顾，竟将文声褫扶，老儒厉声责受先，乃止。时丙子三月也。"陆文声因此大恨张采，遂进劾张采疏于蔡弈琛，蔡为示温体仁。温体仁策划与钱谦益、瞿式耜案一兴两狱，将东林、复社一网打尽。"张汉儒许钱、瞿已缇骑，此案遽列名，当并得逮江南，一时兴两狱，恐耸上听，反至起疑，不若借端筹饷，历陈奸弊，末后指其党

---

　　① 谭元春：《吊忠录序》，《谭元春集》卷二十二，上海古籍出版社1998年版。

　　② 陆世仪：《复社纪略》，北京古籍出版社2002年版，第202页。

局，姑下地方查覆，俟钱、瞿狱竟，乃具第二疏指名究处耳。"又有托名徐怀丹者劾复社十大罪状，"是时有怨复社者，托名徐怀丹，作十大罪状檄文曰：'复社之主为张溥，佐为张采，下乱群情，上摇国是；祸变日深，愚衷哀痛'。尝著其论于数年之间，而因循莫悟。今复举其十罪，开诉四方，共祈鸣鼓焉。"其列举复社十大罪状为："一曰僭拟天王。一曰妄称先圣。一曰煽聚朋党。一曰妨贤树权。一曰招集罪人。一曰伤风败俗。一曰谤讪横议。一曰污坏品行。一曰窃位失节。一曰召寇致灾。"台旨以"太仓复社结党恣行，把持武断"，着学臣倪元珙查究回奏。东林党徐汧为诉倪元珙曰："社中有杰才，科名恒出其中，但使社局得无恙，公祖目前虽暂屈，后必大伸。"倪元珙回奏："臣受命督江南学政，奉有复社一案。夫结社会友，乃士子相与考德问业耳，此读书本分事，不应以此为罪。"张溥等又以重金为陆文声贿选员外任，事稍得解。"时社中夏允彝、陈子龙、吴克孝等皆候选在京，谓陆必为浙人颐指，莫若说之就选，出之于外，社局始得安。乃剧金为部费，使择善地员缺。文声恐有报复，克孝又文声中表弟也，为之盟誓以坚之，始允就选。"此后不久，薛国观以庶僚得政察，蔡弈琛贿之，欲追察前事。礼部侍郎东林党周宗建门人吴昌时移书致张溥，提出"倒薛扶周"的策略："虞山（钱谦益）毁不用，湛持（文震孟）相三月即被逐，东南党狱日闻，非阳羡（周延儒）复出，不足弥祸。今主上于用舍多独断，然不能无中援，惟丹阳盛顺伯可与谋。"周延儒为张溥、吴昌时、吴伟业等座师，欲借复社之力入阁。这期间周延儒不仅与复社来往密切，而且专程赴常熟争取钱谦益的支持，于是钱谦益与张溥在虎丘石佛寺策划了这起事件。杜登春《社事始末》记载了此事：

　　门下或有私附杨、薛以图显荣者，以故西铭得以逍遥林下，批读经史为千秋事业，而中夜不安，唯恐朝端尚以党魁目之也。彼为小人者，即无吹求之端而窃窃疑，非起复宜兴终是孤立之局，与钱蒙叟、项水心、徐勿斋、马素修诸先生谋于虎丘之石佛寺，遣干仆王成赍七札入选君吴来之先生昌时邸中。吴先生者，一时手操朝柄，呼吸通帝座之人也。荤毂番子，密布于外，线索难通，王成以七札熟读，一字一割，杂败絮中，至吴帐为襄衣裱法，得达群要。此得之王成口，最详确，时是辛巳二月事。

其后，周延儒果被召入阁。在他的帮助下，东林党人刘宗周、黄道周等得以重新任用，而复社之狱也得平息。复社与东林党这场联合政治运动取得了阶段性的胜利，说明二者有着共同的政治倾向，从政治层面讲，复社"小东林"之称实有可观之处。

　　复社与东林党的合作缘于他们相同的政治理想，即以"公论"定国是。东林党人已普遍具有这种思想，对此多有论及。如缪昌期说："夫天下之论，不过是非两端而已。一是一非，一非一是，谓之异，不谓之公。一是偕是，一非偕非，谓之同，不谓之公。公论出者于人心之自然，而一似有不得不然。故有天子不能夺之公卿大夫，公卿大夫不能夺之愚夫愚妇者。夫愚夫愚妇何与天下事？而唯其无与于天下事，故其待之也虚，见之也明，率然窍于臆，薄于喉，而冲于口，卒以定天下之是非。故曰斯民也，三代之所以直道而行也。夫子之所谓斯民，其即吾之所谓愚夫愚妇也与？……唯国之元气留于愚夫愚妇之论。夫愚夫愚妇之论，必出愚夫愚妇之口哉？其在公卿大夫，而不立意见，不逞意气，无依附，无纡回，无嗫嚅，无反复，任其率然之偶发，而与天下万世合符，此所谓愚夫愚妇也。"又称："匹夫匹妇之所是，主与臣不得矫之以为非，匹夫匹妇之所非，主与臣不得矫之以为是。"① 刘宗周也指出："夫天下可以一人理乎？恃一人之聪明，而使臣下不得关其忠，则陛下之耳目有时而雍矣。凭一己之英断，而使诸大夫国人不得献其可，则陛下之意见有时而左矣。"② 师从高攀龙的陈龙正说："人臣，主于利民，国之宝也；主于利国，国之贼也。"③ 又说："忠君爱国与慕君热衷相反，忠爱须从寡欲来，慕君热中一味膻耳。学者身居闾巷，慷慨议朝廷，若将身任之以为快。及闾巷之疾苦，日遇于吾前，莫不关情。岂知利见大人何为，专为安百姓耳。想未事之大人，忘相与之百姓，不几舍田苗而祷天雨乎？……为经生时，早忘闾巷，又安望立朝时，恫瘝在身耶？"④ 他认为："不系休戚，不为学问；不能救民，不为事业；须臾忘斯民，不为心术。"因此，"爱百姓与爱君一事，入官者知此，主其定"，"天下之大，非一人所能周，必分而治之，要使同归于大顺"。⑤ 至黄宗羲，这种民主思想在封建统治者看来更加惊世骇俗。在《明夷待访录》中，黄宗羲提出了"为天下之大害者君而已矣"，"天下为主，君为客"，将批判的矛头直接指向君主，进而他提出了尊三代之成法，而以国家归之天下的民享、民治的民主思想："三代之法，藏天下于天下者也。山泽之利不必其尽取，刑赏之权不疑

---

① 缪昌期：《公论国之元气》，《从野堂存稿》卷二，四库禁毁丛刊本。
② 刘宗周：《除京兆谢恩疏》，《刘蕺山集》卷二，四库全书本。
③ 陈龙正：《学言详记十》，《几亭全书》卷十三，四库禁毁丛刊本。
④ 《学言详记十二》，《几亭全书》卷十五。
⑤ 《学言上》，《几亭全书》卷一。

其旁落，贵不在朝廷也，贱不在草莽也。……后世之法，藏天下于筐箧也，利不欲其遗于下，福必欲其敛于上。"黄宗羲主张由人民来公论天下是非："天子之所是未必是，天子之所非未必非"，"必使治天下之具皆出于学校"，俨然是对顾宪成"外论所是，内阁必以为非；外论所非，内阁必以为是"观点的发展。由上可以看出，东林党和复社的政治思想存在一脉相承的内在联系。因此，其政治倾向也就自然而然地体现出一致性。

二　复社与东林党的学术关联

据杜登春《社事始末》载，张溥主持复社之初，"始于一乡，继而一国，继而暨天下，各立一名，以字标榜，或数千人，或数百人，或课艺于一堂，或征诗文于千里。齐年者，砥节力行；后起者，观型取法。一卷之书，家弦户诵；一师之学，灯续薪传。担簦访友，负笈从游"。这与顾宪成始创东林书院持论何其相似："群一乡之善士讲习，即一乡之善皆收而为吾之善，而精神充满乎一乡矣。群一国之善士讲习，即一国之善皆收而为吾之善，而精神充满乎一国矣。群天下之善士讲习，即天下之善皆收而为吾之善，而精神充满乎天下矣。"①相似的学术基础，左右了复社由文学性社团向政治性社团的转变，其与东林的发展轨迹虽不同时，然步调又何其相似。

复社与东林的学术趋同在于其对当时空虚学风的悖反，而代之以实念，倡经世致用的实学思潮。作为力图恢复程朱学统地位的东林学派，始终以反对阳明心学空疏流弊为旨归。万历三十二年（1604），东林书院始建之初，即订立《东林会约》：

---

①　《丽泽衍》，《东林书院志》卷三。

"首列孔、颜、曾、思、孟，明统宗也；次《白鹿洞学规》，
定程法也，申之以饬四要，辨二惑，崇九益，屏九损，卫道救
时，周详恳到，其间阐提性善之旨，以辟阳明子天道证道之
失，轴见一时障川回澜之力。"① 对于志在济世的东林学派来
说，士大夫桎梏于王学空疏的流弊与当时严峻的社会现实是格
格不入的。高攀龙明确提出了"反之于实"的实学理念："除
却圣人全知，便分两路去了。一者在人伦庶物、实知实践去；
一者在灵明知觉、默识默成去。此两者之分，孟子于夫子微见
朕兆，陆子于朱子遂成异同，本朝文清（薛瑄）与文成（王
阳明）便是两样。宇内之学，百年前是前一路；百年来是后
一路。两者递传之后，各有所弊，毕竟实病易消，虚疾难补。
今日虚症见矣，吾辈当相与稽弊而反之于实。"② 高攀龙指出：
"学者以天下为己任"③，"居庙堂之上则忧其民，处江湖之远
则忧其君，此士大夫实念也。居庙堂之上无事不为吾君，处江
湖之远随事必为吾民，此士大夫实念也。实念、实事，则天地
间洞三光敞万物而常存，其不然者，以百年易尽之身，而役役
于过眼即无之事，其亦大愚也哉！"④ 顾宪成则以"忠恕"这
一道德原则来与《大学》的"治国平天下"紧密关联，以此
来反对佛教只讲个人出家成佛的出世原则，捍卫儒家的治世原
则。顾宪成把"诚意正心修身"概括为"忠"，把"齐家治国
平天下"概括为"恕"，强调只有完善了个人道德修养"忠"，
才能"恕己及物"，达到"齐家治国平天下"的最高理想，这
是与东林学派一贯以天下为己任的治世立场相一致的。由学术

① 《东林书院志》卷二。
② 《知己之章》，《高子遗书》卷四。
③ 《与李肖甫书》，《高子遗书》卷八。
④ 《答朱平涵书》，《高子遗书》卷八。

而通天下，是东林学派的立足点。因此，东林名士黄尊素提出
"以开物成务为学，视天下安危"的治学主张，鄙视"志不在
宏济艰难，沾沾自喜，拣择题目，以卖声名"的"硁硁小
人"①。高攀龙还说："无用便是落空学问……立本正要致
用。"② 这种能否把治国平天下作为衡量学问之"有用"或
"无用"的尺度，是有进步意义的实学思想。

复社"昌明泾阳之学，振起东林之绪"。在学派源流上虽
不一致，但在厌倦空谈，主张实际上则与东林是相通的。而且
由于明朝灭亡的征兆越来越显著，因此，他们"通今"、"实
用"的思想也比东林学人更加明确，并在对心学批评的同时，
着手于实学本身的建设。复社领袖张溥认为，由于士人高谈心
性，不通经术，因此造成了"登明堂不能致君，长郡邑不知
泽民，人才日下，吏治日偷"的腐败现象。为了"利社稷，
福苍生"，为国家培养有真才实学的栋梁，他为复社规定了
"兴复古学"，"务为有用"的宗旨，并以身作则，致力于实学
的研究。《七录斋集序》云："凡经函子部，迄历代掌故家言，
君子小人所以进退，夷狄盗贼所以盛衰，兵刑钱谷之数，典礼
制作之大，无不博极群书，涉口成诵。"③ 为了富国强兵，复
社成员评点五经、讲求制艺，切磋时文。复社前身应社，由张
溥、张采、周钟、杨廷枢、杨彝、顾梦麟、朱隗、周铨等人创
立于天启四年（1625），又称"五经分会"，商证学术与以文
会友紧密融为一体。张溥《五经徵文序》云："是以五经之
选，义各有托；子常、麟士主诗；维斗、来之、彦林主书；简

---

① 《东林学案四》，《明儒学案》卷六十一。
② 《高景逸先生东林论学语下》，《东林书院志》卷六。
③ 张溥：《七录斋诗文合集》，台湾伟文图书出版有限公司1977年版。

臣、介生主春秋；受先、惠常主礼；溥与云子则主易，振然白其意于天下。"尤其重视经世致用之学，治国经邦之术的研究整理。《明经世文编》、《天下郡国利病书》的编辑、整理、刊刻就是突出的例子。为了吸取当代治乱兴衰的经验教训，挽狂澜于既倒，他们"网罗本朝名卿巨公之文有涉世务国政者"编成是书，"志在征实"，"以资后世之师法"，"通今者之龟鉴"。吴晗先生在《影印明经世文编序》中说："这部书的编辑、出版，对当时的文风、学风是一个严重的挑战，对稍后的黄宗羲、顾炎武等人讲求经世实用之学，也起了先行者的作用。"正是由于张溥及其同志的努力，对晚明萎靡不振学风的改变起到了先导作用，为"经世致用"实学思潮的兴起开辟了道路。

三 几社的政治性转变

据陆世仪《复社纪略》载，当时在朝的东林党后进与复社互通声气。"社事以文章气谊为重，尤以奖进后学为务。其于先达所崇为宗主者，皆宇内名宿，南直则文震孟、姚希孟、顾锡畴、钱谦益、郑三俊、瞿式耜、侯峒曾、金声、陈仁锡、吴牲等；两浙则刘宗周、钱士升、徐石麟、倪元璐、祁彪佳等；河南则侯恂、侯恪、乔允升、吕维祺等；江西则姜曰广、李邦华、熊明遇、李日宣等；湖广则梅之焕、刘弘化、沈惟炳、李应魁等；山东则范景文、张凤翔、高弘图、宋玫等；陕西则李遇知、惠世扬等；福建则黄道周、黄景昉、蒋德璟、刘长等；广东则陈子壮、黄公辅。诸公职任，在外，则代之谋方面；在内，则为之谋爱立，皆阴为之地而不使之知，事后彼人自悟，乃心感之，不假结纳而四海盟心。门墙之所以日广，呼应之所以日灵，皆由乎此。"在东林党的影响下，应社逐渐完成了由文社到政治性社团的过渡。其始创之初,志在"尊经复古"。他们设立五经程课,在初始的五年里,专心于制艺文章、诗歌辞赋,宣扬德义教化。应社说明自己的宗旨是绍续将绝的圣学,致力于经义的研究,而且取得了不小的成就。应社渐渐扩大,声望渐隆,其学术社团的性质也在渐变。张溥在《诗经应社序》中说:

> 应社之始立也,盖其难哉!成于数人之志,而后渐广以天下之意,五年之中,此数者,度德考行,未尝急于求世之知,而世多予之。其所以予之者何也?则以其诚也。无意于名而有其实,不婴念于富贵贫贱而当其既至,皆有以不乱。是故先与乎其人,后有乎其文。为人之道,不及于正者,则辞之而不敢就。既与其人,而文或有未至者,则不申之以正,因其才之所命,而乐其有成,是以邪僻之意,无所形之于文。而四方之欲交此数人者,尝观其文而即知其人之无伪,则定社之大指也。然而此数人者,未尝一日忘乎古人也。慨时文之道兴,虑圣教之将绝,则各取所习之经,列其大义,聚前者之说,求其是以训乎俗,苟或道里之远,难于质析,则假之制艺,通其声律,于是专家之书,各有其本,而匡救近失,先著于制艺之辨,以示易见也。

张溥在这里指出了应社突破学术性的倾向,并有意识地强调应社原本学术的宗旨,这说明他已意识到应社有向政治性团体转化的倾向。他明确告诫复、几社的同志不要忘记以学术为本原:"若吾社肝鬲数人,咸有著作考述之才,不宜碌碌逐时,遄遄年岁。断合按部分班,各以资之所近,殚极论著,共为不沫。至于举业之说，心术既正，学问已详，自尔光质淳明。苟从事办于行里之长短，斯亦水木忘其本源，未见克济也。"①

几社成立初期，亦自律以诗酒酬唱为务，不涉政事。杜登春《社事本末》云："然几社六子自三六九会艺诗酒倡酬之外，一切境外交游澹若忘者。至于朝政得失、门户是非，谓非草茅书生所当与闻，以声气应求之事悉付之娄东、金沙两君子。吾辈偷闲息影于东海一隅，读书讲义，图尺寸进去已俚。而娄东、金沙之声教日盛一日，几于门左千人，门右千人，为同心者忧，异己者所嫉矣。"与应社相似，几社诸子也渐渐放弃了固守学术的初衷。陈子龙曾于上京应试途中，对同仁说："诚不得官，可不恨！"当他和夏允彝、彭宾在应试不第回来途中，又对张溥说："今年不成数卷书，不发杂与子闻。"后果然著就《几社壬申合稿》二十卷。张溥的告诫，他们并没有放在心上，因为他们通往政治的道路渐渐畅通。在准备举业期间，他们选诗选文。尽管《几社壬申文选》给几社带来了很高的学术声望，但徐孚远的二弟徐凤彩却不以为然。他说："天下尝苦于鲜才，以诸君子观之，多卓乎之彦矣。平居之所讲论，皆古今之故，当世之急也。大者俊伟奇迈，怀生民之忧。小者明辨雍雅，成风流之选。虽谐辞小言，各有深趣。余虽不知古人，其殆庶几矣。至于文章之事，非诸君所急也。各怀异才而无所用，壮心难抑，则假柔翰以解之。然其寄寓遐深，情见乎辞，古人所不免矣。天下多事，有可用之才，而不见知，徒使其放情文史之林，良足悼也！夫文史虽盛事，要岂当世所关治乱者乎？余窃悲诸君子之仅以文名也。"② 几社不

---

① 《答周勒卣》，《七录斋集》卷五。
② 徐凤彩：《题几社壬申合稿》，《几社壬申合稿》卷首，四库禁毁丛刊本。

仅有此言论，他们的实际行动也表明他们正在向政治性的群体靠拢。他们有意识地将政治纳入学术活动中，利用学术的有利条件作为政治活动的绝好手段，这是晚明文社的普遍状况。因为在这个运动中，"儒生问学，必讲入帝王事功"。① 几社受到熏染也是自然之意。几社初成立时，都是意气甚盛才俊之辈，他们作古文、娱诗酒的同时，也经常"作书数万言，极论时政，拟上之"。② 夏允彝得任福建长乐知县，更使他们看到用世的莫大期望。李雯在给夏允彝的送别诗里自豪地说："昔我二三子，秉志扬浊清。高冠必陆离，长佩襟纷缨。"③ 收览几社诸人的作品，后期作品中所充斥的用世内容，无不具有浓厚的政治色彩。可以想见，他们已不再把自己作为一个单纯的书生看了，也不仅把几社作为一个纯粹复兴古学的论坛，而是一个为自己投身政治作准备的训练基地。陈寅恪论断几社南园雅集是时事座谈会，而几社组织为一政治小集团，自非虚言。

虽然几社没有复社那样大的政治势力和声望，但它与复社的政治活动却有密切联系。比如喜欢提携人才的夏允彝，聚集了很多门下之士。经他提拔入仕的人很多，这点与张溥相似。而且他与东林的徐石麒、吴昌时有深交，徐、吴等人也借他以结交复、几社的君子。侯玄涵在《夏允彝传》中说："时则有东林诸贤，饬气节以厉于上。而公以弱冠贤科，才名倾天下，实与太仓张溥、同郡陈子龙、长洲杨廷枢等以文章鸣天下，其势相应和，东林诸贤，或诎或伸，而公等伏处群邑，与天下同

① 叶梦珠：《文章》，《阅世编》卷八，上海古籍出版社1981年版，第174页。

② 陈子龙：《年谱卷上》，《陈忠裕公全集》，清嘉庆八年（1803）刊本。

③ 李雯：《送彝仲还江南任长乐四首》，《蓼斋集》卷十三，四库禁毁丛刊本。

忧乐，抵激汗流，指诃时政，视穷达箧如也。历三朝二十八余年，游籍遍中国，两都十三州之士，争希其风，修节振拔，士气为之一变，而公所援引导率之功为尤多。"此段文字足见几社学术文章与政治相互支持的关系。夏允彝的这种作风在复社和几社是很普遍的。凡是有名望的人物，都不忘尽自己的能力来扩大复、几社的影响，这就形成了这样的局面：有职位的利用自己的政治能力主于外，有学术声望的则主于内，互相支援，结成一个声息相关的"政治——学术"势力范围，而且务求发展壮大。几社所凭借的正是其名闻海内的学术成就，这成为他们在政治领域活动的良助。当诸如夏允彝、陈子龙、何刚等人取得功名之后，他们大大减少了自己在社内的学术活动，而是把精力放到按照几社同仁所描划的政治方案来施展抱负，而诸如李雯、宋征舆等还没有取得功名，仍然时刻准备仿效前者。从这一点来看，几社的云间词派、黄门诗派、古文以及编选《皇朝经世文编》等实学活动，正是构成几社一切政治活动的文化基础。即使在明亡之后，这一点也是存在的。正是平日以经世致用为立社之本，才有了明亡之际，复、几社诸君子前赴后继、慷慨就义的壮举。杜登春《社事本末》云："乙酉、丙戌、丁亥三年之内，诸君子各以其身为故君死者，忠节凛然，皆复社、几社之领袖也。……一时诸君子慷慨就义，携手九原，朝拜十七年受恩之故君，晤对甲申三月殉难之旧友，含笑地下，视死如归。若非平日之文章道义互相切劘，安得大节盟心，不约而同若此哉？……非三百年养士气崇儒之报，不能如此超前代而绝也。……死固标一代之名，生亦树一身之节。"这与黄宗羲评价东林党人"一堂师友，冷风热血，洗涤乾坤"，盖可以相互称许。

第二节　复、几社的文学活动

一　复社的源流

复社兴于启、祯年间，前后著籍者达二千二百余人，遍及明代十三个省级行政区、六十余府、八十多个县，其规模之宏大、人数之众多、分布之广泛，前所未有。其中声名显赫者如张溥、顾炎武、黄宗羲、方以智、吴伟业、钱谦益、陈子龙、侯方域、归庄、吴应箕、谭元春、孟称舜等均为当时名家。因此，其对晚明思想界、学术界、文坛的影响是不可小觑的。而甫有一社之目，至合全国有名之社，成为一个兼学术与政治为一体的组织，较之东林规模更为庞大，影响力亦不在东林之下。

复社基于各分社共为"兴复古学"之宗旨，由张溥统合而成。"江北匡社、中州端社、松江几社、莱阳邑社、浙东超社、浙西庄社、黄州质社与江南应社，各分坛坫，天如乃合诸社为一，而为之立规条，定课程曰：自世教衰，士子不通经术，但剿耳绘目，几幸弋获于有司。登明堂不能致君，长郡邑不知泽民。人才日下，吏治日偷，皆由于此。溥不度德不量力，期与四方多士共兴复古学，将使异日者务为有用，因名曰复社。"时在崇祯二年（1629），复社召开了尹山大会：

> 吴江令楚人熊鱼山开元，以文章经术为治，知人下士，慕天如名，迎致邑馆，巨室吴氏沈氏诸弟子俱从之学。于是为尹山大会，苕霅之间，名彦毕至。未几，臭味

翕集，远自楚之蕲、黄，豫之梁、宋，上江之宣城、宁
国，浙东之山阴、四明，轮蹄日至，比年而后，秦、晋、
闽、广多有以文邮置者。①

这次大会是复社成立的第一次社集，明确了"兴复古学"，
"务为有用"的宗旨。这一宗旨的形成归因于此前发生的张
溥、陈子龙、周钟等与艾南英的文体之争，使复社确立了合诸
社为一的统一思想。首先，发生在艾南英与匡社兼应社之盟主
周钟之间，"艾千子时客齐鲁，闻之遽茬吴门，约同周介生往
会，互证文体，衡定是非，欲两挫之，而独伸其说"。其次，
发生在艾南英与几社领袖陈子龙之间，"时陈卧子才高意广，
而与之争辩，扁舟逆之吴门，各持所是，语多不合，日暮移影
乃退。卧子复手书诘难，称词旨崇重凤洲、空同。艾持其瑕而
折之曰：'向在娄江舟中见足下谈古文，辄诋毁欧、曾诸公，
而守一李于鳞、王元美以为足，即评骘他文亦未当，盖足下未
尝读古人书。故欲足下读十年书，学渐充，心渐细，而后可
也。……震川集愿足下迟迟其论，足下未至震川，至震川驳之
未晚。贵乡有娄子柔（坚）、陈仲醇（继儒）两人，虽未得
韩、欧之深，然皆能言其本末，足下宜贽请为师，得其一言，
昼夜思之，思无越畔，然后十年读书，与不佞论文，未为晚
也！'……卧子得书恚甚，复作报言。彝仲（夏允彝）惧其伤
雅，手疏千子，言两人之书不必外传以滋物议"。然而，此次
争执并未因为夏允彝的调停而终止，反而愈演愈烈。其后艾南
英又向张溥发难，形成了第三次论争："岁戊辰，诸家房出，
若马君常、宋羽皇、吴峦雉、项仲昭、荆石兄辈，各有选本，

———————
① 《复社纪略》卷一。

千子皆无讥焉，独取天如（张溥）所选表经诋毁之。……夫圣人之言各有所为而发，盖有前后不相袭者矣。今必赘经语以就题，复强吾意以就经，况夫专经而不能通其解，业一经而误用其四，而号于人曰尊经，吾恐先圣有知，必以为秽而吐之矣。呜呼，今日制举之弊，已至于此！一人倡之，人人和之，遂至臭腐而不可读，吾以为此皆空疏不学之故也！"张溥颇为不满，致书张采，意逐艾南英："阅艾千子房选，显肆攻击，大可骇异！吾辈何负于豫章而竟为反戈之举？言之痛心！兄见之，须面责问其故。艾为人贪利无耻，出其性本；又往武陵最久，中间构衅不少，且往来俱铜臭之子，固宜与名教悖戾也。弟断不能嘿无一言，特以闻之老兄，可与大士、大力、文止讲明，弟与介生心忖兄在临川、豫章之交，自固不患一人之跳梁生事也，惟早图之。弟意如此之人断不容其稍有出头，须作一字与九青，先断其根可也。"广应社领袖吴昌时亦致书张采，声援张溥、周钟，"天如、介生负海内重望，与兄主盟周旋者非一日，而贵治子民有心怀反侧，倡议翻为，遂至指介生为罪人，目天如为黠恶者。两兄当之，又付不校，吾辈闻之，耻辱莫甚于斯！且言论狂妄，视应社皆目不识丁，意如吾也何？如同社诸兄弟何？人非至愚，必能分别邪正，而一种未附意气，与外相附而中怀观望者，咸窃其说以为谈资，如吾乡之金五贞，岂非门墙一大患哉！"张采遂致书艾南英，以图规劝："江左江右并为人文渊薮，在豫章向操海内衡文之柄，近日介生、天如先后执牛耳，然皆声气相倚，未有不奉豫章者也。宜共遵经笃古之约，力追大雅，以挽颓靡，幸勿自开异同，为世口实！"然而，艾南英颇以为然，依然坚持己见："吾辈声价非谤者坏之，乃尊奉者坏之也。譬有人焉，遇周孔而知敬，及遇盗跖亦以为周孔，则周孔何地可以自容？此不特大士、大力、文止诸兄学问渊源，尝为评其品地，不可向盐醋缸中物同类而并称之，老父母甘之乎？不肖备极苦心，独救一人，正为诸兄弟并为老父母地也！"张采知不可为，于是将张溥所致书传之罗、陈、章及莱阳，于是众皆绝艾南英："受先知不能合，始以天如之书示罗、陈、章，而特函告之莱阳。时宋有答书甚秘，人莫得窥，于是三吴社长传单各邑共绝之。"这场关于"兴复古学"的论争，使各处社团在张溥的示意下达成了空前的一致，张溥俨然成为共同尊奉的领袖，而藉此机会召开的尹山大会就此宣告了复社的成立。

论争中所涉之匡社、应社、广应社、几社均成为复社最重要的组成部分，上述诸社的领袖人物也成为复社的重要成员。

匡社：《复社纪略》卷一载："先是贵池吴次尾应箕与吴门徐君和鸣时，合七郡十三子之文为匡社，行世已久。"

应社：《复社纪略》卷一载："至是共推金沙主盟，介生乃益推而广之：上江之徽、宁、池、太及淮阳、庐、凤与越之宁、绍、金、衢诸名士，咸以文致邮焉，因名其社为应社，与莱阳宋氏、侯城方氏、楚黄梅氏遥相应和。于是应社之名，闻于天下。"应社又有南北之分。张溥《七录斋集·刘伯宗稿序》云："予之务察于应社也，与道吉、伯宗、眉生、昆铜论之详矣，宁俭于人之数，而无受其多；宁舒其时以得其所以为人，而无伤于亟。故阅时而其人至焉，又阅时而其人之文至焉。大约江以南自予与介生、受先、维斗之数人者，无乎不良也；江以北自道吉、伯宗、眉生、昆铜之数人来者，无乎不良也。苟其一辞之可，凡数人者，无不与闻焉。以文及实，以实及文，皆以为可。"又《七录斋集·江北应社序》云："予与杨子伯祥（廷麟）在京师，时从游者数十辈，皆北方豪杰之士，何子印尼时为学官，悉礼而教之，便朝夕治文字，谭经书。今年夏遇印尼于吴门，出选文一帙，皆燕中诸子之作，题曰《正告》，倪鸿宝先生之所命名也。……既而合故城、莱阳、商丘为一家，兼以应社为名，取余始事数子之约，期于白首，兄弟无间音。"

广应社：《静志居诗话》卷二十一《孙淳》载："文社始天启甲子，合吴郡、金沙、槜李，仅十有一人，张溥天如、张采末章、杨廷枢维斗、杨彝子常、顾梦麟麟士、朱隗云子、王启荣惠常、周铨简臣、周钟介生、吴昌时来之、钱栴彦林，分主五经文字之选，而效奔走以襄厥事者，嘉兴府学生孙淳孟朴也。"其后，吴昌时、钱栴欲推而广之，因更名广应社。"应之为名，有龙德焉。予尝一序其说，多恢愕怪宕，不可究诘之辞，及今视之，益杂而弗举矣。乃来之、彦林欲因其社而推大之，讫于四海，则将引意以自明，夫亦言其可信者焉。何则？人之变化，其理在天，穷达屈伸，移于朝暮，得则有吉祥之容，失则有沱若之涕，人性之未能，而寓言乎生命，此则其不可信者也。若夫立德以善有，弘衷而考义，择然后履，履然后安，无竞乎人称，而秉恒以一，此则其可信者也。"[1]

几社：杜登春《社事始末》云："戊辰会试，惟受先、勿斋两先生得隽，先君子仅中副车，与诸下第南还，相订分任社事，昌明泾阳之学派，起东林之绪，以上副崇祯帝崇文重道、去邪崇正之至意。天如、介生有复社《图表》之刻，复者，兴复绝学之义也。先君子与彝仲有几社六子《会义》之刻，几者，绝学有再兴之几，而得知几其神之义也。两社对峙，皆起于己巳（崇祯七年）之岁。……娄东、金沙两公之意，主于广大，欲我之声教，不讫于四裔不止。先君与会稽先生之

---

① 《广应社序》，《七录斋集》卷一。

意，主于简严，惟恐汉、宋祸苗，以我身亲之，故不欲并称复社，自立一名。尽取以友会文之实事，几字之义，于是寓焉。"

复社成立后，张溥根据区域分主社事。《七录斋集·国表四选序》云："《国表》之文凡更四选，其名不易，虽从天下之观，以志旧日，示不忘也。往者始事之秋，予与介生约四方之文，各本其师，因其处。于是介生、维斗、子常、麟士、勒卣主吴，彦林、来之主越，眉生、昆铜、伯宗、次尾、道吉主江以上，大士、文止、士业、大力主豫章，曦侯主楚，昌基、道掌、仲谋主闽，澄风主齐鲁之间。凡以文至者，必书生平，先乡党而次州邑，考声核实，不谋而同，是以人无滥登，文无妄予。"还专设负责联络诸社之人。《静志居诗话》卷二十一《孙淳》云："是役也，孟朴渡淮泗，历齐鲁，以达于京师，贤士大夫必审择而定衿契，然后进之于社。故天如之言曰：'忘其身，惟取友是亟，义不辞难，而千里必应。三年之间，若无孟朴则其道几废。'盖先后大会者三，复社之名动朝野，孟朴劳居多，然而敛怨深矣。"可见复社已绝非一般文社，而是"振起东林余绪，昌明泾阳之学"的政治性社团。

二 复社的社集

复社成立后，先后召开社集达十次之多，规模较大的除崇祯二年（1629）的尹山大会之外，尚有崇祯三年（1630）的金陵大会、崇祯六年的（1633）虎丘大会。其中尹山大会标志着复社的成立，在此之后的金陵大会和虎丘大会将复社的声势推向了高潮。

崇祯三年（1630）的金陵大会，适值南闱乡试。复社张溥、杨廷枢、吴昌时、吴伟业、陈子龙、彭宾、万寿祺、吴继善、吴克孝等人同时中第，其中杨廷枢为解元。为了庆祝这一大事，张溥召开了金陵大会。《复社纪略》卷二云："崇祯庚午乡试，诸宾兴者咸集，天如又为金陵大会。是科主裁为江西姜居之曰广，榜发，解元杨廷枢，而张溥、吴伟业皆魁选，陈子龙、吴昌时俱入彀，其他省社中列荐举者数十余人。"

崇祯六年（1633）的虎丘大会，适值崇祯四年（1631）的会试。复社张溥、吴伟业、杨廷麟、马世奇、杜麟征、姜垛、左懋第、夏曰瑚等俱中进士。其中吴伟业为会元，殿试高中榜眼，授翰林编修。张溥、杨廷麟、马世奇等皆选庶吉士。《复社纪略》卷二云："明年辛未会试，伟业中会元，溥与夏曰瑚又联第，江西杨以任、武进马世奇盛德、长洲管正传、闽中周之夔、粤东刘士斗并中式。……癸酉春，溥约社长为虎丘大会。先期传单四出，至日，山左、江右、晋、楚、闽、浙以舟车至者数千人，大雄宝殿不能容，生公台、千人石鳞次布席皆满，往来丝织，游于市者争以复社会命名，刻之碑额，观者甚众，无不诧叹，以为三百年来从未一有此也。"虎丘大会标志着复社进入了全盛时期。

复社的集会在一定程度上体现了斗争的需要，如崇祯八年（1635）的桃叶渡大会、崇祯十一年（1638）的《留都防乱公揭》，以及崇祯十二年（1639）的社集，都是驱逐阮大铖的政治活动。先是阮大铖在南京组织群社，欲拉拢复社，因示好侯方域。李香君颇不屑，规劝侯不齿于阮。"初，皖人阮大铖者，以阿附魏忠贤论城旦，屏居金陵，为清议所斥。阳羡陈贞慧、贵池吴应箕实首其事持之力。大铖不得已，欲侯生为解之，乃假所善王将军，日载酒食与侯生游。姬曰：'王将军贫，非结客者，公子盍呵之。'侯生三问，将军乃屏人述大铖意。姬私语侯生曰：'妾少从假母识阳羡君，其人有高义，闻

吴君尤铮铮。今皆与公子善，奈何以阮公负至交乎？且以公子
之世望，安事阮公，公子读万卷书，所见岂后于贱妾耶？'侯
生大呼称善，醉而卧。王将军者殊怏怏，因辞去，不复通。"①
时东林诸遗孤魏学濂、黄宗羲等与复社才子皆聚金陵应乡试，
因置酒桃叶渡，共击阮大铖。复社才子冒辟疆用力尤勤，其自
述云：

> 乙亥冬，嘉善魏忠节公次子子一、余姚黄忠端公子太
> 冲以拔贡入南雍，同上下江诸孤以荫送监者，俱应南京乡
> 试。当日忤珰诸公虽死于逆阉，同朝各有阴仇嫁祸者，魏
> 忠节死忠，长子子敬死孝。崇祯改元，子一弱冠，刺血上
> 书者至再，痛述父兄死于怀宁（阮大铖）。怀宁在南京，
> 气焰反炽，子一凭凭就试，传怀宁欲甘心焉，金坛孝廉杨
> 偁公（良弼）赁寓马禄街，以身翼子一避之。适余与陈
> 则梁、张公亮、吕霖生、刘渔仲四兄刑牲顾楼，则梁兄
> 曰："吾郡魏子一忠孝才人，吾弟不可不交。"觅偁公寓
> 以余言实之自见。盖当日送逮吴门，则梁兄身在魏、周两
> 公间。余即往访，偁公出，箕踞傲睨，询客何为者？余
> 曰："访兄及子一，吾兄则梁氏命之来。"偁公一笑，呼
> 子一与相见，秀挺清奇，不可一世。余曰："两兄何为
> 者？旧京何地，应制何事，怀宁即刚狠，安能肆害？夫害
> 有避之转逼，撄之立却者。我因四方同人至，止出百余
> 金，赁桃叶河房前后厅堂楼阁凡九，食客日百人，又在通

---

① 侯方域：《李姬传》，《壮悔堂集》卷五，乾隆十四年（1749）疆善堂刻
本。

都大市，明日往来余寓，怀宁敛迹矣。"①

其后，阮大铖作《燕子笺》，命优伶唱之，欲以此结好复社，而诸君子醉酒戏谑，至于谩骂。"有皖人者，流寓南中，故阉党也，通宾客，蓄声伎，欲以气力倾东南，知诸君子唾弃之也，乞好谒以输平未有间。会三人者（陈维崧、侯方域、冒辟疆）置酒鸡鸣埭下，召其家善讴者，歌主人所制新词，则大喜曰：'此诸君子欲善我也。'既而侦客云何，见诸君箕踞而嬉，听其曲，时亦称善，夜将半，酒酣，辄众中大骂曰：'若奄儿娼子，乃欲以词家自赎乎？'引满泛白，抚掌狂笑，达旦不少休。"② 由此可见，诸君子虽称善《燕子笺》，但鄙薄阮氏，其中政治性更重于文学性。

发生于崇祯十一年（1638）的《留都防乱公揭》事件，将驱阮事件推向了高潮。这一谴责阮氏的文字，由吴应箕起草，顾宪成孙顾杲列名首，黄宗羲列次，其余复社诸君子列其后，凡百四十人。清人全祖望在为黄宗羲所撰神道碑中回忆了这一事件发生的经过：

> 愈时，中官复用事，于是逆案中人，弹冠共冀然灰，在廷诸臣，或荐霍维华，或荐吕纯如，或请复涿州（冯铨）冠带，阳羡（周延儒）出山，已特起马士英为凤督，以为阮大铖之渐。即东林中人如常熟（钱谦益）亦以退闲日久，思相附和。独南中太学诸生，居然以东都清议自

---

① 冒襄：《往昔行跋》，《同人集》卷九，清康熙间冒氏水绘庵刻本。
② 吴伟业：《冒辟疆五十寿序》，《吴梅村文集》卷三十六，上海古籍出版社1990年版。

持，出而厄之。乃以大铖观望南中，作《南都防乱揭》。宜兴陈公子贞慧、宁国沈徵君寿民、贵池吴秀才应箕、芜湖沈上舍士柱，共议以东林子弟无锡顾端文公之孙皋居首。天启被难诸家推公（黄宗羲）居首，其余以列次名，大铖恨之刺骨，戊寅秋七月事也。①

此事件在南京影响极大，以至于《燕子笺》虽盛行一时，但无人敢于演唱。吴翌凤《镫窗丛录》载："时阮集之填《燕子笺》传奇，盛行于白门，是日句队未有演此者，故北若诗云：'柳岸花溪澹泞天，恣携红裦放镫船。梨园弟子觇人意，队队停歌《燕子笺》。'"

三　几社与《经世文编》的编纂

万历以降，士风日偷，国事靡废，有志经世者如东林党人倡导实学，以实际行动编纂经世之文，救世济民。如吴亮编《万历疏钞》所录内容自万历初年（1573）至万历三十七年（1609），"系四十年中情伪微暧，事势鼎革"，"以转移人心，怯诐淫、邪遁之害，纲维世道，归平康、正直之路，良有藉赖矣"。东林党人钱一本在序言中说："疏钞自昔有传，而传自近今，则俱近事，或难之。其说有三：曰昭君过而不隐也，曰彰国失而不讳也，曰逢被言大小诸君之瘅怒，恐毒痛怨恨及其子孙也。"指出了编纂经世之文也存在的难言之隐，但这并未能抑制东林党人编纂经世之文的热情。冯应京编《经世实用编》十卷。全书分乾、元、亨、利、贞五集，其间载及明太

---

① 全祖望：《梨洲先生神道碑》，《鲒埼亭集》卷十一，清嘉庆九年（1804）刻本。

祖御制心法、皇明祖训、荐举辟召论、取士议、荐辟人物、久任超迁论、任官议、外任、务农讲武论、重农考、经武考等名目。《四库全书总目提要》称："大都秉祖训为律令，而以历朝沿革附之，其用意不无可取。"天启年间，冯琦、冯瑗等编《经济类编》，于"政治类"列"霸略"、"法术"，于"霸略"中收录了春秋五霸治国策略，如谈及齐桓公任用管仲变法的事情；"法术"中收录韩非《三难》、《有度篇》、《定法篇》、《大体篇》、《用人篇》、《六反篇》等共十四篇文章，言及以严治国，"审于法禁，法禁明著，则官法必于赏罚，官治则国富，国富则民强，而霸王之业成矣，霸王者人主之大利也"。所有这些工作，都为几社编纂《皇明经世文编》提供了思想及史料上的借鉴。如陈子龙《皇明经世文编》中收录张居正《答福建巡抚耿楚侗谈霸之辩》一文，谈及王道霸正，认为张居正行事，"慨然以天下为己任，辅政数年，海内犒其功"。①谢国桢先生认为，这些经世之作"可存明嘉靖、万历以来政局史料之资，即陈子龙、徐孚远等所编《明经世文编》之先声也"。②

崇祯初年，陈子龙、夏允彝、杜麟徵、周立勋、徐孚远、彭宾等云间六子组成几社，取义于"绝学再兴之几"之意。是时，诸子少年意气，皆有救世之志，"启、祯之际，社稿盛行，主持文社者……吾松则有陈卧子子龙、夏彝仲允彝、彭燕又宾、徐门音公孚远、周勒卣立勋皆望隆海内，名冠词坛"。③

---

① 张居正：《答福建巡抚耿楚侗谈王霸之辩》，陈子龙：《皇明经世文编》卷三百二十八，明崇祯间云间平露堂刻本。

② 谢国桢：《江浙访书记》，生活·读书·新知三联书店1985年版，第61页。

③ 叶梦珠：《阅世编》卷八，上海古籍出版社1981年版。

几社诸子交游唱和，仿《昭明文选》汇刻几社六子之文，每人六十首，合为《壬申文选》，名声日大，成员亦多至百人。杨钟羲《雪桥诗话》载："云间几社，李舒章与陈卧子承复社而起，要以复王、李之学……。当陈、夏《壬申文选》后，几社日扩，多至百人。"陈子龙有感于当时"俗儒"是古非今，撷华舍实，抱残守缺，"训诂之文充栋不厌，寻声设色，则雕绘之作永日以思。至于时王所尚，世务所急，是非得失之际，未之用心"。为扭转"士无实学"的颓风，兴经世之学，他决心编纂经世之文，"以资世用"，"古者有记事之史，有记言之史，言之要者大都见于记事之文矣。导发其端，使知所繇；条晰其端，使知所究，非言莫详。甚矣！事之有藉于言也，而况忠臣硕彦，敷奏之章，论难之语，所谓轩谟远猷，上以备一代之典则，下以资有世之师法，不为之哀缀，后之君子何以考焉？此予与徐子、宋子经世编所繇辑也"。① 崇祯十一年（1638），以几社六子为主，历时九个月，编纂了《皇明经世文编》，收集明初至崇祯430人的奏疏和许多有关治国之要的政治著述，共504卷，加上补遗4卷，共508卷，约400多万字。《凡例》说："此集始于戊寅仲春，成于戊寅仲冬，寒暑未周，而披览亿万，审别精详，远近叹咤，以为神速。"其中，陈子龙、徐孚远、宋徵璧居功至伟："选辑之功，（陈子龙、徐孚远）十居其七，（宋徵璧）十居其二。"值得注意的是，鉴定该书的六位阁臣皆为东林党人，他们是孙承宗、钱龙锡、钱士升、方逢年、何吾驺、周延儒，足见此书的编纂，东林党人亦功不可没。此书问世后，复社领袖张溥为其撰序，给

---

① 陈子龙：《皇明经世文编序》，《安雅堂稿》卷五，台湾伟文图书出版有限公司1976年版。

予高度评价："余间语同志,读书大事,当分经史古今为四部。读经者辑儒家,读史者辨世代,读古者通典实,读今者专本朝,就性所近,分部而治,合数人之力治其一部,不出二十年,其学必成。同志闻者,咸是余说,而云间徐门音公、陈卧子、宋尚木尤乐为之,客年与余盱衡当代,思就国史。余谓贤者识大,宜先经济,三君子唯唯,遂大搜群集采择典要,名经世文编,卷凡五百。伟哉是书!明兴以来未有也。"吴晗先生《影印明经世文编序》认为,《皇明经世文编》的问世,"对当时的文风、学风是一个严重的挑战",成为晚明经世思潮高涨的标志。

第 五 章

东林党议与性灵派的文学活动

嵇文甫先生《晚明思想史论》指出："明代思想解放的潮流，从白沙发端，及阳明而大盛，到狂禅派而发展到极端。于是乎引起各方面的反对，有的专攻击狂禅或王学左派，有的竟直接牵涉到阳明，这里面最有力量能形成一个广大潮流的，要首推东林派。……其代表人物为顾泾阳与高景逸。"[1] 伴随晚明始终的这场学术领域的持久论争，引发了政治上及文学上的变革。表现在政治上，继张居正迫害狂禅中人何心隐之后，京师兴起更大规模地反狂禅，清理异学的运动，再次以政治威劫将狂禅重要人物李贽迫害致死。学术及政治上的变动引发了文坛上的动荡。在狂禅思想影响下勇立坛坫，振臂一呼，云者四应的公安派，高举性灵大旗，一扫正、嘉以来的复古积习，文坛一时巍然耸动。京师攻禅运动之后，公安派遭到致命打击，主要成员分崩离散，以袁宏道为首，由狂放转而"韬晦"、"敛迹"。竟陵派乘间而起，接受公安派之教训，转向师心和师古的结合。尽管如此，钟、谭仍不免党争的牵连，愈加酷烈

---

① 《晚明思想史论》，第80页。

的政治运动，已经不允许竟陵派于古人精神中求得慰藉，而面临着如公安派般尴尬的处境。

第一节　公安派的文学活动

一　东林学术与"狂禅"的分野

关于晚明"狂禅"，嵇文甫先生《晚明思想史论》专章论述，指论甚明，其始言曰："当万历以后，有一种似儒非儒似禅非禅的'狂禅'运动风靡一时。这个运动以李卓吾为中心，上溯至泰州派下的颜何一系，而其流波及于明末的一班文人。他们的特色是'狂'，旁人骂他们'狂'，而他们也以'狂'自居。"[①] 阳明之后，其学术分而化之，以泰州、龙溪最盛。"阳明先生之学，有泰州、龙溪而风行天下，亦因泰州、龙溪而渐失其传。泰州、龙溪时时不满其师说，益启瞿坛之秘而归之师，盖跻阳明而为禅矣。然龙溪之后，力量无过于龙溪者，又得江右为之救正，故不至于十分决裂。泰州之后，其人多能以赤手搏龙蛇，传至颜山农、何心隐一派，遂复非名教之所能羁络矣。"[②] 杨向奎先生认为"狂禅"是由泰州学派而来，"明中叶后本为王学的天下，泰州学派兴，末流遂入于狂禅，于是蔑仁义弃礼乐，形成反对传统儒家思想之异军。"[③] 依上述诸家所言，"狂禅"之脉络稍见分明，向上溯及颜山农、何心隐，向下则以李卓吾为中心，张扬禅说，不以程朱理学为

① 《晚明思想史论》，第53页。
② 《泰州学案一》，《明儒学案》卷三十二。
③ 杨向奎：《清儒学案新编》，齐鲁书社1985年版。

矩。清代学者全祖望认为，阳明之学以"振章句训诂之支离"为救弊良药，但在流传过程中，其后学"遂有堕于狂禅而不返，无乃徒恃其虚空知觉，而寡躬行之定力耶"，"盖其所顿悟者原非真知，则一折而荡然矣。是阳明之救弊，即其门人所以启弊者也"。① 更深层次的原因，根源于朱、陆之分途。黄宗羲认为朱、陆两家分途之后，"于是宗朱者诋陆为狂禅，宗陆者以朱为俗学，两家之学各成门户，几如冰炭矣"。② 贺麟先生亦认为："讲程朱而不能发展到陆王，必失之支离；讲陆王而不以程朱为约束，那么必失之狂禅。"③

"狂禅"之危害主要在于造成了当时学风的空疏之弊，而此正成为时人所攻击的口实，笃守程朱者对此深恶其害。陆陇其说："明之中叶，自阳明王氏倡为良知之说，以禅之实而托儒之名……龙溪、心斋、近溪、海门之徒从而衍之……而古先圣下学上达之法灭裂无余，学术坏而风俗随之，其弊也。至于荡轶礼法，蔑视伦常，天下之人恣睢横肆，不复自安于规矩绳墨之内，而百病交作。"④ 熊赐履更进一步指出狂禅对程朱理学的破坏作用："昔之佛老，犹是门庭之寇，今之狂禅，则为堂奥之贼矣。昔之佛老，犹是肤骨之疾，今之狂禅，遂成心髓之毒矣。"⑤ "狂禅"派的核心人物李贽更是屡遭攻击。朱国桢抨击尤为激烈："今日士风猖狂，实开于此。全不读《四书》本经，而李氏《藏书》、《焚书》人挟一册以为奇货，坏人心，

---

① 全祖望：《槎湖书院记》，《鲒埼亭集外编》卷十六。
② 黄宗羲：《宋元学案》，中华书局 1986 年版，第 1885—1886 页。
③ 贺麟：《当代中国哲学》，重庆胜利出版公司 1947 年版，第 34 页。
④ 陆陇其：《学术辨上》，《三鱼堂文集》卷三，四库全书本。
⑤ 熊赐履：《闲道录》，四库存目丛书本。

伤风化，天下之祸，未知始终也。"① 四库馆臣论及李贽时亦不无愤激之语："大抵主儒释合一之说，狂诞缪戾，虽粗识字义者皆知其妄。"② 梁启超先生亦认为："旧派中之王学，晚明学风之敝，流为狂禅，满街皆是圣人，酒色财气不碍菩萨路，猖幻至此，势固不得不有所因革。"③ "狂禅"既有此弊，则攻之者益多，而在反"狂禅"各派中，"最有力量形成一个广大潮流的，要推东林派"④。于是一场"狂禅"与反"狂禅"的斗法首先在学术领域中展开了。

　　"狂禅"派分别以管志道和李贽为代表，虽然在具体的方法上迥然有异，却都引发了东林学派的反驳。新儒家学者张君劢先生指出，"狂禅"是持王阳明"无善无恶心之体"太过而招致的一种思想，不管是王心斋，还是李贽、陶周望等人，他们这种"以禅证儒、以儒证禅"⑤的学术方法，正是继承了王阳明良知之学不从"故纸堆费精神"的思想。然而，"狂禅"者如管志道，却以辟佛的面目示人。"今日之当拒者，不在杨墨而在伪儒之乱真儒；今日之当辟者，不在佛老而在狂儒之滥狂禅。"⑥ 诚如梁启超先生所云："当时儒学末流，养成狂禅，分明是学佛教，抵死不肯承认与佛教有关。"⑦ 除此之外，管氏亦屡有貌似反"狂禅"之言论："有至善之源头，出于量非量之上，则邵子之所谓非惟吾不得而知之，圣人亦不得而知之

---

①　朱国桢：《涌幢小品》卷十六，文化艺术出版社点校本1998年版。

②　《初潭集提要》，《四库全书总目提要》卷一百三十一。

③　梁启超：《论中国学术思想变迁大势》，《饮冰室合集》，中华书局1989年版，第78页。

④　《晚明思想史论》，第80页。

⑤　江藩：《国朝汉学师承记》，中华书局1998年版，第190页。

⑥　《湖广提刑按察司金事晋阶朝列大夫管公行状》，《初学集》卷四十九。

⑦　梁启超：《儒家哲学》，《饮冰室合集》，第62页。

也。看痛枵心儒者，一人狂禅狂玄灭裂之论，反卑孔矩而北面二氏之流徒云。"① 他认为正是因为"狂禅"的鼓倡，才使得儒学的地位日降，因而在他的著作中，对王阳明及阳明后学特别是泰州学派中颜山农等人不满的言论处处皆是。如他评价明末士风时说："今士风日趋于顽钝无耻，其高者尤在小人无忌惮中，倘载之以孔孟之矩，则有所托而自文，吾不知其信心何在，然则主忠信三言，真对时症之良药也。若又信非所信，则圣人亦未如之何也。"② 他对泰州学派颇不以为然，"盖天道好还，诸侯至于畏士，则坑土嫚士者必相继而至矣。国朝出颜钧、梁汝元、李卓吾之徒，几酿此衅，犹赖高皇帝之遗泽尚流，有为之小惩而大诫者。"③ 尽管他每以反"狂禅"自居，然而，《四库总目》在评价其《孟子订测》时依然得出其为"狂禅"一派的结论："是书诠解《孟子》，分订释、测义二例。订释者取朱子所释而订之，测义则皆自出臆说，恍惚支离，不可胜举，盖志道之学出于罗汝芳，汝芳之学出于颜钧，本明季狂禅一派耳。"④ 主要依据为其"皆自出臆说，恍惚支离"。熊赐履对其概括颇为精当："昔之儒只要辟佛老，今之儒只要佞佛老。昔之儒只要明二氏之异，今之儒只要明三教之间。狷不裁，不失为狷介；狂不裁，便成了狂禅。"⑤ 高攀龙以程朱为矩，认为管志道之所以辟狂禅，正是其苦心处，"至于阳尊程朱，阳贬狂禅，而究竟则以程朱之中庸，五宗之佛性

---

①　管志道：《孟子订测》卷五，四库存目丛书本。

②　《孟子订测》卷一。

③　《孟子订测》卷二。

④　《四库全书总目提要》卷三十七。

⑤　熊赐履：《下学堂札记》，四库存目丛书本。

并斥，更是其苦心勤力处，欲使辟佛者更开口不得也"。① 其
辟狂禅只是表面现象，而实质仍是用佛禅统率三教，"尊崇儒
矩，排斥狂禅，亦不过谓世法宜然，而窥先生之意，实以一切
圣贤皆是浊流，菩萨本无三教，惟是一乘耳。故攀龙谓先生之
学，全体大用总归佛门而后之。信先生者，必以牟尼之旨；疑
先生者，必以仲尼之道。"②

与管志道相比，李贽对于"狂禅"的取向更为直接，因
而被誉为"异端之尤"，而其也不避讳，每以"狂狷"自谓：
"狂者不蹈故袭，不践往迹，见识高矣，所谓如凤凰翔于千仞
之上，谁能当之，而不信凡鸟之平常，与己均同于物类……狷
者行一不义，杀一不辜而得天下不为，如夷、齐之伦，其守定
矣。所谓虎豹在山，百兽震恐，谁敢犯之，而不信凡走之皆
兽。"③ 在《复李士龙》中，他列孔子、老子、释迦牟尼为
"三大圣人"。在《三教归儒》中，他揭示了三教同一的宗旨：
"儒、道、释三学，一也。以其初皆期于闻道也，必闻道然后
可以死，故曰：'朝闻道，夕死可矣。'唯志在闻道，故其视
富贵若浮云，弃天下如敝屣然也。然曰浮云，直轻之耳，曰弊
屣，直贱之耳，未以为害也。若夫道人则视富贵如粪秽，视有
天下若枷锁，唯恐其去之不远矣。然粪秽臭也，枷锁累也，犹
为甚害也，乃释子则又甚矣。彼其视富贵若虎豹之在陷阱，鱼
鸟之入网罗，活人之赴汤火，然求死不得，求生不得，一如是
甚也。"④ 李贽以狂者的姿态，对假道学大加批判："世之好名
者必讲道学，以道学之能起名也。无用者必讲道学，以道学之

---

① 《四库全书总目提要》卷三十七。
② 《与管东溟二》，《高子遗书》卷八。
③ 李贽：《与耿司寇告别》，《焚书》卷一，中华书局 1974 年版，第 74 页。
④ 李贽：《三教归儒说》，《续焚书》卷二，中华书局 1975 年版。

不足以售其欺罔之谋也。"① 他指出若为名教所累，必不能成
其事功，"欲选择其名实俱利者而兼之得乎？此无他，名教累
之也。以故瞻前虑后，左顾右盼，自己既无一定之学术，他日
又安有必成之事功耶？"痛斥儒臣以虚名误国，"儒臣虽名为
学而实不知学，往往学步失故，践迹而不造其域，卒为名臣所
嗤笑，然其实不可以治天下国家。"② 认为士大夫们"平居无
事，只解打躬作揖，终日匡坐，同于泥塑，以为杂念不起，便
是真实大圣大贤人矣。其稍学奸诈者，又搀入良知讲席，以阴
博高官，一旦有警，则面面相觑，绝无人色，甚至互相推委，
以为能明哲，盖因国家专用此等辈，故临时无人可用。又弃置
此等辈有才有胆有识者而不录，又从而弥缝禁锢之，以为必乱
天下，则虽不欲作贼，其势自不可耳"。③ 他最终提出了在当
时惊世骇俗的观点："天下之人，本与仁者一般，圣人不曾
高，众人不曾低。"④ 晚年的李贽事佛有加，最终走进麻城芝
佛院，落发为僧，皈依佛门，自称卓吾和尚，走向极端"狂
禅"。

　　东林党人对李贽批驳不遗余力，如顾宪成认为："李卓
吾大抵是人之非，非人之是，又以成败为是非而已。学术到
此，真是涂炭，惟有仰屋窃叹而已！如何如何！"⑤ 冯琦指责
李贽："背弃孔孟，诽毁程朱，惟《南华》、西竺之语是宗
是竞。以实为空，以空为实，以名教为桎梏，以纪纲为赘

---

① 李贽：《初潭集》卷二十，中华书局1974年版，第345页。
② 张凡：《李贽散文选注》，北京师范学院出版社1991年版，第230页。
③ 《因记往事》，《焚书》卷四。
④ 《复京中友朋》，《焚书》卷一。
⑤ 《柬高景逸书》，《泾皋藏稿》卷五。

疵，以放言高论为神奇，以荡轶规矩、扫灭是非廉耻为广大。"① 刘宗周则付诸实际行动："独深鉴狂禅之弊，筑证人书院，集同志讲肆，务以诚意为主，而归功于慎独。"② 东林党人的著作也体现了对于"狂禅"的反动，而笃于实学。《四库总目》评赵南星《学庸正说》，认为词旨醇正，诠释详明，"其说《大学》不从姚江之知本，而仍从朱子之格物，并补传一章亦为训解。其说《中庸》不以无声无臭虚拟性天，而始终归本于慎独，皆确然守先儒之旧。盖南星为一代名臣，守正不阿，出其天性，故当狂禅横溢之时，能卓然有以自立，虽不以讲学名，而所言笃实，过于讲学者多矣，未可以其近而忽之也"。③ 即使李腾芳学宗阳明，以李贽为尊者，仍不废实事。《四库总目》在评价其《李湘州集》及《补遗》时云："学宗王守仁，反复讲明良知之旨，至以事功节义与辞章养生均为正道之障。又以《金刚经集注序》、《金刚经注采序》、《莲池自知录序》等提倡二氏之说，亦颇尊李贽，称为卓吾老子。"但也不得不承认其"留心经世，喜谈兵事，其《策倭安攘至计疏》及《进戚继光兵略诸疏》，犹非徒以狂禅纵论者矣"。

紧承东林党之后的清初三大家，在明亡的反思中，对李贽抨击更加激烈。黄宗羲撰《明儒学案》拒之于外，颇多贬低。在黄宗羲看来，"卓吾生平喜骂人，且学术偏僻"，其"偏僻"就在于他好"骂先贤"，放肆无忌，有损名教，"离经叛道"，基本立场转到了禅学上。黄宗羲分析耿定向与李贽的分歧时

① 顾炎武：《日知录集释》，岳麓书社 1994 年版，第 661 页。
② 《四库全书总目提要》卷九十三。
③ 《四库全书总目提要》，卷九十。

说："先生（耿定向）因李卓吾鼓倡狂禅，学者靡然从风，故每每以实地为主，苦口匡救。然又拖泥带水，于佛学半信半不信，终无以压服卓吾。"① 王夫之抨击李贽"合佛老以溷圣道，尤其淫而无纪者也"，"恬不知耻，而窃佛老之土苴以相附会，则害愈烈。而人心之坏，世道之否，莫不由之矣"。② 顾炎武认为："自古以来，小人之无忌惮而敢于叛圣人者，莫甚于李贽。"③

二　"狂禅"运动与公安派的兴衰

公安派崛起于"狂禅"运动盛行之时，衰落于京师攻禅运动兴起之后，骤极骤衰，绝非偶然，学术及政治的嫁接导致了公安派在文坛上只能是昙花一现。

公安三袁早年从舅父龚惟学入阳春社，颇得程墨以外之学。袁宗道说："先生（龚惟学）少从方伯公宦四方，独取异书秘闻以归。……先生诛茆城南，号曰阳春社。一时后进入社讲业者如林，不肖兄弟亦其人也。自有此社，人始知程墨之外，大有书帙；科名之外，大有学问。而先生又能操品藻权，鼓舞诸士。诸士穷日夜力，勾搜博览，以收名定价于先生。以故数年之间，雅道大振，家操灵蛇，人握夜光，尸而祝之，当首先生矣。"④ 然此时文坛复古风气依然浓厚，袁宗道受其影响，亦有袭古倾向，"二十举于乡。不第归，益喜读先秦两汉之书。是时，济南琅琊之集盛行，先生一阅悉能熟诵，甫一操

----

① 《泰州学案四》，《明儒学案》卷三十五。
② 王夫之：《船山全书》，岳麓书社 1991 年版，第 1246 页。
③ 《日知录集释》，第 668 页。
④ 袁宗道：《送夹山母舅之任太原序》，《白苏斋类集》卷十，上海古籍出版社 1989 年版。

瓠，即肖其语。"① 万历十四年（1586），袁宗道举进士第一，入翰林院。万历十六年（1588），袁宏道"举于乡，主试者为山东冯卓庵（琦）太史，见其后场出入周、秦间，急拔之"。② 次年，袁宏道入京会试，得识焦竑、陶望龄、黄辉等。时袁宗道亦在京师，于焦竑处闻禅家顿悟之说。《四库总目提要》称焦竑与李贽"两人相率为狂禅"。③ 李贽自认于焦竑处所习甚多："宏甫之学，虽无所受，其得之弱侯者亦甚有力。"④ 三袁受李贽与焦竑启迪甚大。袁宏道曾说："自余山居七载，再游南北，一时学道之士，俱落蹊径。至白下晤焦先生，使人复见汉官威仪。有来询者，余曰：'焦先生，洪钟也，试往扣之。'……夫使海内人士无志大乘则已，若也生死情切，则幸及此二老尚在，痛求针劄。余非阿私所好者，盖余参学二十年，而始信此二老及自谓不至误人。"⑤ 袁宗道因焦竑而识李贽高足深有，又将性命之学授之二袁。

> 僧深有为龙潭高足，数以见性之说启先生，乃遍阅大慧、中峰诸录，得参求之诀。……是年，先生以册封归里。仲兄与予皆知向学，先生语以心性之说，亦各有省，互相商证。先生精勤之甚，或终夕不寐。逾年，偶于张子韶与大慧论格物有入，急呼仲兄与语。甫拟开口，仲兄即跃然曰"不必言"，相与大笑而罢。至是，始复读孔孟诸

① 袁中道：《石浦先生传》，《珂雪斋集》卷十七，上海古籍出版社 1989 年版。
② 《吏部验封司郎中中郎先生行状》，《珂雪斋集》卷十八。
③ 《四库全书总目提要》卷一百二十五。
④ 《寿焦太史尊翁后渠公八秩华诞序》，《续焚书》卷二。
⑤ 袁宏道：《书念公碑文后》，《袁宏道集笺校》卷五十四，上海古籍出版社 1981 年版。

书，乃知至宝原在家内，何必向外寻求。吾试以禅诠儒，使知两家合一之旨，遂著《海蠡篇》。既报命，旋即乞归。七八年间，先生屡悟屡疑。①

在"屡悟屡疑"之时，三袁决定前往麻城问道李贽。"时闻龙溪李子冥会教外之旨，走西陵质之。李子大相契合，赠以诗，中有云：'诵君《金屑》句，执鞭亦忻慕。早得从君言，不当有《老苦》。'"②万历十九年（1591），袁宏道赴麻城龙湖，再拜李贽，"先生（袁宏道）既见龙湖（李贽），始知一向掇拾陈言，株守待兔，死于古人语下，一段精光不得披露。至是浩浩焉如鸿毛之遇顺风，巨鱼之纵大壑。能为心师，不师于心；能转古人，不为古转。发为语言，一一从胸臆流出，盖天盖地，如象截急流，雷开蛰户，浸浸乎其身有涯矣。"③万历二十年（1592），三袁会李贽于龙湖。"昨夜，偶梦与李龙湖先生共话一堂。是日，有人持伯修、中郎与予共龙湖论学书一册，名为《柞林纪谭》，乃予兄弟三人壬辰岁往晤龙湖，予潦草记之，已散佚不复存，不知是何人收得，率尔流布。夜来之梦，岂兆此耶？"④万历二十六年（1598），三袁与李贽多次会面。袁中道有《雨坐天宁寺，时将同卓吾子游秣陵，以雨不果》、《夏苦雨呈卓吾子》三首等诗。李贽则有《六月访袁中夫摄山》、《雨中塔寺和袁小修韵》、《九月同袁中夫看菊寄谢主人》等诗。万历二十九年（1601），袁中道与李贽会于通州。"岁辛丑（万历二十九年），余在潞河马诚所，又遇袁小

---

① 《石浦先生传》，《珂雪斋集》卷十七。
② 《吏部验封司郎中郎先生行状》，《珂雪斋集》卷十八。
③ 同上。
④ 袁中道：《游居柿录》卷十，青岛出版社 2005 年版。

修三弟。虽不获见太史家兄,得见小修足矣。"①

　　与李贽之交往,在理学禁锢之时,使三袁初觉耳目一新而极盛赞之。袁宗道在致李贽的信中说:"读他人文字觉瀵瀵,读翁只言片语,辄精神百倍。"② 袁宏道也赋诗说:"李贽便为今李耳,西陵还似古西周"③,"老子本将龙作性,楚人元以凤为歌"④,并称李贽《焚书》"愁可以破颜,病可以健脾,昏可以醒眼"。⑤ 袁中道称赞李贽:"骨坚金石,义薄云天。言有触而必吐,意无往而不伸,……孔文举调魏武若稚子,嵇叔夜视钟会如奴隶,鸟巢可覆,不改其风味,鸾翮可锻,不驯其龙性。"⑥ 对于三袁,李贽也从不吝惜赞美之辞。"李子语人,谓伯也稳实,仲也英特,皆天下名士也。然至于入微一路,则谆谆望之先生,盖谓其识力胆力,皆迥绝于世,真英灵男子,可担荷此一事耳。"⑦ 受李贽影响,三袁由性命之学转而对"狂禅"多有接纳,又以袁宏道沾染最深,体现了"以禅解儒"的思想:

　　　　三教圣人,门庭各异,本领是同。所谓学禅而后知儒,非虚语也。先辈谓儒门澹泊,收拾不住,皆归释氏。故今之高明有志向者,腐朽吾鲁、邹之书,而以诸宗语录为珍奇,率终身濡首其中而不知返。不知彼之所有,森然具吾胰中,特吾儒浑含不泄尽耳,真所谓淡而不厌者也。闲来

---

① 《书小修手卷后》,《续焚书》卷一。
② 《李卓吾》,《白苏斋类集》卷十五。
③ 《袁中郎全集》卷三十三。
④ 《怀龙湖》,《袁中郎全集》卷三十九。
⑤ 《李宏甫》,《袁中郎全集》卷二十一。
⑥ 《李温陵传》,《珂雪斋集》卷八。
⑦ 《吏部验封司郎中中郎先生行状》,《珂雪斋集》卷十八。

与诸弟及数友讲论，稍稍借禅以诠儒，始欣然舍竺典，而
寻求本业之妙义。予谓之曰："此我所行同事摄也。"既知
此理之同，则其毫发之异久之明矣。若夫拾其涕唾以入帖
括则甚不可，宜急戒之。勿以性命进取，混为一途可也。①

袁宏道甚至自豪地说："仆自知诗文一字不通，唯禅宗一事不
敢多让。当今勍敌，唯李宏甫先生一人。"②公安派其他主要
成员如陶望龄亦深受李贽影响，"望龄在京师时，从焦弱侯
游，得闻卓吾先生之风，继得其书毕习之，未尝不心开目明，
尝恨不能操巾拂其侧。"又与三袁相与谈禅，自谓"极乐"，
"吾近与袁伯修先辈及同好三四人游从甚密，虽未能了当大
事，而受益不浅。且消释拘累，共逃于形骸礼数之外，可谓极
乐。"③黄辉于三袁处闻性命之学，"坦然知归"，"予少时溺
于文人习气，与以风雅命世，后渐有游仙之兴。自官于京师，
得闻性命之学，然终旁皇于长生无生之间，而未有定也。丁酉
入都，得遇君家兄弟，为我拔去贪着浊命之根，始以清泰之乐
引我，既又得闻向上大事，从知解稠林中出，如扫叶，如拨
笋，今始坦然知归"。④倡言"三教合一"："夫道唯一，一尚
无之，何三哉？三者，教之名，皆名此心耳。心不可名，教义
第辨其非心者。西竺谓心体离念，是曰正思；惟东鲁谓思无
邪，是曰正心。心本无邪，盖正之名，亦不立焉。"⑤

① 《说书类》，《白苏斋类集》卷十七。
② 《吏部验封司郎中中郎先生行状》，《珂雪斋集》卷十八。
③ 陶望龄：《奉刘晋川先生》，《歇庵集》卷十一，台湾伟文图书出版有限
公司1976年版。
④ 《自柞林至西陵记》，《珂雪斋集》卷十二。
⑤ 黄辉：《正思庵记》，《黄太史平倩怡春堂逸稿》卷二，台湾伟文图书出
版有限公司1976年版。

万历二十六年（1598）前后，京师谈禅风气日炽。"其时京师学道之人如林：善知识，则有达观、郎目、清虚、愚庵诸公；宰官则有黄慎轩、李卓吾、袁中郎、袁小修、王性海、段幻然、陶石篑、蔡五岳、陶不退、蔡承植诸君声气相求，函盖相合。"① 公安派承间而起，三袁、黄辉、潘士藻诸公为倡，苏惟霖、刘日升、顾天峻、李腾芳、吴用先、方文巽、陶望龄、王章甫等人在京都城北崇国寺葡萄园结社论学，号"葡萄社"。秦京、谢于楚、钟起凤、黄炜、谢肇淛等人先后被延入社中。所谓"葡萄社"，并非是文人雅集宴饮和诗文酬唱活动，俨然以"谈禅论学"自居。"追思伯修（宗道）居从官时，聚名士大夫，论学于崇国寺之葡萄林下，公（潘士藻）其一也。当入社日，轮一人具伊蒲之食，至则聚谈，或游水边，或览贝叶佛典，或数人相聚问近日所见，或静坐禅榻上，或作诗，至日暮始归。"② 除此之外，公安派以狂者姿态讥讽执政，诸君子集显灵宫，袁宏道诗云："野花遮眼酒沾涕，塞耳愁听新朝事。邸报束作一筐灰，朝衣典与栽花市。新诗日日千余言，诗中无一忧民字。旁人道我真聩聩，口不能答指山翠。自从老杜得诗名，忧君爱国成儿戏！言既无庸默不可，阮家哪得不沉醉？眼底浓浓一杯春，恸于洛阳少年泪。"③ 他在给焦竑的信中说："宦途薄恶，情态险侧可笑，无论师不欲闻，即弟子亦不欲言之。"④ 痛切地感到："一时执政诸大臣，有杞、桧之奸，林甫、嵩之之媢嫉也"，"伪士满朝，庸儒误

---

① 王元翰：《与野愚和尚书》，《凝翠集》，丛书集成续编本，第33—34页。
② 《潘去华尚宝传》，《珂雪斋集》卷十七。
③ 《显灵宫集诸公以城市山林为韵》，《袁宏道集笺校》卷十六。
④ 《焦弱侯座主》，《袁宏道集笺校》卷二十二。

国。"① 执政沈一贯闻而憎之，其后禅学之会俨然变而为"异学"，"己亥、庚子间，楚中袁玉蟠太史同弟中郎与皖上吴本如、蜀中黄慎轩，最后则浙中陶石篑以起家继至，相与聚谈禅学，旬月必有会，高明士大夫翕然从之。时沈四明柄政，闻而憎之，其憎黄尤切。至辛丑紫柏师入都，江左名公既久持瓶钵，一时中禁大珰趋之，如真赴灵山佛会。又游客辈附景希光，不免太邱道广之恨，非复袁陶净杜景象，以故黄慎轩最心非之"。② 紫柏因万历三十一年（1603）妖书事起，执政沈一贯借以倾陷东林党人沈鲤、郭正域而逮死狱中。

此时在东南，顾宪成、高攀龙等与"狂禅"派人物管志道论辩正酬。顾宪成大力批驳管志道的"三教统一"说，认为"谓无善无恶，谓三教无异，谓朱子等于杨墨"，"是以学术杀天下后世"③。高攀龙愤怒地说："斯言不出于释氏之徒，而出于圣人之徒，是可忍，孰不可忍也!"④ 东林党人余懋衡在江西创建明新书院，与邹元标讲学其中。冯从吾在关中创立"关中士大夫会"。诸人倾向与顾、高无甚异。在攻禅问题上，东林党人提供了思想上的保证。于是从万历二十九年（1601）开始，京师"攻禅逐僧"势头日渐高涨，使得公安诸子惶恐不已。陶望龄在赠其弟书中说："此间诸人日以攻禅逐僧为风力名行，吾辈虽不挂名弹章，实在逐中矣，一二同志皆相约携手而去。"⑤ 万历三十年（1602），东林党人张问达上疏劾奏李

① 《顾升伯太史别叙》，《袁宏道集笺校》卷十八。
② 《紫柏祸本》，《万历野获编》卷二十七。
③ 《与李见罗先生书》，《泾皋藏稿》卷二。
④ 《又辨三教一家》，《高子遗书》卷三。
⑤ 《辛丑入都寄君奭弟书十首》，《歇庵集》卷十六。

贽"狂诞悖戾"、"猖獗放肆"①。在弹劾李贽的问题上，原本对立的东林党和沈一贯达成了默契："忽蜚语传京师，云卓吾著书丑诋四明相公（沈一贯）。四明恨甚，踪迹无所得。礼垣都谏张诚宇（张问达）遂特疏劾之，逮下法司。"② 李贽被劾，其实意在暗攻公安谈禅诸君："黄慎轩以宫僚在京时，素心好道，与陶石篑辈结净社佛，一时高明士人多趋之，而侧目者亦流众，尤为当途所深嫉。壬寅之春，礼科都给事中张诚宇专疏劾李卓吾，其末段云：近来缙绅士大夫，亦有捧呪念佛，奉僧膜拜，手持数珠，以为戒律，室悬妙像，以为皈依，不知遵孔子家法，而溺意于禅教沙门者，盖暗攻黄慎轩及陶石篑诸君也。"③ 黄辉于李贽被逮之后，被迫辞职归里，隐居数年，明神宗复思起用黄辉，而弹状纷来，"其弹状大约为其结社谈禅也"。④ 陶望龄谈及李贽之死，悲愤地说："要是世间奇特男子行年七十六，死无一棺，而言者犹哓哓不已，似此世界，尚堪仕宦否？"又谓："当事者处之太重，似非一人。卓老之不宜居通州，犹吾辈不宜居官也。有逐我者，旦夕即行，无之，亦尚图抽身之策。"⑤ 在给周汝登的信中，他同时认为京师攻禅实非指李贽一人，而是针对公安派的谈禅论学，"（京师）间有学会，赵太常、黄宫詹、左柱史主之，王大行继至，颇乐济济！而旁观者指目为异学，深见忌疾。然不虞此祸乃发于卓老也！七十六岁衰病之身，重罹逮系，烦冤自决，何痛如之！"又云："客岁之

---

① 《明神宗实录》卷三百六十九。
② 《二大教主》，《万历野获编》卷二十七。
③ 《黄慎轩之逐》，《万历野获编》卷十。
④ 《答苏云浦》，《珂雪斋集》卷二十三。
⑤ 《辛丑入都寄君奭弟书十首》，《歇庵集》卷十六。

事（李贽死难），吾党自任其咎。"①

　　初始为攻击"异学"的学术争端，最终演变成了一场政治斗争，在京师攻禅运动的打击下，李贽成为斗争的牺牲品，公安派文人集团也随之趋于解体。万历三十年（1602）前后，袁宏道归公安，携袁中道隐于林下。黄辉归四川南充，啸傲山林。陶望龄隐于歇庵，著述讲学。公安诸人离散而居，书信往来已属不易，更无从谈起激扬新学说和新诗观了。此后十年，公安派进入沉寂阶段。除袁宏道隐居公安与友人举行过几次小的诗歌酬唱和谈禅社集外，公安派再没有大的社集活动，这与此前公安派隆盛的社集活动形成了鲜明对比：万历八年（1580），龚仲庆、仲敏、袁宏道诸人公安县阳春社集；万历十七年（1589）前后，袁宏道、黄辉、陶望龄等人京师社集；万历二十一年（1593）前后，三袁、李贽等人龙湖社集；同年还有潘之恒、丘长孺、袁中道诸人武昌五咏楼结社；万历二十三年（1595）至二十五年（1597）间，袁宏道、江盈科在苏州与王稚登等人社集，袁宏道、陶望龄、潘之恒诸人歙县社集；万历二十六年（1598），袁中道、谢肇淛、詹淑正诸人真州社集；万历二十七年（1599）的京师葡萄社集更是蔚然壮观。京师攻禅之后，公安派社集活动减少和趋于静寂，某种程度上意味着公安派的衰落。万历三十年（1602）起，不到十年，公安派主将相继凋零：江盈科卒于万历三十三年（1605）；陶望龄卒于万历三十七年（1607）；袁宏道卒于万历三十八年（1608）；黄辉卒于万历四十年（1610），而且他们中无一人超过六十岁。袁宗道四十一岁，江盈科五十三岁，陶望龄四十八岁，袁宏道四十三

---

　　① 《与周海门先生十三首》，《歇庵集》卷十五。

岁，黄辉五十八岁。袁宗道嗣子祈年哀叹："国朝迩来诸文人，大半不敢数年齿。如陶如江四年余，何曾一人到六纪。"①

事实上，三袁对李贽及"狂禅"的态度，并非始终如一。袁宏道从李贽问学，十年而有变。袁中道说："（万历二十七年）先生（袁宏道）之学复稍稍变，觉龙湖等所见，尚欠稳实。以为'悟''修'犹两毂也，向者所见，偏重悟理，而尽废修持，遗弃伦物，偭背绳墨，纵放习气，亦是膏肓之病，遂一矫而主修，自律甚严，自检甚密。"② 万历二十八年（1600），袁宏道有函寄李贽："世人学道日进，而仆日退，近益学作下下根行。孔子曰：'下学而上达。'枣柏曰：'其知弥高，其行弥下。'始知古德教人修行持戒，即向上事。彼言性言心、言玄言妙者，皆虚见惑人，所谓驴橛马桩者也。"③ 对李贽提出了针砭，并强调修持守戒，对自己放纵的习气深切反省。同年，袁宗道肯定了中郎悔改的价值："石头居士少志参禅，根性猛利；十所之内，洞有所入。机锋迅利，语言圆转，寻常与人论及此事，下笔千言，不蹈祖师语句，直从胸臆流出。活虎生龙，无一死语。遂亦自谓了悟，无所事事。虽世情减少，不入尘劳；然嘲风弄月，登山玩水，流连文酒之场，沉酣骚雅之业。懒慢颠狂，未免纵意。如前之病，未能全脱。所幸生死心切，不长陷溺；痛念见境生心，触途成滞。浮解实情，未能相胜。悟不修行，必堕魔境，佛魔之分，只在顷刻。始约其偏空之见，涉入普贤

---

① 《哭黄辉诗四首之三》，《珂雪斋集》附录。
② 《吏部验封司郎中中郎先生行状》，《珂雪斋集》卷十八。
③ 《李龙湖》，《袁宏道集笺校》卷二十二。

之海。"① 万历三十四年（1606），袁宏道回溯这一转变，乃是"变为苦寄"："近溪少年亦是撇清务外之人，故已登进士，犹为僧肩行李；已行取，犹匿山中。后来经百番锻炼，避之如毒蛇，仇之如怨贼，而后返吾，故吾出，而真圣贤真佛子出矣。此别传之正脉络也。弟少时亦微见及此，然毕竟徇为之根，盘踞已深，故再变而为苦寄。若非归山六年，反复研究，追寻真贼所在，至于今日，亦将无忌惮之小人矣。夫弟所谓徇外者，岂真谓借此以欺世哉？源头不清，致知工夫未到，故入于自欺而不自觉，其心本为性命，而其学则为的然日亡。无他，执情太甚，路头错走也。"并对"狂禅"一说加以反思："弟往见狂禅之滥，偶有所排，非是妄议宗门诸老宿。自今观之，小根之弊，有百倍于狂禅者也。"②

袁宏道对李贽的态度的转变在一定程度上与其座主东林党人冯琦有关。就在李贽自裁当月，作为礼部尚书的冯琦又奏请烧毁道释书籍，厉行科场禁约："顷者皇上纳都给事中张问达之言，正李贽'惑世诬民'之罪，尽烧其所著书，其崇正辟邪，甚盛举也。"指斥佛道之学，"以实为空，以空为实，以名教为桎梏，以纪纲为赘疣，以放言为高论，为神奇，以荡轶规矩，扫灭是非廉耻为广大"，致使"世道溃于狂澜，经学几为榛莽"。③ 冯琦对袁宏道有知遇之恩。万历二十四年（1599），当袁宏道标举"性灵说"的旗帜之后，訾议颇多，曾求助于资望颇重的冯琦。但是袁宏道与冯琦两人的学术取向并不相同，冯琦以经世致用为本，注重儒家经典。"时士大夫

---

① 《西方合论序》，《白苏斋类集》卷二十二。
② 《答陶周望》，《袁宏道集笺校》卷四十三。
③ 《日知录集释》，第 661 页。

多崇释氏教，士子作文每窃其绪言，鄙弃传注。"冯琦竭力奏请约禁，"极陈其弊，帝为下诏戒厉"①。袁宏道则精研梵籍，究性命之学。他在致冯琦的尺牍中有这样的记载："至于诗文，间一把笔，慨摹拟之流毒，悲时论之险狭，思一易其弦辙，而才力单弱，倡微和寡，当今非吾师，谁可就正者？……辟诸将倾之栋，非一二细木所能支，得师一主张，时论自定。何也？以名与德与言，皆足以厌心而夺其所趋也。"② 对此，冯琦并没有直接回应，但数月后，袁宏道在别处看到了冯琦的观点。"数日前，于黄中允处，见师论诗手牍，读之跃然。格外之论，非大宗匠，谁能先发？末季陋习，当从此一变矣。"冯琦的奖掖使袁宏道颇为感激。万历二十七年（1599），袁宏道转习唐宋之诗，深有所得，即致书冯琦，谈及此事："宏近日始读李唐及赵宋诸大家诗文，如元白欧苏，与李杜班马真足雁行，坡公尤不可及。宏谬谓前无作者，而学语之士乃以诗不唐文不汉病之，何异责南威以脂粉？"③ 万历二十九年（1601），他再次致书冯琦，表达感激之情："海内如师之爱门生，忘其百漏，而取其一得者有几？某岂木石，而不自知？夫以某之拙似傲，懒似慢，虽同辈或不可堪，而师爱之惜之，终始如一日，某独何心，能不填胸刻腑也！"④

攻禅事件之后，公安派主动进行了调整，放弃狂禅的思想阵地，反思狂放，主张"韬晦"、"敛迹"，在文学上，对"性灵"说重加阐释，因此，可以说攻禅事件是公安派学术思想和文学观念的转折点。万历三十二年（1602），袁宏道已经提

---

① 《冯琦传》，《明史》卷二百一十六。
② 《冯侍郎座主》，《袁宏道集笺校》卷二十二。
③ 同上。
④ 《冯尚书座主》，《袁宏道集笺校》卷四十二。

出："学道人须是韬光敛迹，勿露锋芒，故曰潜曰密。若逞才华，求名誉，此正道人之所忌。夫龙不隐鳞，凤不藏羽，网罗高张，去将安所？此才士之所通患，学者尤宜痛戒。"① 是年，三十七岁的袁宏道在柳浪湖岸筑"兴酣楼"，书赠友人："弟学问屡变，然毕竟初入门者，更不可易。其异同处，只矫枉过直耳，岂有别路可走也！"② 万历三十五年（1607），袁宏道有书致黄辉："弟自入德山后，学问乃稳妥，不复往来胸臆间也。"③ 至此，袁宏道完成了其学问的又一大转变，也就是说，攻禅事件发生的五六年光景，他已跳出"狂禅"派。万历三十五年（1607），袁宏道出任吏部验封司郎中。此时的袁宏道积极有为，致力于政事，不畏权势，而能秉直考察官吏。这使吏部左侍郎东林党人杨时乔临终之际，对其寄予了厚望："吾佐铨四年，未见一实心任事君子，每窃叹曰：朝廷之上，如斯而已乎！今得公矣，国家之福也。惟自爱！"④ 杨时乔卒后，东林党人孙丕扬任吏部尚书，袁宏道摄理选曹。万历三十七年（1609），袁宏道主试陕西，在此期间所作《陕西乡试策问》体现了他的重大转变，以及对王学左派反常求新奇的流弊进行了批判："行出于仁义者，庸行也。有一人焉，破常调而驰格外，寂寞至于不可甘、泛驾至于不可羁络，则相与侈而传之。进稗官而退史籍，敢于侮圣人而果于宗邪说，其初止于好新耳。以为不奇则不新，故争为幽眇之说以撼之；又以为不乖常而戾经则不奇，故至于叛圣贤而不自觉。世道人心至此，几于白日之昏霾，而阴几遍天下矣。嗟夫！汉之衰也以意气，晋之

---

① 《德山麈谈》，《袁宏道集笺校》卷四十四。
② 《答陶周望》，《袁宏道集笺校》卷四十三。
③ 《寄黄慎轩》，《袁宏道集笺校》卷四十四。
④ 《吏部验封司郎中中郎先生行状》，《珂雪斋集》卷十八。

衰也以清虚，宋之衰也以议论。夫意气、清虚、议论，三者皆非致衰之道也。然意气不已则为标目，标目不已则为弃蔑，是故有披发左衽之象焉。议论不已则为分兢，分兢不已则为牵制，是故有削弱局促之象焉。"并批评当时士竞奇淫的糜烂之风："今日之风尚，抑尤有可愕者，民服于奇淫，士竞于吊诡，丑宿儒之所共闻，而傲天下以不可知。言出于《六经》、《语》、《孟》，常言也；有一人焉，谈外方异教奥僻不可训之书，则相与诵而法之。"① 同时发出了"今吴中大贤亦不出，将令世道何所倚赖"的感叹②。这次主试陕西，袁宏道以依朴质为取士标准，"嗣今以往，第务积学守正，以求无悖时王之制"。③ 而在前一年已表达了尚于朴质的文学观念："物之传者必以质。文之不传，非曰不工，质不至也。树之不实，非无花叶也；人之不泽，非无肤发也，文章亦尔……古之为文者，刊华而求质，敝精神而学之，惟恐真之不极也。博学而详说，吾已大其蓄矣，然犹未能会诸心也。久而胸中涣然，若有所释焉，如醉之忽醒，而涨水之思决也。虽然，试诸手犹若掣也。一变而去词，再变而去理，三变而吾为文之意忽尽，如水之极于澹，而芭蕉之极于空，机境偶触，文忽生焉。风高响作，月动影随，天下翕然而文之，而古之人不自以为文也，曰是质之至焉者矣。大都人之愈深，则其言愈质，言自愈质，则其传愈远。夫质犹面也，以为不华而饰之朱粉，妍者必减，媸者必增也。"④ 因此，袁中道认为袁宏道在主陕西乡试后，诗文"较

① 《陕西乡试策问第一问》，《袁宏道集笺校》卷五十三。
② 鲁迅：《且介亭杂文二集·招贴即扯》，《鲁迅全集》第六卷，人民文学出版社1981年版。
③ 《陕西乡试录序》，《袁宏道集笺校》卷五十四。
④ 《行素园存稿引》，《袁宏道集笺校》卷五十四。

前诸作，又一格矣"。①

第二节　竟陵派的文学活动

一　钟、谭与东林党议

京师攻禅运动之后，公安派活动转入低潮。万历三十八年（1610），袁宏道去世，钟惺高中进士。在以后的十余年里，袁中道不断反思前期文学主张，以清寂恬淡的"性灵说"为最后归宿。与公安派衰落相对应，以钟、谭为首的竟陵派崛起于诗坛。公安派的遭遇及反思，无疑会对继之而起的竟陵派产生影响，使之在诗风上发生改变。"自宏道矫王、李诗之弊，倡以清真，惺复矫其弊，变而为幽深孤峭。与同里谭元春评选唐人之诗为《唐诗归》，又评选隋以前诗为《古诗归》。钟、谭之名满天下，谓之竟陵体。"②

竟陵派崛起之时，距京师攻禅运动不足十年，朝廷内部党争愈烈。围绕李三才入阁及辛亥京察问题，在万历三十八九年间纷如聚讼，始有"东林党"之名，东林党议进入实质化阶段。吴应箕《东林本末》云："时孙丕扬复起为太宰，衔（沈）思孝不已，顾宪成贻书劝之，欲令洒濯（沈）思孝，复引与同心，则依附者自解，且宜拥卫三才，勿堕他人计。……而好事者遂录其书传天下，东林由是渐为怨府。……辛亥内计，王图掌院事，遂斥（汤）宾尹。而丕扬主察，明督诸曹，治楚浙党，被斥者甚众，众人不服，哄然为宾尹等七人称冤，

---

① 《吏部验封司郎中中郎先生行状》，《珂雪斋集》卷十八。
② 《钟惺谭元春传》，《明史》卷二百八十九。

章日上。……后宪成死，福清亦罢相。方德清用事，台谏右东林者尽出之，他傍附者皆以法谪去，向之罪申（时行）、王（锡爵），攻四明（沈一贯）者，久亦不复计，而东林独为天下大忌讳矣。"① 万历三十七年（1609），钟惺入仕前一年已表现出对时局的关注，《邸报》一诗对当时官场作如是观：

> 曰余生也晚，前事未睹记。矧乃处下流，朝章非所识。三十馀年中，局面往往异。冰山往崔巍，谁肯施螳臂？片字犯鳞甲，万里御魑魅。目前祸堪怵，身后名难计。……己酉王正月，邮书前后至。数十万馀言，两三月中事。野人得寓目，吐舌叹且悸。耳目化齿牙，世界成骂詈。哓哓自哓哓，愦愦终愦愦。雄主妙伸缩，宽容寓裁制。并废或两存，喧嘿无二视。下亦复何名，上亦复何利？议异反为同，途开恐成闭。机穀有倚伏，此患或不细。遘此不讳朝，杞人弥忧畏。②

当时他虽未入仕，却已看到士人"片字犯鳞甲，万里御魑魅"的可怕遭遇，也感觉到了神宗皇帝"并废或两存，喧嘿无二视"的倦于朝事，更痛心于"耳目化齿牙，世界成骂詈"的党争排陷，"哓哓自哓哓，愦愦终愦愦"的麻木不仁，以及对于三十年中，廷争纷讼，局势屡变，势不可返，无人起而振衰弊的叹惋。伴随着时势的反复，钟惺"思有用于当世"的初衷亦随着末世的衰颓，而步步幻灭，终以书生结局。"退谷初在神宗时官行人，思有用于当世，与一二同官讲求时务……会

---

① 《东林本末》，第19—20页。
② 钟惺：《隐秀轩集》卷二，上海古籍出版社1992年版。

有忌其才高者，扼之使不得至台省。后遂偃仰郎署，衡文闽海，终不能大有所表现，而仅以诗文为当世师法，亦可惜也！"① 钟惺本人也感叹："近来两度舟行，讨求漕河、盐法，颇有要领，若将此暇日粗了文事，此后尽力官职一番，而晚节仍以此结局。"②

钟惺入仕之后，受到党争牵连，先后两次"京察"落选，后遂"偃仰郎署"，终未得显。万历三十九年（1611）的辛亥京察，时在钟惺入仕之初，由东林党人主计，尽倾诸党中人。万历四十五年（1617）的丁巳京察，诸党合而为三党，以亓诗教为戎首，尽斥东林党人，政局遂一反复。"迨考选一下，元凶刘廷元、李徵仪、潘汝桢等或借衅于汤（宾尹）、韩（敬）而浙宣合；或乘机于荆（养乔）、熊（廷弼）而楚秦合；或排击于顾（宪成）、李（三才）而三吴合。假亓诗教为戎首，倚方中涵（从哲）为泰山，诬以四凶，诋为五鬼，屏力斥去。……辛亥，则宋之元祐、绍圣之交，君子日退，小人日进，而行不胜邪矣。丁巳，则宋之元符，廷无君子之踪，而家蒙党锢之祸，徽、钦覆辙，恐不旋踵矣。"③ 邹之麟虽为浙党，但由于三党内部利益纷争，也在此次党争中被黜，钟惺则因善邹之麟而遭祸及。"诗教者，从哲门生，而吏部尚书赵焕乡人也。焕耄昏，两人一听诗教。诗教把持朝局，为诸党人魁。武进邹之麟者，浙人党也。先坐事谪上林典簿，至是为工部主事，附诗教、浚。求吏部不得，大恨，反攻之，并诬从哲。诗教怒，焕为黜之麟。时嘉遇及工部主事钟惺、中书舍人

---

① 谭元春：《退谷先生墓志铭》，《谭友夏合集》卷十二，中国文学珍本丛书本。

② 《与谭友夏》，《隐秀轩集》卷二十八。

③ 《东林本末》，第 11—13 页。

尹嘉宾、行人魏光国皆以才名，当列言职。诗教辈以与之麟善，抑之，俾不与考选。"①

钟惺虽列名《东林同志录》，但在党争中支持的却是东林党的对立面王锡爵及宣党魁首汤宾尹。东林党夙与王锡爵不和。万历二十二年（1594），吏部会推阁臣，顾宪成等力举王家屏，与王锡爵起了冲突。"先是国本论起，言者皆以早建元良为请，政府惟王家屏与言者合，力请不允，放归。申时行、王锡爵皆婉转调护，而心亦以言者为多事，锡爵尝语宪成曰：'当今所最怪者，庙堂之是非，天下必欲反之。'宪成曰：'吾见天下之是非，庙堂必欲反之耳！'遂不合"②，"（万历三十六年）九月，先是王锡爵辞召，手疏言：'皇上于章奏一概留中，特鄙弃之如禽鸟之音，不以入耳，然下以此愈嚣。臣谓君父至尊，必自立于无过之地。请幡然降旨，尽除关税，召还内差，散内库之有余，济边储之不足，天下必欢呼踊跃，以颂圣德。留中章疏亦有缓急，如推补九卿，以吏部、都察院为先，庶官以科道为急。科道考选久停，与其裁抑，留不肖以塞肖者之涂，孰若稍疏通，简新进以决旧日之壅？此今日揽权上策也。'时疏甚密，而都御史李三才钩得之，泄言于众，谓锡爵以台省为禽兽"。③ 然而，在钟惺看来，王锡爵堪称遵礼尚贤，轻宠辱而真心为国的能臣。

> 三四十年中，吾见王文肃。御札藏公家，惺也曾跪
> 读。每于点画内，尊礼意堪掬。致此非苟然，才诚妙伸

---

① 《夏嘉遇》，《明史》卷二百三十六。
② 《东林始末》，第36页。
③ 同上书，第42页。

缩。嫌怨盘错间，微茫争倚伏。业已忘非誉，岂惟轻宠
辱。九庙实临之，贞心照霜旭。外人宁得知？圣主独鉴
烛。所以越廷推，金瓯默有属。险人与腐儒，大奸之臂
足。谣啄不自由，犬吠驴鸣续。于赫哉明纶，竟以此曹
束。迩者舌耳敝，强本为枚卜。宸听叹天渊，几成道旁
筑。那知恭默中，痛愤于此触。庚寅岁召对，巷牖公启
沃。此后多静摄，临轩劳补赎。正使日三接，群情弥窘
促。乙卯庚申事，可以见碌碌。安得公其人，清问堪反
覆。乃悟再召公，宸断超流俗。①

钟惺诅咒攻击王锡爵的东林党为"险人"、"腐儒"、"大奸"，
把他们的言论视作"犬吠驴鸣"。希望王锡爵出山重整政局，
"年来误国人，巧于逃大戮。不居权奸名，猥以庸自赎。大臣
系安危，庸即同凶族。医以庸杀人，参苓等鸩毒。安得公其
人，默定纷纭局"。

宣党魁首汤宾尹辛亥京察为东林党被黜，钟惺则称之为
"异日"的"救时宰相"，并为其中计鸣不平。"汤先生意度高
广人也，其肝肠栩栩然见于眉鼻吻之间。与先师雷何思太史
善，其人亦相似，皆怜才且喜谈天下事。于士有一之不知，尝
引为耻事；有一之不可为，不啻身忧之，循资旅进，异日可为
救时宰相。……使汤先生异时得为宰相。其于今世之为所欲为
者皆可以坦然以友不相妨，而皆可以引以共济，使国家交收其
用。……庚戌、辛亥之际，诸公躁而失图，私计汤先生一日不
去，则吾不能一日为所欲为，诸凡摧抑人才，破坏元气，滋议
论而伤害国体之事，即不以先生一人终，实以一人始。至今丁

---

① 《王文肃公专祠》，《隐秀轩集》诗地集。

巳，先生才五十耳，使国无故失一救时宰相，有识者为先生惜！……不然，先生今年五十耳，予以为救时宰相，行且见之矣。"① 然而，汤宾尹舞弊科场，居乡不法，实则一小人。"宾尹分校会试，（韩）敬卷为他考官所弃，宾尹搜得之，强总裁侍郎萧云举、王图录为第一。榜发，士论大哗。……及廷对，宾尹为敬贪缘得第一人。……初，宾尹家居，尝夺生员施天德妻为妾，不从，投缳死。诸生冯应祥、芮永缙辈讼于官，为建祠。宾尹耻之。后永缙又发诸生梅振祥、宣祚朋淫状，督学御史熊廷弼素交欢宾尹，判牒言此施汤故智，欲藉雪宾尹前耻，又以所报永缙及应祥行劣，杖杀永缙。"② 钟惺之不识人可见一斑。当他为所善之诸党排挤时，在给友人的书中愤懑地说："居乱世之末流，待朋友不可不恕。所谓'交情'二字，只可于作秀才及退居林下时以之责人。若士宦得失之际，卖友得官，此亦理势之常。"③ 平静中流露出愤激，冷淡中显出孤傲，"卖友得官，此亦理势之常"一句，可谓骂尽官场中人。

钟惺既被己党所黜，又不见容于东林党。天启三年（1623）的癸亥京察，东林党人赵南星主持，政局又一翻覆，齐、楚、宣、浙、昆诸党人尽遭贬斥，钟惺再次难逃厄运。黄汝亨在致钟惺书中感言："邸报阅台省新公而独失一伯敬，人之忌才何其甚也，乃友夏被驳以为怪物，又甚矣。"④ 谭元春对钟惺受到东林党排斥而罢官也深表同情。《丧友诗三十首·之七》云："官罢祸轻身便死，可知天意党凡愚。"《丧友诗三十首·之八》云："谗人从此不须谗，泉去山扉风去帆。潜步

---

① 《汤祭酒五十序》，《隐秀轩集》文昃集。
② 《孙振基传》，《明史》卷二百四十三。
③ 《与熊极峰》，《隐秀轩集》诗往集。
④ 黄汝亨：《寓林集》卷二十八，续修四库全书本。

吞声何处好？微生有命托长镵。"①

天启四年（1624），钟惺丁父忧家居，东林党人福建巡抚南居益上疏，弹劾他在福建提学佥事任上，"百度逾闲，五经扫地。化子衿为钱树，桃李堪羞；延驵侩于皋比，门墙成市。公然弃名教而不顾，甚至承亲讳而冶游，疑为病狂丧心，讵止文人无行"。② 此次事件之后，钟惺对政局已经极度失望，早年的用世之志也付诸东流。作为忘年挚友的谭元春对钟惺此刻的感受有着非常深刻的体认："神宗末年，毂洛水火之形已成。退谷自用为忧，而未敢讼言论之也。熹宗甲子冬，风湍狂走，疑危忽生，棋残局易，物改星移。一日而嚣嚣沓沓之人，尽散而为穷途之哭。是时退谷方筑室，有终焉之志。"③ 天启五年（1625）的《乙丑藏稿》三十首是钟惺的政治抒怀之作，是年阉党大肆反攻东林，这组诗作于钟惺辞世前不久，压抑苦闷借短章以出，一首咏一事，时有反复，寄寓深痛。如其十三云："日下寒暄不必论，复来雨覆与云翻。情知有返春明日，今日天涯出国门。"④ 政治江河日下，朋党纷争，翻云覆雨，国势已不可为。不久以后，钟惺怀着未酬之壮志在忧愤中离开了人世。

与钟惺在党争中的态度不同，谭元春初欲超然于党争。他说："牛李成风俱不染，祥玄异派只参观。"⑤ 然而，局势的发展已非如谭元春类的正直文人所能默然。天启以后，魏阉乱政，正人君子屡遭残害。天启四年（1624），杨涟疏劾魏忠贤

---

① 《谭友夏合集》卷五。
② 《熹宗七年都察院实录》，《明实录》附录。
③ 谭元春：《钟退谷藏诗跋》，《鹄湾未刻古文》卷一，明末刻本。
④ 陆云龙评：《翠娱阁评选钟伯敬先生合集》卷五，崇祯间刻本。
⑤ 《祝厘篇送傅陵九观察进表》，《谭友夏合集》卷一。

二十四大罪，遂有东林党"六君子"、"七君子"之难。对于杨涟以身殉道之大节，谭元春撰《吊忠录序》给予了高度赞扬："中丞杨公大洪，以执魏珰二十四罪，逮系诏狱，榜笞刺剟，一身无余而死。当是时也，天下之人，腹悲胆寒而不敢言。其后二年……海内知与不知，歌咏嘉乐，甚至稗官之家，编为小说传奇之部，铸成图象。其于常山之舌，侍中之血，若已成金钱星斗，不可朽坏。男子在世，此为大快！而国人哀之，犹为赋《黄鸟》。……杨公劲之之美者也……而世之党逆珰以下石杨公者，其视此何如哉?"① 崇祯七年（1634），谭元春第三次就试于京师，寓所与复社诸子杨廷枢、陈子龙、夏允彝、吴昌时之邸舍同巷，特作诗纪之。其后，谭元春兄弟五人俱名列复社，在他本人诗文集所提到的交游中，正式参加复社的就有六十余人，如张采、张溥、杨廷枢、周钟、周立勋等均赫然在列。

钟、谭在党争中的态度不同，固然由于形势发展的利害冲突，某种程度上又归因于二人性格上的差异，以致交往原则迥然有异，钟惺"简交"，谭元春"泛爱"。谭元春曾劝诫钟惺在党争中"简交"常会误交人，使自己陷入被动。其《丧友诗三十首》之十一云："清朝水火偶惊邻，仕途波涛益怆神。几度规君君亦悔，简交常有误交人。"② 然而，钟惺却批评谭元春"泛爱"。他在为谭元春所作的《简远堂诗序》中说："近乃颇从事泛容客众之旨，欲以居厚而免于忌，浮沉周旋，即其心未尝不遥，予乃欲其心迹并耳。……夫日取不欲闻之语，不欲见之事，不欲与之人，而以孤衷峭性，勉强应酬，使吾耳目

① 《谭友夏合集》卷八。
② 《谭友夏合集》卷五。

形骸为之用，而欲其性情渊夷，神明恬寂，作比兴、风雅之言，其趣不已远乎？且夫性子而习眤则违心，意僻而貌就则谩世，初偕而中疏则变素，恒亲而时乖则示隙……违心谩世，薄道也，变素示隙，忌媒也。欲以明厚而反薄，欲免于忌而媒之，非计之得者也。索居自全，挫名用晦，虚心直躬，可以适己，可以行世，可以垂文，何必浮沉周旋而后失哉！"① 钟惺之性在于"孤衷峭性"，"貌寝，羸不胜衣，为人严冷，不喜接俗客，由此得谢人事"。② 虽待人"严冷"，却为人笃厚。李明睿《钟谭合传》云："景陵之文，不在文而在交谊之厚，故一时文名噪甚，夺中原七子之帜而建之标，良有以也。"③ 这就注定了其一旦为己党所排挤，"志节不舒"，必退而阐幽深孤怨之旨。陈允衡《复愚山先生》云："伯敬所处，在中晚之际，复为党论所挤，当时以大行拟科，忽出而为南仪曹，志节不舒，故其气多幽抑处，亦如子厚之不能望退之也。党论以十乱呼之，与邹臣虎诸公司列，皆好学孤行，不肯逐队之士，几同子厚见累于王叔文矣。冷之一言，其诗其文皆主之即从古人清警出，其平日究心经史《庄》、《骚》，以官为隐，以读书为官，其人实不可及。"④ 周亮工曾注眉批："读书最有眼，惟眼冷，然后能辨古人冷处。"钱基博先生认同这一看法："惺生当晚明，复为党论所挤，当时以大行拟科，忽出而为南仪曹，志节不舒，而不肯赶热；'冷'之一言，其诗文，其学行皆主之。""以官为隐，以读书为官，其人其品实不可及！"这便将其人格与诗品联系起来，则其以下评价亦较为公允："其手近

---

① 《隐秀轩集》文昃集。
② 《明史》卷二百八十八。
③ 《谭友夏合集》附录二。
④ 周亮工：《尺牍新钞》卷十六，丛书集成初编本。

隘，其心独狠，要是著意读书人，可谓之偏枯，不得目为肤浅。其于师友骨肉之间，深情苦语，令人鼻酸；则又未可以一'冷'字抹煞。"①

钟惺性格"严冷"，有"孤诣"，辨"古人冷处"，强调"幽深孤峭"。其所撰《诗归序》认为学古要"察其幽情单绪，孤行静寄于喧杂之中，而乃以其虚怀定力，独往冥游于寥廓之外"。他还进一步指出："正吾与古人之精神，远近前后于此中，而若使人不得不有所止者也。"② 如此文风则于晚明文坛标然立异，遂为天下文士推为"俊物"："大抵伯敬集如橘皮橄榄汤在醉饱后，洗涤肠胃最善，饥时却用不得。然伯敬之时，天下文士，酒池肉林矣，那得不推为俊物。"③ 一时间，拟竟陵体者风行海内。沈春泽《隐秀轩集序》云："后进多有学为钟先生语者，大江以南更甚。然而得其形貌，遗其神情，以寂寥言精练，以寡约言清远，以俚浅言冲淡，以生涩言新裁，篇章字词之间，每多重复，稍下一二语，辄以号与人曰：吾诗空灵已极。余以为空则有之，灵则未也。"④ 钟惺为此颇心忧之：

> 稚恭之友，有戴孝廉元长者，序稚恭诗，忧近时诗道之衰，历举当代名硕，而曰近得竟陵一脉，情深宛至，力追正始，竟陵不知所指？或曰：钟子，竟陵人也。予始逡巡趑趄踌舌拤而不能举。近相知中有拟钟伯敬体者，予闻而

---

① 钱基博：《明代文学》，商务印书馆 1935 年版，第 99—100 页。
② 《诗归序》，《隐秀轩集》文昃集。
③ 施愚山：《与陈伯玑书》，陈衍：《石遗室诗话》，人民文学出版社 2004 年版。
④ 《隐秀轩集》卷首。

省愆者至今。何则？物之有迹者必敝，有名者必穷。昔北地、信阳、历下、弇州，近之公安诸君子，所以不数传而遗议生者，以其有北地、信阳、历下、公安之目，而诸君子恋之不能舍也。夫言出于爱我誉我者之口，无心而易于警人，传之或遂为口实，实元长之论是也。烦稚恭语元长，请为削此竟陵之名与迹。①

钟惺本人在历经磨难之后，也意识到了时代、人格与文风之关系："古称名士风流，必曰取门庭萧寄，坐鲜杂宾，至以青绳为吊客，岂非贵心迹之并哉？夫日取不欲闻之语，不欲见之事，不欲与之人，而以孤衷峭性，勉强应酬，使吾耳目形骸为之用，而欲其性情渊夷，神明恬寄，作比兴风雅之言，其趣不已远乎！且夫性子而习昵，则违心；意僻而貌就，则谩世；初谐而中疏，则变素；恒亲而时乖，则示隙。夫诗，清物也。才士为之，或近薄而取忌。违心谩世，薄道也。变素示隙，忌媒也。欲以明厚而反薄，欲免于忌而媒之，非计之得者也。素居自全，挫名用晦，虚心直躬，可以适己，可以行世，可以垂文，何必浮沉周旋，而后无失哉！"② 钟惺自己所具有的孤衷峭性与世俗之趋炎附势格格不入，勉强去应酬世俗，只会损斫自我性情，并进而破坏自我之高雅诗趣，便会有违自己之初衷，同时也会表现出"谩世"之姿态，并"示隙"于人，最终招来世俗之忌恨，从而也就会危及自身。而他之所以在心态上趋于封闭静守与文风上追求幽深孤峭，目的即为"可以适己"的自我满足，"可以行世"的自我保护，以及"可以垂

---

① 《潘稚恭诗序》，《隐秀轩集》文昃集。
② 《简远堂近诗序》，《隐秀轩集》文昃集。

文"的自我不朽。钟惺的本意是在污浊时代保持自我人格之独立与高清，但他的不肯同流合污，以及由此而来的幽深孤峭的文风，却最终导致了他只堪文人且颇遭非议的结局。陈继儒《钟伯敬先生像赞》云："长松之下，杖者安着。吏耶、隐耶，吾不知为何谁？其思路微，其行径畸。其冷如万年冰，其钝如无字碑。……舌有骨，笔有眼，而又一肚皮不合时宜耶！"①这既是钟惺本人的悲剧，也是那个时代的悲剧。

钟惺病卒后，谭元春成为竟陵派的领导者，领袖文坛。如沈德符所说："之子独雄视，万夫禀号令"②，"一时同人，于友夏以物宗推之"③，"谭子名遍天下矣，所著书流行国门，群少年争嗜之，禀为师匠"。④ 而在同时，文人社团风起云涌，正在酝酿新一轮重归"雅正"的复古运动，竟陵派面临极为严峻的考验。应社、复社中人通过对《谭友夏合集》的评骘欲正"谭子之学"，陈子龙直斥"近世以来，浅陋靡薄，当淫于衰乱矣"。⑤ 现实政治及党争的残酷，不再允许竟陵派于寻求古人精神中求得慰藉，用世的文人们积极参与到如火如荼的政治运动中去，文风转而经世致用，竟陵派在极盛之后亦遭遇与公安派近乎同样的尴尬。

二 "钟谭体"的形成

竟陵派崛起在公安派骤衰之后，然其本出于公安。袁中道

---

① 陈继儒：《白石樵真稿》卷十五，明崇祯刻本。
② 沈季友：《与谭友夏夜话》，《槜李诗系》卷十八，清康熙四十八年（1709）敦素堂刻本。
③ 陈际泰：《鹄湾文集序》，《鹄湾文集》卷首，岳麓书社1988年版。
④ 邹漪：《谭解元传》，《启祯野乘》卷七，四库禁毁丛刊本。
⑤ 《皇明诗选序》，《陈忠裕全集》卷二十五。

说："友人竟陵钟伯敬意与予合。其为诗清绮邃逸，每推中郎，人多窃訾之。自伯敬之好尚出，而推中郎者愈众。湘中周伯孔，意又与伯敬及予合。……予二人誓相与宗中郎之所长而去其短，意诗道其张于楚乎！"① 然效公安者如效七子者，流弊渐显："夫于鳞前为于鳞者，则人宜步趋之，后于鳞者，人人于鳞也，世岂复有于鳞哉？势有穷而后变，物有孤而为奇。石公恶世之群为于鳞者，使于鳞之精神光焰不复见于世，李氏功臣，孰有如石公者？今称诗者，遍满世界，化而为石公矣，是岂石公意哉！"② 于是钟、谭"约为古学，冥心放怀，期在必厚"③，自欲另辟蹊径，以矫公安，而后遂有"钟谭体"。"伯敬少负才藻，有声公车间，擢第之后，思别出手眼，另立深幽孤峭之宗，以驱驾古人之上。而同里有谭生元春，为之应和，海内学者靡然从之，谓之'钟谭体'。"④ 所谓"钟谭体"的形成应具备如下三个必要条件：首先是钟、谭的订交；其次是竟陵派理论纲领《诗归》的编选；再次是钟、谭的交游活动。

　　1. 钟、谭的订交

　　钟惺与谭元春为忘年之交，谭元春《丧友诗三十首》"小引"自述："予与钟子交，庶为近古，起万历乙巳（1605）讫大启乙丑（1625），盖二十有一年，交终焉。"⑤ 时年谭元春年始弱冠，而钟惺已三十二岁。交后六年，钟惺对谭元春已十分推崇，并以谭元春诗集寄友人蔡复一，力为援引："吾邑谭元

---

① 《花雪赋引》，《珂雪斋集》卷六。
② 《问山亭诗序》，《隐秀轩集》文昃集。
③ 《诗归序》，《谭友夏合集》卷八。
④ 《钟提学惺》，《列朝诗集小传》丁集中。
⑤ 《谭友夏合集》卷五。

春字友夏者，异人也。比于某，真所谓十倍曹丕。……今寄
《简远》、《虎井》二集，当自知之。谭生今年二十六，尚为诸
生。其时义可出入嘉宾、子逊，砥砺名行，老成简练，他日有
用之才也。有此异人，不可不使公知之。"① 其后，钟惺偕谭
元春赴京山会晤友人魏象先，又于北京报国寺聆听其座师雷思
霈阐释"有为之教、出世之旨"，共居五华山下宝林山旬余，
刻苦攻读，品评诗文，后游览当阳玉泉山、长江西陵峡、无锡
惠山、泛舟秦淮，赴牛首，游历金陵名胜，寻访都中名流，足
迹几遍天下。最著者，万历四十七年（1619），钟惺、谭元春
与潘之恒、吴鼎芳、茅元仪等倡秦淮大社，"其人自卿公大夫
以至有道都讲、隐流游士、禅伯女彦，其地则自吴、越、闽、
楚以至土著之俊，其年则八十、九十以至八岁之神童，靡不操
觚而至。"② 在钟惺的奖掖下，谭元春声名渐广，为其成为后
期竟陵派的领袖奠定了良好的基础。

谭元春对钟惺的了解也堪称知己，他视钟惺"羸寝，力
不能胜布褐。性深靖，如一泓定水。披其帷，如含冰霜。不与
世俗人交接。或时对面同坐起，若无睹者。仕宦邀饮，无酬
酢，主宾如不相属"。《明史》所谓钟惺为人"严冷"的评价，
亦当得之于谭元春对钟惺的这一断语。此外，谭元春还谈及了
钟惺的另一面，"退谷虽严冷，然待友接士一以诚厚。"③ 清代
学者也继承了谭元春的这一评价。如施愚山尝致函陈允衡说：
"（钟惺）不得目以肤浅。其于师友、骨肉、存亡之间，深情
苦语，数令人酸鼻，未可以一'冷'字抹煞。"陈允衡复信深

---

① 《报蔡敬夫大参》，《隐秀轩集》文往集。
② 茅元仪：《秦淮大社集序》，《石民四十集》卷十三，四库禁毁丛刊本。
③ 《退谷先生墓志铭》，《谭友夏合集》卷十二。

表赞同："伯敬之究心经、史、庄、骚，以宦为隐，以读书为宦，其人实不可及，而于友谊尤笃。"钟、谭友谊笃厚为时人广为赞誉。谭元春《丧友诗三十首》"小引"所云："每别必思，思必求聚，将聚必倚栏而待，聚必尽其欢，欢必相庄，片语出示，作者敛容。一过相规，旁人失色。于是天下人皆曰：'此二子真朋友也。'客有善谮者，钟子笑应曰：'吾两人交，所谓苏、张不能间也'。"虽然如此，但两人性格迥然相反，钟惺简交，而谭元春泛爱。谭元春早年所作诗集呈钟惺，后者读后为之作序，赞其"年少才高"，并设法为之付梓，但钟惺对于谭元春的交友原则却提出了批评："近颇从事泛爱兼容之旨"、"浮沉周旋"于市侩朱门，虽用心良苦，意在随俗从众，免遭他人忌恨，然而毕竟有违本心初衷，有乖竟陵派作诗评诗的本旨。于是钟惺规劝道："诗，清物也。其体好逸，劳则否；其地喜净，秽则否；其径取幽，杂则否；其味宜谈浓则否；其游止贵旷，拘则否。之数者，独其心乎哉！"①谭元春闻过即改，将自家堂命名为"简远"，并将诗集题为《简远堂近诗》。由于钟惺"爱人慧巧"而乐于荐人，如其主持贵州乙卯乡试时，曾拔马士英为举人。所荐亦有反目成仇者，"其后所荐人多雌黄退谷"，以至于使其深受党争之害，谭元春予以规劝："以爱人慧巧，不肖者因而呈身。滥入交游，询慧漪皆丛于此，亦可为士大夫不慎之戒矣。"②《丧友诗三十首》中有一首即吟此事："冰中炭即漆中胶，下石人传是旧交。阅尽冤亲心始悟，畏人予亦筑江郊。"钟惺生前亦有所悟，在《取楞严往讫寄徐元叹》中，他终于发出了"阅人数十载，不容不

---

① 《简远堂诗序》，《隐秀轩集》文昃集。
② 《退谷先生墓志铭》，《谭友夏合集》卷十二。

索居"的感叹。天启五年（1625），钟惺逝后，谭元春作《丧友诗三十首》以示哀悼。天启七年（1627），再拜钟惺之墓，写下悼诗四首。崇祯元年（1628），又作有《退谷先生墓志铭》。崇祯三年（1630），距钟惺去世已逾五载，谭元春仍对亡友之逝哀念不已，《告钟嫂宜人文》云："我与夫子，两身一目。死别五年，如筵灭烛。自顾其影，一枝枯木。以是回心，哀乐莫触。"可以看出，钟、谭之交可谓深矣，"文章、性命，管、鲍不过也"。

2. 《诗归》的编纂

《明史》钟惺本传云："自宏道矫王、李诗之弊，倡以清真，惺复矫其弊，变而为幽深孤峭。与同里谭元春评选唐人之诗为《唐诗归》，又评选隋以前诗为《古诗归》，钟、谭之名满天下，谓之竟陵体。"由此可见《诗归》对于"钟谭体"形成的重要作用。钟、谭合编《诗归》不仅奠定了二者竟陵派的领袖地位，同时也标志着竟陵诗歌理论的成熟，作为一个独立的派别建坛立垆。

钟、谭编选《诗归》，包括《古诗归》和《唐诗归》。其中《古诗归》十五卷，选古逸至隋代诗；《唐诗归》三十六卷，其中初唐五卷，盛唐十九卷，中唐八卷，晚唐四卷。时间大约在万历四十二年（1614）到四十三年（1615）间。谭元春在《退谷先生墓志铭》中回忆了他们编选的经过："甲寅、乙卯间，取古人诗，与元春商定，分朱蓝笔，各以意弃取，锄莽除砾，笑哭由我，虽古人不之顾，世所传《诗归》是也。"此时，党争愈烈，钟惺入仕已五年，而官曹闲冷，大志不得伸。因欲别立言，以求其功成，故于编选《诗归》颇费苦心。钟惺在《与蔡敬夫》中回忆《诗归》成书的艰辛："两三月中，乘谭郎共处，与精定《诗归》一书，计三易稿，最后则惺手钞之。手钞时，灯烛笔墨之下，虽古人未免听命，鬼泣于幽。谭郎或不能以其私为古人请命也。此虽选古人之诗，实自著一书。"① 编选《诗归》融入了钟惺欲振兴文坛，矫复古、公安流弊的强烈意识，故虽编古诗，亦等同自著，是渗透了他心血的力作。在给挚友谭元春的信中，他深有感触地说："盖平生精力十九尽于《诗归》一书。"② 故编选之后，钟惺颇有畅快之感，以为"快事"。他在《与蔡敬夫》中说："家居复与谭生元春深览古人，得其精神，选定古今诗曰《诗归》稍有评注，发覆指迷，盖举古人精神日在人口耳之下，而千百年未见于世者，一标出之，亦快事也。"可以看出，其所编选思别出手眼，成一家之论。在给友人蔡复一的信中，他阐述了《诗归》的编选原则："来论所谓去取有可商处，何不暇时标出，乘便寄示？若《诗归》中所取者不必论，至直黜杨炯，一字不录。而《滕王阁》、《长安古意》、《帝京篇》、《代悲白头翁》初、盛、应制七言律、大明宫唱和、李之《清平调》、杜之《秋兴》八首等作多置孙山外，实有一段极核极平之论，足以服其心处，无绝好异相短之习。夫好异者固不足以服人也，古诗中去取亦然。"可见，钟惺是根据自己的评选原则而来的，绝不是为了好异以哗众取宠，他的选择实有一段极核极平之论。对此，清人陈衍有精彩论述："钟伯敬、谭友夏共选《古诗归》、《唐诗归》，风行一时，几乎家传户诵。盖承前后七子肥鱼大肉之后，所选唐诗，专取清瘦淡远一路，其人人所读，若李太白之《古风》，杜少陵之《秋兴》、《诸将》皆不入选，所谓厌刍豢思螺蛤也。"③

---

① 《隐秀轩集》文往集。
② 同上。
③ 陈衍：《石遗室诗话》卷二十三，人民文学出版社 2004 年版。

《诗归》编成后，钟、谭二人皆作有《诗归序》，可视为竟陵立派的理论纲领。在《诗归序》中，他们分别阐释了以"古人为归"的复古思想。钟惺说："选古人诗而命曰《诗归》，非谓古人之诗以吾所选为归，庶几见吾所选者，以古人为归也。"谭元春详细阐述了"以古人为归"的内涵："夫真有性灵之言，常浮于纸上，决不与众言伍。而自出眼光之人，专其力，一其思，以达于古人，觉古人亦有炯炯双眸从纸上还瞩人，想亦非苟然而已。"但他们的复古又非前后七子之以格调为复古，而是欲"引古人之精神，以接后人之心目，使其心目有所止焉，如是而已矣"。正是出于反思当时复古流弊和公安流弊的目的，钟、谭求诸两者的折中。钟惺说："今非无学古者，大要取古人之极肤极狭极熟便于口者，以为古人在是使捷者矫之，必于古人外自为一人之诗以为异，要其异又皆同乎古人之险且僻者，不则其俚也则何以服学古者之心？惺与同邑谭子元春忧之内省诸心，不敢先有所谓学古不学古者，而第求古人真诗所在真诗者，精神所为也察其幽情单绪，孤行静寄于喧杂之中，而乃以其虚怀定力，独往冥游于寥廓之外。"可见，竟陵派的文学思想是求诸师心和师古的结合，欲从当时文坛复古与性灵两股思潮中寻求新的路径，这在一定程度上获得了两方的认可。谭元春在《诗归序》中自信地宣称："凡素所得名之人，与素所得名之诗，或有不能违心而例收者，亦必其人之精神止可至今日，而不能不落吾手眼，因而代获无名之人，人收无名之篇，若今日始新出于纸，而从此诵之将千万口，即不能保其诵之盈千万口，而亦必古人之精神至今日而当一出，古人之诗之神所自为审定安置，而选者不知也。"事实亦如其言，《诗归》出，而一时纸贵。

《诗归》的问世及流传对于确立竟陵派在文坛的地位居功

甚伟。钟谦益在《列朝诗集小传》中说："数年之后，所撰《古今诗归》，盛行于世，承学之士，家置一编，奉之如尼丘之删定。"它使"钟谭体""浸淫三十余年，风移俗易，滔滔不返"，几乎席卷天下。朱彝尊《静志居诗话》也说："万历中，竟陵派风行天下，特别是《诗归》出，而一时纸贵，闽人蔡复一等即降心以相从，吴人张泽、华淑等复闻声而遥应。"① 在《诗归》的影响下，钟、谭之名很快传播开来。蔡复一、商家梅、沈春泽、徐波、许穿、魏象先、林古度、陶崇谦、韩敬、张慎言、陶挺、陈继儒、李维桢、潘稚恭、谢肇制、邹之麟、王峪、范景文、沈德符等人纷纷聚拢在钟、谭周围，同声唱和，发为楚声。以钟、谭为中心的竟陵派也正式形成了。万历四十八年（1620），江南已盛行"钟谭体"。沈春泽《刻隐秀轩集序》云："盖自先生以诗若文名世也，后进多有学为钟先生语者，大江以南更甚。"② 钟惺在《潘稚恭诗序》中也有这样的记述："稚恭之友有戴孝廉元长者，序稚恭诗，忧近时诗道之衰，庆举当代名硕，而曰近得竟陵一脉，情深宛至，力追正始。"对于士人的争相效仿，钟惺心颇忧之："近相知中有拟钟伯敬体者，子闻而省衍者至今。"并"请告元长，为削竟陵之名与迹"。③ 但是竟陵派诗风自成一体，海内靡然从之，已是不争的事实。

从一定意义上说，《诗归》成就了"钟谭体"，其对时人的影响是深刻的。张岱受竟陵派的影响很深，曾说："余喜文长，遂学文长诗，因中郎喜文长，而并学喜文长之中郎诗，文

---

① 《钟惺》，《静志居诗话》卷十七。
② 《隐秀轩集》附录一。
③ 《隐秀轩集》文戾集。

长、中郎以前无学也。后喜钟、谭诗，复欲学钟、谭诗，而麀麀无暇。……予乃始知自悔，举向所为似文长者悉烧之，而涤胃刮肠，非钟、谭字不敢执笔。"① 王锡深在《古唐诗归序》中甚至把《诗归》视为经典，置于与《经》相同的地位："钟、谭两先生，取三百以前之诗，以迄于唐为卷五十一，秉笔而出入之，旨则归经，断则归史。一字褒驳，其难犯口《春秋》，眼明手捷，古人隐怀一笔刺入，虽马郑诗《传笺》，子夏诗《小序》，其严峭或过之，钟、谭之《诗归》而经矣。论诗必论情与事及时代，风会高下，纸上悲喜，颜面若接。昔人称子长之为史，铁笔钩索，百字百折，钟、谭直以一字敌百，驾龙门而上，钟、谭之《诗归》，诗而史矣。……钟、谭《诗归》，国之文献也。吾愿读诗者，以钟、谭为归，而读钟、谭者以经史为归，天下后世知钟、谭两先生，日月明于天，岱篛并峙于地，岂仅仅风雅事。"虽然《诗归》产生了轰动影响，受到时人肯定，但并没有给钟、谭带来好运。相反，因为编选《诗归》，遭致恶运，甚至被殴打。侯方域曾提到，彭尧谕尝游京师，遇竟陵钟惺，与谈不合，奋拳殴之。他还夸奖西园独勇于拥卫风雅如此。钟惺亦尝自称："不肖以《诗归》招尤。"钟、谭殁后，批评更加激烈。作为钟惺同年的钱谦益批驳尤力，《列朝诗集小传》开了不好的风气："寡陋无稽，错谬叠出，稍知古学者咸能伙笑以攻其短。《诗归》出，而钟、谭之底蕴毕露，沟浍之盈于是乎涸然无余地矣。……《诗归》之作，金根缪解，鲁鱼亥传、兔园老学究皆能指其疵陋。"《四库全书》弃置钟、谭之诗不录，并在《提要》中说："钟、谭大抵以纤诡幽渺为宗，点逗一二新隽字句，矜为玄妙。又力

---

① 张岱：《嫏嬛诗集自叙》，《张岱诗文集》，上海古籍出版社 1991 年版。

排选诗惜群之说，于连篇之诗，随意割裂。古来诗法，于是尽亡。"但同时也不得不承认："惺撰《诗归》，别开蹊径，尚能成一家之言。"① 清人贺贻孙《诗筏》力辟众议，持论尚还公允："今人贬剥《诗归》，寻毛锻骨，不遗余力，以余平心而论之，诸家评诗，皆取卢响，钟、谭所选，特标性灵。其眼光所射，能令不学诗者诵之勃然乌可己，又能令老作诗者诵之爽然若失，扫荡腐秽，其功白不可诬。但未免专任己见，强以木松子换人刚肖，增长狂慧，流入空疏，是其疵病。然瑕瑜功过，自不相掩，何至如时论之苟也。"② 他充分肯定《诗归》对性灵说的深化之功，对于因一己之见而嗤竟陵弊端者提出了批评，可算是对《诗归》比较全面而公正的评价。

3. 钟、谭的交游

当公安之风笼罩诗坛，"遍满世界化而为石公矣"③，钟、谭如欲打破这种格局，另立坛坫，就不得不四处交游，逐步扩大他们的影响，而最为重要的三个区域分别为湖广、北京和南都。这一目标的实现首先应该在公安所发起之楚地，破其藩篱。早在万历二十九年（1601），还是秀才的钟惺就产生了对笼罩楚地的复古之风的不满，并对乘势而起的公安派也颇有微词。他对同乡诗人魏象先说："明诗无真初、盛，而有真中、晚，真宋、元。"又说："今日尸祝济南诸公，亲尽且祧。稍能自出其语，辄诧奇险：'自我作祖，前古所无。'而不知已为中、晚人道破，由其眼中见大历前语多，长庆后语少，忘其偶合，以为独创，然其人实可与言诗。"④ 万历三十二年

---

① 《四库全书总目提要》卷一百九十三。
② 郭绍虞：《清诗话续编一》，上海古籍出版社1983年版，第197页。
③ 《问山亭诗序》，《隐秀轩集》文昃集。
④ 《明茂才私谥文穆魏长公太易墓志铭》，《隐秀轩集》文藏集。

（1604），钟惺结识谭元春，在为其所作的《简远堂近诗序》中，钟惺提出了他的诗歌主张："诗，清物也。其体好逸，劳则否；其地喜静，秽则否；其境喜幽，杂则否；其味宜淡，浓则否；其游止贵旷，拘则否。"谭元春对钟惺此论颇为服膺，并积极贯彻，受其影响最深者为麻城刘侗。刘侗与谭元春早年同出钱塘葛寅亮之门，个性、文风都极相似。他们共同经历了万历戊午省试坐以文不可解、并被降等的风波，然自此名声益著。此后他们来往也愈加频繁，在北京参加考试时，谭元春又将于奕正介绍给了刘侗，刘侗与于奕正同辑的《帝京景物略》后人评价甚高，被认为是竟陵文风的代言。《明诗纪事》辛签卷二十引曹溶《静惕堂集》曰："同人以文体矜奇，为学使置下等，愤巷入太学，连举乡、会试，留都亭日，与于司直共辑《帝京景物略》，文笔诡异，盖亦服习竟陵派者。"由于钟、谭的活动，很多楚地诗人皆沾染了竟陵之风。据《明诗纪事》载者，大略有辛签卷二：冯一第"不能尽脱钟、谭习气"；辛签卷十九：陶汝鼎"惜为竟陵所染"；辛签卷二十五：严首升"而所作乃与竟陵无殊"；辛签卷二十一：米元调"竟陵派之佳者也"等数人。

钟、谭在北京的交游在他们入京科考之时。万历三十八年（1610），钟惺举进士，同年既有钱谦益、韩敬、邹之麟等后因党争而有瓜葛的政界中人，也有马之骏、蔡复一这样终生以文互相砥砺的诗友。进士之后，钟惺以行人的闲职居京四五年，这段时间他专力从文，结交友朋。同年丘兆麟曾追忆说："其时又边警不闻，退食多暇，故一时同志遂日过从，说者谓不让琅琊、历下诸子。"[1] 万历四十二年（1614），钟惺在《与

---

① 丘兆麟：《王枕崖先生诗集序》，《玉书庭全集》卷十二，四库全书本。

蔡敬夫》中这样描述："每念致身既迟，而作官已五载，以闲冷为固然。习成偷堕，每用读书作诗文为习苦销闲之具。"逐渐"凡有所作，历境转关，似觉渐离粗浅一道"。① 这一时期的收获使钟惺诗论渐趋明朗，而由此结《隐秀轩集》，并与谭元春编选《诗归》。谭元春在京师的交游，始于天启甲子以恩贡应京兆试，已经是竟陵的后期阶段。当时政治性的文人社团风起云涌，新一轮的复古浪潮已经箭在弦上，竟陵派面临着极大的考验。谭元春广结诗友，参与社集。其中规模较大的有与傅良选、徐永周等集于马是隐七枝庵；与袁祈年、张尔葆、挥本初、马文治等结长安古意社于城东；与葛一龙、周永年、张尔葆等集于茅维邸中；与谭贞默、袁祈年同赴于奕正招，入西山作数日游，并与葛一龙、周永年等集于奕正园中；与周永年、陈梁、金声等夜集所居柏莺堂，归前与马之骏等集茅维邸中。另外，他又于崇祯四年（1631）与崇祯七年（1634）两上京师，确立了他在当时文坛以及竟陵后期领袖的地位，"是时谭子名遍天下矣，所著书流行国门，群少年争嗜之，察为师匠"。②

　　南都为明代文人汇集之地，因而在文坛上位置颇为重要。钟惺在南都的交游始于万历四十四年（1616），他因党争原因，不得不离开政治中心，留寓南都，放弃他的政治理想，转而从事文学事业。万历四十七年（1619）是其交游最广的一年。他在《与林少严座主》中说："惺栖泊金陵，乐其山水。……颇以文为生，非惟作官念头灰冷，即生子亦作第二义矣。……有操相人术者，云惺'官禄未衰，第骨法带劳夕'。

① 《隐秀轩集》文往集。
② 《谭解元传》，《启祯野乘》卷七。

惺所畏者劳也，愿以官禄易之不可。曰：'读书作文，可以当之。'是惺之所欣然乐从者也。"① 表明他定下了以"读书作文"为事的态度。他先与潘之恒、吴鼎芳、茅元仪、谭元春等倡秦淮大社，"其人自卿公大夫以至有道都讲、隐流游士、禅伯女彦，其地则自吴、越、闽、楚以至土著之俊，其年则八十、九十以至八岁之神童，靡不操觚而至"。② 其后遍访都中名流，其中包括牵连其入党争而京察黜落的浙党邹之麟、韩敬，亦包括东林党人文震孟、钱谦益等。

值得注意的是谭元春在竟陵后期与复社中人的交往。当时社会的政治危机日趋严重，有志之士纷纷结社议政，社团的政治化已成不争事实。本欲以文为事的谭元春也触及了这一变化，一方面怀着对东林党人遭遇的同情及对复社崛起的认可，另一方面也为寻求自保，积极与复社中人交往，并兄弟五人皆入复社。《谭友夏合集》即由复社成员张泽序刻于崇祯癸酉（1633）秋，该集每卷首所列校评姓氏计二十四人，基本上都是应社、复社中人，其领袖人物如张采、张溥、杨廷枢、周钟、周立勋等俱在列，先后集中出现的复社人士前后达六十多人，可见交往之频繁。张泽《谭友夏合集序》云："海内奉谭子之教也久矣，泽亦寝处其中者十有余年"，又谓自己与朱隗、徐汧等十年来"摩挲既久，径路斯熟"，竟陵之于复社影响亦可见一斑。崇祯七年（1634），谭元春第三次就试于京师，寓所与杨廷枢、陈子龙、夏允彝、吴昌时之邸舍同巷，为此，谭元春还特地作诗《场前与杨维斗、陈卧子、夏彝仲、吴来子邸舍同巷》纪之，其诗云："还刺都城见面虚，朝昏数

---

① 《隐秀轩集》文往集。
② 《秦淮大社集序》，《石民四十集》卷十三。

子隔墙居。汉时文物今差胜，谈到天人各仲舒。"他同时还参加了席社的社集（席社后入复社），席社陈函辉的诗集当中，有不少诗歌记载了席社诸子与谭元春的交游，如《李小有招同谭友夏、韩雨公、郑超宗、程大来、李端木、周粲甫、万年少、张尔唯诸同社灯楼雅集》云："相将火树看银青，禁话时文只酒经。移到北山规晚节，占来东井聚繁星。燕秦楚越皆同调，憔悴支离有独醒。且喜谪仙留看月，惊人佳句带酣听。"可见当时席社诸子集会的盛况空前。崇祯十年（1637），五十二岁的谭元春第四次进京考试。他的复社好友郑超宗、冒辟疆等正企盼着他会试以后南返时至扬州一聚。郑超宗在给冒辟疆的信中写道："昨致书友夏，约过影园以待吾兄，未知果来否？"又在另一封信中说道："友夏尚无消息，岂中止耶？"但出乎他们意料的是，谭元春行至长店，去京三十里，时夜半犹读《左传》。平明起摄衣，一晌而逝。友朋闻之，无不扼腕叹息。直至康熙二十五年（1760），冒辟疆七十六岁时，还沉痛追述往事："忆在超宗影园与诸同人迟先生下第，重聚邢上，忽长店讣音至，相视吞声，迄今五十余年矣。"①

---

① 张尊德：《康熙安陆府志》卷二十，清康熙八年（1669）刻本。

第 六 章

钱谦益对晚明文学的总结

明清之际，钱谦益主盟文坛五十余年，晚年变节，一生毁誉参半。然其勤于著述，志在经史，于有明一代文学颇多总结，并开创清初文坛宗宋之风。其东林党魁之身份，虽多无奈，但亦影响对于文学的评价。以"灵心"褒贬公安，以"世运"评价复古，以"学问"指斥性灵，殊途同归，实为宗宋。虽间或因政治原因而致人身攻击，但总体而言，钱谦益对于晚明文学的评价整体而全面，亦不乏真知灼见、令人信服处。

第一节　钱谦益与东林党的关联

一　政治关联

无论是在晚明还是在清初，钱谦益的一生均交织着书生和政客的双重角色。作为书生，钱谦益无疑是得意的，"四海宗盟五十年"① 文坛领袖的辉煌生涯，令后世为之侧目。清代学者阎若璩认为："海内读书者，博而能精，上下五百年，纵横一万里，仅仅得三人：曰钱牧斋宗伯、顾亭林处士及先生梨洲而三。"② 作为政客，则深陷党争的漩涡，难以自保。在阉党王绍徽所编的《点将录》中，钱谦益被冠以"东林浪子"的"美誉"。纵其无意于党争，然其与东林瓜葛非浅，注定被目为后期东林魁首，所谓"木秀于林，风必摧之"，其仕途悲剧也就在所难免了。

顾苓说："东林以国本为终始，而公（钱谦益）与东林为终始。"③ 此言非虚，诚如钱谦益本人晚年所叹："今老矣，白首屏废，实与东林党论相终始。"钱谦益尚处少年之时，即在其父钱世扬处对朝政多所耳闻，时国本之争日炽，无锡顾宪成因国本触怒皇帝而遭罢归，修复东林书院聚徒讲学，乡贤赵用贤曾因劾张居正夺情，而名闻遐迩，遂以此砥砺名节。十五岁那年，钱谦益随父拜访了里居的顾宪成。"余年十五，从先夫子以见于端文，端文命二子与淳、与沐与之游"④，"公初以吏部郎中里居，余幼从先夫子省谒，凝尘敝席，药囊书签，错互几案，秀羸善病人也。已而侍公于讲席，哀衣缓带，息深而视下，醇然有道者也"。⑤ 作为才德学识皆备的少年才俊，钱谦益不仅得到了东林领袖顾宪成的赏识，也得到了东林党人座师王图的赏识。王图在读到钱谦益的行卷后，"遍告南中诸公，

---

① 黄宗羲：《八哀诗·钱宗伯牧斋》，《南雷诗历》卷二，丛书集成初编本。

② 阎若璩：《南雷黄氏哀辞》，《潜邱札记》卷四，清乾隆十三年（1748）太原阎氏眷西堂刻本。

③ 金鹤冲：《钱牧斋先生年谱》，钱文选 1941 排印本。

④ 《顾端文公淑人朱氏墓志铭》，《初学集》卷六十一。

⑤ 《顾端文公文集序》，《初学集》卷三十。

以为半千间出。"另一座师萧云举对其亦青睐有加,"公(萧云举)主万历庚戌会试,为谦益座主,殿试读卷,又首拔焉,所以教诲期待甚厚。"① 庚戌科考前,钱谦益已名闻东南,在其二十岁时,集瞿元初、瞿星卿、邵茂齐、赵叔度、顾朗仲等人创立拂水文社,酬唱切磋,尽管年龄最小,而实主之。少年得志,使钱谦益对当时同乡王世贞主盟的复古文坛,也甚为不屑,他在《牧斋外集·陈百史集序》中说:"余未弱冠,学为古文辞,好空同、弇州之集,朱黄成诵,能暗记其行墨,每有撰述,刻意模仿,以为古文之道如是而已。"文名日隆,也使钱谦益备受关注,虞山诗人冯舒说:"其未第时,已骎骎为党魁矣。万历丙午,魁于南畿。"② 有了这些光环的笼罩,使钱谦益对自己的仕途充满了憧憬。

万历三十八年庚戌(1610)间,汤宾尹阴为三党之主,务以攻东林为能事。"台谏之势,积重不返,有齐、楚、浙三党鼎峙之名。齐则给事中亓诗教、周永春、御史韩浚,楚则给事中官应震、吴亮嗣,浙则给事中姚宗文、御史刘廷元,而汤宾尹辈阴为之主。其党给事中赵兴邦、张延登、徐绍吉、商周祚,御史骆骕曾、过庭训、房壮丽、牟志夔、唐世济、全汝谐、彭宗孟、田生金、李徵仪、董元儒、李嵩辈与相倡和,务以攻东林排异己为事。"③ 正是由于汤宾尹所导演的庚戌科场案,不仅使钱谦益无形中陷入了党争的漩涡,也引发了三党激烈的争执。"万历中之党议,播于庚戌而煽于辛亥。"④ 庚戌科

① 《萧公神道碑》,《初学集》卷六十三。
② 冯舒:《虞山妖乱志》,虞山丁氏初园1918铅印本。
③ 《夏嘉遇传》,《明史》卷二百三十六。
④ 《资德大夫正治上卿都察院左都御史赠太子太保安邑曹公神道碑》,《初学集》卷六十二。

场案是前期东林党议中的重要事件，东林党人叶向高、王图、孙承宗、曹于汴、萧云举等为主考。总裁官时任首辅的叶向高已暗置钱谦益为第一，定为头名状元。发榜前，宫里已传出新科状元为江南常熟的钱谦益。然而没有料到在殿前的唱名典礼上，状元竟成了浙江归安人韩敬，榜眼为东林党人王象春，钱谦益仅得列探花，一时舆论大哗。个中缘由，史书多有记载。《明史·孙振基传》："韩敬者，归安人也，受业宣城汤宾尹。宾尹分校会试，敬卷为他考官所弃。宾尹搜得之，强总裁侍郎萧云举、王图录为第一。榜发，士论大哗。知贡举侍郎吴道南欲奏之，以云举、图资深，嫌挤排前辈，隐不发。及廷对，宾尹为敬夤缘得第一人。"① 文秉《定陵注略》卷九"庚戌科场"的记载更为详细：

> 汤宾尹当民变时，遁迹西湖，莫有过而问者，韩敬以太学十具五十金为贽，执业请正，两人交好最密也。己酉，敬中顺天乡榜。庚戌会试，敬卷在徐銮房中，已涂抹矣。宾尹遍往各房搜阅诸卷，识敬卷于落卷中，移归本房。潜行洗刷，重加圈点，遂取本房第一。复以敬故，于各房恣意搜阅，彼此互换，以论其迹。吴公道南在场中与宾尹动色相争。主考官萧、工两公亦人不堪，试录叙内："两臣才望浅劣，不足为重。以后请以阁臣莅事，庶几成体。"盖指汤也。榜出，都下大哗。吴拟发其事，请教福清。福清曰："若此弊一发，将萧、王俱不能安其位，且公资在两公后，恐有排挤前辈之嫌。"吴乃止。既廷试，汤、韩密谋，辇四万金进奉内帑进呈。阁拟钱谦益为第

一。神庙拔韩敬为第一，谦益为第三。①

状元本应归属钱谦益，但最终为韩敬夤缘所得，其原因就是韩敬与业师宣党汤宾尹贿赂皇帝四万金。对于这一事件的主谋汤宾尹其人，谢国桢先生《明清之际党社运动考》认为其为"三党的主谋，他著有《睡庵集》，是个很有智慧的人。"对于汤宾尹及庚戌科场案，钱谦益始终耿耿于怀。"公（王图）之主庚戌会试也，宣城汤祭酒以领坊为同考官与知贡举。崇仁吴公（道南）争论闹事，盛气相诟谇。汤之门人王绍徽间行构崇仁于公，公正色拒之。于是公与宣城之隙成矣"②，"国家之党祸，酝酿日久，至庚戌而作，当其时，一二金人，以闲曹冷局，衡操宫府之柄，媒蘖正人，剪除异己"。③ 以闲职冷局而连通内宫，指的是汤宾尹。次年辛亥京察，汤宾尹、韩敬遭遇东林党人的纠弹而罢职。"御史孙居相劾宾尹私韩敬，其互换皆以敬故。时吏部方考察，尚书孙丕扬因置宾尹、敬于察典。敬颇有文名，众亦惜敬，而以其宣党，谓其宜斥也。"④

高中探花的钱谦益援例授翰林编修，正在踌躇满志之时，忽接父亲钱世扬病亡的消息，临终留以"立德、立功、立言"三不朽的手札。按照礼制，钱谦益丁父忧回籍。三年期满，因东林党在朝中处于遭排挤的地位，故未有召还之讯。钱谦益闲置十年，静观朝政。对于此间发生的"妖书案"，他感慨地说："（沈一贯）与宋州（沈鲤）同辅政，而门户角立，矻矻

---

① 文秉：《定陵注略》，北京大学出版社 1984 年版。
② 《故礼部尚书翰林学士协理詹事府事赠太子太保谥文肃王公行状》，《初学集》卷四十八。
③ 《范勋卿文集序》，《有学集》卷十六。
④ 《选举二》，《明史》卷七十。

不相下，妖书之狱，宋州及郭江夏仅得而免。人谓少师有意龂龂龁之，海内清流，争相指摘，党论纷呶，从此牢不可破。雒蜀之争，遂与国家相始终，良可为三叹也！"① 以李三才事件为例，他深刻认识到党争给国家带来的严重危害。"（李三才）功高望重，颇见汰色，时论以外僚直内阁，如祖宗故事，意在推戴道甫。党人乘其间，交章论劾，道甫盛气陈辩，不自引去。顾宪成自林居贻书阁部，力为洗雪，与是言者又乘间并攻东林，物议纠缠，大狱旁午，飞章钩党，倾动朝野。从此南北党论，不可复解，而门户之祸，移之国家矣。"② 朝政日靡，钱谦益心颇忧之，对于当政而无能为者表达了他的愤怒："分宜之辟容城也，以令旨；四明之窘归德也，以妖书。事所不经，法所未有，其杀之弥力，其暴之也滋甚。若二公者，亦犹行古之道也欤？今也不然，优容以纵之，迟缓以老之，迂回以误之，骇机忽发，如环无端，使当之者如据蒺藜，如缘藤葛，全身则无路，杀身则无名，求生不生，祈死不死，权奸伎俩，穷神入圣。斯可目共叟为粗材，嚌斮、兰为笨伯矣。"③ 他甚至认为这些人连臭名昭著的大奸臣严嵩和浙党魁首沈一贯都不如。而时任首辅的东林党魁叶向高早期还能"应机圆而见事捷，不动声色，使人主信而从之"，再起之后，"群小关通，能以智免，善其进退"，只求自保。叶向高去国之后，"国事益不可为矣"④。在这种情况下，钱谦益被东林党人寄予了厚望。万历四十八年（1620），神宗死，光宗即位，起用东林党人，钱谦益被召还朝。好景不长，天启改元，钱谦益奉命典试

---

① 《沈少师一贯》，《列朝诗集小传》丁集中。
② 《李尚书三才》，《列朝诗集小传》丁集中。
③ 《黄鹤龄侍御游恒山诗序》，《初学集》卷三十一。
④ 《叶少师向高》，《列朝诗集小传》丁集中。

浙江，再次遭遇科场案。《明通鉴》载："谦益典试浙江，有奸人金保元、徐时敏作关节，用俚俗语'一朝平步上青天'句，分置七义，授举子钱千秋，遂中式。千秋本能文，同考官荐拟第二，钱谦益改置第四，千秋知为保元、时敏所卖，与之哄，事传京师，为给事中顾其仁所发，谦益大骇，即具疏劾二奸及千秋，俱下吏论戍，谦益亦夺俸，二奸寻毙，千秋赦释还。"其实韩敬欲报京察被降黜之恨，遂伙同沈德符谋算钱谦益，买通金、徐假冒其门客，制造科场关节案，再唆使顾其仁参劾。浙江是浙党的发源地，韩敬为归安（浙江湖州）人，故关节案是东林党和三党在科场斗争中的一个缩影。钱谦益以失察罚俸三月，不久即称病回籍。

天启三年癸亥（1623）以后，党争进入白热化。初大计京官，东林党赵南星著"四凶论"，尽黜三党中人。一时东林势盛，众正盈朝，而小人为之侧目。钱谦益得以再召还朝，但为时不久，三党残存势力投奔魏忠贤，结成阉党联盟。魏忠贤以司礼秉笔太监提督东厂，手下有"五彪"、"十狗"、"十孩儿"、"四十孙"等组织，在"内阁、六部四方总督、巡抚，遍置死党"[1]，伺机报复，很快以汪文言狱，杀害东林党六君子杨涟、左光斗、魏大中、袁化中、周朝瑞、顾大章。阉党王绍徽仿《水浒传》体例，编选东林党一百零八人为《点将录》，钱谦益名入党籍，指为"天巧星浪子"。同时还著有《天鉴》、《同志》诸录，试图将东林党人一网打尽。钱谦益被御史陈以瑞弹劾，夺职回籍。他回忆说："天启乙丑，承之右坊，欲钞昭示奸党诸录，而削夺之命骤下，踉跄出都门。"对死命六君子的"乾坤正气"，他评价说："天启乙丑，逆奄钩

---

[1] 《魏忠贤传》，《明史》卷三百五。

党急，刺促长安中，篝灯夜坐，当时（缪昌期）絮语及应山（杨涟），余抚几叹曰：'应山拼一死糜烂，为左班立长城，微应山，党人骈首参彝，他日有信眉地乎。'次见击节，以为知言，目光炯炯激射，寒灯翳厌，为之吐芒，相与长叹而罢。"①阉党再兴党祸，以提督苏松织造太监李实诬奏，将高攀龙、周起元、周顺昌、缪昌期、李应昇、周宗建、黄尊素七君子逮系京师，除高投水外，余皆拷死狱中。其时，钱谦益家居，"缇骑四出，警报日数至，家人环守号泣"。②只是由于阉党很快垮台，崇祯即位，钱谦益才成为一个"抱蔓摘瓜余我在"、"执手俱为未死人"③的幸存者。阉党霍维华还请命编纂《三朝要典》，力图将东林党人打入万劫不复。《明通鉴》云："其论梃击，以王之寀开衅骨肉，为诬皇祖，负先帝。论红丸，以孙慎行创不尝药之说，妄疑先帝不得正其终，更附不讨贼之论，轻诋皇上不得正其始，为罔上不道。论移宫，以杨涟等内结王安故重选侍之罪，以张翊戴之功。于是遂以之寀、慎行、涟为三案罪首。时方修《光宗实录》，凡事关三案，命即据《要典》改正。"

崇祯元年（1627），魏阉伏法。东林党复出执政。韩爌、刘一燝等复职，内阁遂为东林掌握。钱谦益"应召赴阙，不数月，荐擢詹事，转礼部右侍郎兼翰林院侍读学士、协理詹事府事"。由于前后六君子、七君子被杀，正直人士多数凋落，文震孟、倪元璐、黄道周等在天启二年（1622）才中进士，经历和名望都次于钱谦益，故"流俗相尊为党魁"④。此时的东林党人都寄

① 《李忠毅公遗笔》，《有学集》卷四十六。
② 《亡儿寿考圹志》，《初学集》卷七十四。
③ 《临城驿壁见方侍御孩未题诗》，《初学集》卷六。
④ 《十一月初六日召对感恩述事二十首》，《初学集》卷六。

希望钱谦益入阁，由于其门人东林党人瞿式耜的努力，钱谦益不出意外地出现在廷臣会推的名单上，而礼部尚书温体仁、侍郎周延儒则榜上无名。据《列皇小识》载："廷臣共推毂谦益，宜兴周延儒以召对数语，上契圣衷，若一列名，必蒙点用。延儒又结好于戚畹郑养性、万炜及东厂唐之微，以为内援。给事中瞿式耜恐两人不能并相，因力阻延儒，延儒大不堪，……延儒暗布流言，谓此番枚卜，皆谦益把持。"周延儒和温体仁勾结，以天启浙闱事再攻钱谦益。《东林始末》云：

> 礼部尚书温体仁讦谦益天启初主试浙江，贿中钱千秋，不宜枚卜。上召廷臣及体仁，钱谦益于文华殿质辩良久，上曰："体仁所参神奸结党，谁也？"曰："谦益党与甚众，臣不敢言。即枚卜之典，俱自谦益主持。"吏部给事中章允儒曰："体仁资浅望轻，如纠谦益，欲自先于枚卜也！"体仁曰："前犹冷局，今枚卜相事大，不得不为皇上慎用人耳！"允儒曰："朋党之说，小人以陷君子，先朝可鉴。"上叱之，下锦衣卫狱，削籍。礼部以钱千秋试卷呈，上责谦益，引罪而出，旋回籍，除名为民。

本来，科场关节案早已了结，也证明与钱谦益无关。但温体仁为了排挤东林党人，仍搬来攻击钱谦益，东林党人李标、瞿式耜、房可壮等群起为钱谦益辩护，"帝再召内阁九卿质之，体仁与九华、赞化诘辩良久，言二人皆谦益死党，帝心以为然，独召韩爌等于内殿，谕曰：'诸臣不忧国而植党，挟私相攻，自名东林，于朝事何补，当绳以重法。'"[①] 钱谦

---

① 《韩爌传》，《明史》卷二百四十。

益革职，回籍听勘，"崇祯初，谦益以与枚卜被讦，天子下法司杂治。法司覆验浙闽成案，再三考谳，具如闽状，条奏以闻，讦者渐且恚，遂并攻法司，其势张甚。"① 接着温体仁入阁，仍视钱谦益为心腹大患，所谓"乌程（温体仁）以阁讼逐余，既大拜，未尝顷刻忘杀余也"。正在此时，常熟人陈履谦负罪逃入京城，诱使邑人张汉儒"杀钱以应乌程之募，富贵可立致也"。崇祯九年（1636），张汉儒疏告钱谦益和瞿式耜曰："两人者，不畏明论，不惧清议，吸人膏血，唻国正供，把持朝政，浊乱官评，生杀之权，不操之朝廷而操之两奸。"明年，钱、瞿二人被捕下刑部狱。钱谦益料到温体仁奸计，上疏辩白，又因"尝作故太监王安祠记，曹化淳出王安门"，向太监曹化淳求救，钱谦益尝作故太监王安祠记，而曹出王安门，于是曹向崇祯帝详陈温体仁的阴谋，"东厂以缉获事，尽发履谦、汉儒、藩三人奸状，上命法司具狱，各杖一百，立枷死长安右门外。"② 温体仁被削夺官职放归。钱、瞿狱解，虽然未能入朝，但却产生了煊赫的声名效应。崇祯十二年（1639），在家赋闲的周延儒为了再度入相，从宜兴到常熟来寻求钱谦益的帮助。在钱谦益的积极筹划以及张溥等复社中人的帮助下，周延儒于崇祯十四年（1641）成功入阁，而周虚张声势的假意荐拔，却使钱谦益充满了感激："兵垣邮中，复蒙手教，具知存念簪履，不遗一物。感诵之余，继以永叹。一二门墙旧士，频烦传谕，谓阁下援引，不遗余力，亲承天语，驳阻再三，则罪废孤臣，不可拉拭之状，圣主业已洞若观火，而阁下欲息黥补劓，求

① 《文选郎陕西道监察御史李君墓志铭》，《初学集》卷五十二。
② 计六奇：《明季北略》卷十三，上海古籍出版社1996年版。

播种于焦芽，问秋驾于病颇，不已难乎!"① 直到崇祯十六年
（1643），钱谦益才偶然得悉周延儒所云："钱牧斋只堪领袖
山林耳!"他愤而写下了与周延儒的绝交诗《谢辇下知己及
二三及门》："青镜霜毛叹白纷，东华尘土懒知闻。余光乍可
从人借，乞火何当向子分？老去始谙雨鸟性，穷来长傍鹿麋
群。绝交莫笑嵇康懒，即是先生《誓墓》文。"②

　　崇祯十七年（1644）明亡，崇祯帝自缢而死。南京文武
大臣议立嗣君，在拥立福王朱由崧和潞王朱常淓的问题上发
生分歧。一派以史可法为首，代表东林党、复社，主张立潞
王。另一派马士英、阮大铖等联络江北四镇拥立福王。明年
改元弘光，两党本有合作的机会，但东林相迫过甚，时势遂
不可收。《明通鉴》附篇卷一下云："初，高弘图力言逆案
不可翻，阮大铖及马士英并怒。一日阁中言及故庶吉士张
溥，士英曰：'吾故人也，死酹而哭之。'姜曰广笑曰：'公
哭东林，亦东林耶？'士英曰：'我非畔东林，东林拒我
耳。'弘图因怂恿之，士英意解。会刘宗周劾疏上，大铖宣
言曰广使之，于是士英怒不可止，朝端益水火矣。"时钱谦
益"已疏颂士英，且为大铖讼冤修好矣，大铖憾不释，亦列
焉，将穷治其事"。先是阮大铖编造正续《蝗蝻录》、《蝇蚋
录》，"盖以东林为蝗，复社为蝻，诸和从者为蝇为蚋。"③
嗣后，借口南渡三疑案，欲将东林、复社中人一网打尽。钱
秉镫《藏山阁集》卷六《南渡三疑案》云：

---

① 《复阳羡相公书》，《初学集》卷八十。
② 《初学集》卷八十。
③ 徐鼒：《小腆纪年》，中华书局 1957 年版。

甲申年，南渡立国。十二月有僧大悲踪迹颇异，至
石城门，为逻者所执，下锦衣卫狱。据供称先帝时封齐
王，又云吴王，以崇祯十五年渡江，又言见过潞王，其
语似癫似狂，词连申绍芳、钱谦益等。于是阮大铖、杨
维垣等令张孙振穷治之，欲借此以兴大狱，罗织清流。
遂造为十八罗汉、五十三参之名，如徐石麒、徐汧、陈
子龙、祁彪佳等皆将不免，东林、复社计一网尽
之。……谦益、绍芳各具疏辩。士英亦不欲穷其事，遂
以弘光元年三月，弃大悲于市。①

在这场斗争中，东林党人周镳、雷縯祚被杀。《明通鉴》载：
"阮大铖居金陵，诸生顾杲等出《留都防乱公揭》讨之，以
士镳，镳力任，大铖以故恨镳。会马士英以逮治从逆之周钟
并及镳，大铖复罗致镳与縯祚曾主立潞王，为姜曰广之私
党。于是朱统鏉疏劾曰广并及二人，而縯祚前已劾范志完、
周延儒等，廷臣交忌之，遂有是逮。镳等既下狱，大铖憾不
已，复修《防乱揭》之怨，逮捕复社诸生吴应箕、黄宗羲、
陈贞慧、侯方域等，狱未成而南都难作。"在连绵不断的党
争中，弘光政权仅存在了一年就覆灭了。

顺治二年乙酉（1645），清军多铎南下，钱谦益以弘光
朝礼部尚书身份开城迎降。降清使钱谦益从东林党魁变为名
教罪人，成为他一生中的最大转折。因为内心充满悔恨，他
决意不再著述。《陈百史集序》云："甲申三月以后，誓断
笔墨，士友过从，绝口不及文事。非敢享其敝帚，故自矜
重，诚以少而失学，老多遗忘，墙高于基，名浮于实，庶几

---

① 钱秉镫：《藏山阁集》，黄山书社 2004 年版。

晚年刊落，重自忏悔，不知后世有和凝镂板之诮也。"而时论的攻击又使他难以回避，《与邑中乡绅书》云："天南地北，关河渺然。回首暮云，能无感恋？风闻吾邑物议，大以不肖为射的。标榜士论者与挟持宿怨者，交口弹驳，体无完肤。此固薄德所招，亦是宿业所积，齐心持戒，朝夕向如来前发愿忏悔。"钱谦益自辩说："仆见大势已去，杀运方兴，拼身舍命，为保全百姓，触冒不测。"陈寅恪先生认为，钱谦益降清因时势使然，并非心悦诚服，"牧斋之降清，乃其一生污点。但亦由其素性怯懦，迫于时势所使然。若谓其必须始终心悦诚服，则甚不近情理。夫牧斋所践之土，乃禹贡九州相承之土，所茹之毛，非女真八部所种之毛。"① 在终日向佛的一段沉寂时日后，顺治四年丁亥（1647）三月的晦日清晨，钱谦益正在礼佛，突然被捕，入狱之因是涉嫌山东起兵案，不久经柳如是斡旋释回。此次经历使其心态发生了转变，重又燃起了复明的念头。丁亥狱案后次年，又发生了江阴黄毓祺案。黄毓祺为江阴贡生，顺治四年（1647）起兵海上，但不幸于次年（戊子）被捕，并被查出与钱谦益暗通往来。《清史列传》卷七十九《钱谦益传》云："五年（1648）四月，凤阳巡抚陈之龙擒江阴黄毓祺于通州法宝寺，搜出伪总督印及悖逆诗词，以钱谦益曾留毓祺宿其家，且许助资招兵入奏，诏总督马国柱逮讯。"继丁亥案发后，钱谦益再次卷入复明案，此次被捕，竟引发了江南遗民的极大同情。十多年后，钱谦益回忆自己再作楚囚，众人悲歌相和的场景："戊子岁，余羁囚金陵，乳山道士林茂之，偻行相慰问。桐、

① 陈寅恪：《柳如是别传》，生活·读书·新知三联书店 2001 年版，第1024 页。

皖间遗民盛集陶、何雁明亦时过从，相与循故宫，踏落叶，悲歌相和，既而相泣，忘其身为楚囚也。再过金陵，乳山游迹益广，都人士介乳山谒余者，名纸填门，诗卷堆案，翰墨淋漓，长干传为盛事。"① 江南人士的道义声援，使钱谦益感到极大的欣慰，而在此过程中完成了精神的救赎。《见盛集陶次他字韵诗重和五首》其一云："枪口刀尖取次过，银铛其奈白头何！壮心不分残年少，悲气从来秋士多。帝欲屠龙愁及我，人思画虎笑由他。端居每作中流想，坐看冲风起九河。"十五年后的冬天，钱谦益的生命即将走向尽头，在病榻之上，他依然能够回忆起戊子年的经历。《病榻消寒杂咏四十六首》其十七云："颂系金陵忆判年，乳山道士日周旋。过从漫指龙门在，束缚真愁虎穴连。桃叶春流亡国恨，槐花秋踏故宫烟。于今敢下新亭泪，且为交游一惘然。"在人生的最后阶段，钱谦益努力为恢复故国而奔走，在写给留守桂林的门人瞿式耜的信中详陈其救国方略：

千古来国家之败坏，惟崇祯十七年之祸为最烈，而中兴之基业事功，惟我皇上今日为最易。西南幅员且半天下，无论非一成一旅之图，而贤臣良将无不卧薪枕戈，兵马钱粮，方且川涌云集，岂非大有为之日乎？但难得而易失者，时也；计定而集事者，局也。人之当局如弈棋然，楸枰小枝，可以喻大。在今日有全着，有要着，有急着，善弈者视势之所急而善救之。今之急着，即要着也；今之要着，即全着也。夫天下要害必争之地，不过数四，中原根本自在江南，长、淮、汴京莫非

---

① 《新安方氏伯仲诗序》，《有学集》卷二十。

都会，则宜移楚南诸勋重兵，全力以恢荆襄，上扼汉
沔，下撼武昌，大江以南在吾指顾之间。江南既定，财
赋渐充，根本已固，然后移荆、沔之锋扫清河朔。……
江浙伪提镇张天禄、田雄、马进宝、卜从善辈皆平昔关
通密约，各怀观望，此真为楚则楚胜，而为汉则汉
胜也。①

瞿式耜在《报中兴机会疏》中坦言："臣同邑旧礼臣钱
谦益寄臣手书一通，累数百言，绝不道及寒温家常字句，惟
有忠躯义感，溢于褚墨间。盖谦益身在虏中，未尝须臾不念
本朝，而规画形势，了如指掌，绰有成算。"② 言行必果，年
逾七十的钱谦益不辞辛苦，不惧危险，远走浙江金华，游说
江浙伪提镇马进宝，策反未能成功，而门人瞿式耜已经殉
国。钱谦益不得不将最后的希望转投到另一位门人郑成功的
身上。顺治十三年（1655），为配合郑成功水师经由长江进
攻金陵的战略路线，钱谦益作松江之行，再次游说马进宝，
这一次取得了明显的成效。顺治十六年（1658），郑成功与
张煌言挥师北上，势如破竹，围崇明，破瓜州、镇江，直逼
金陵。钱谦益以为金陵恢复在即，唱起中兴凯歌，《金陵秋
兴八首次草堂韵》其五云："箕尾廓清还斗极，鹑首送喜动
天颜。枕戈席藁孤臣事，敢拟逍遥供奉班。"在郑成功失利
后，钱谦益冒险入郑成功军营，欲助其一臂之力，并且欲随
军入海。这一时期的诗作，结集为《投笔集》，效班超投笔
从戎之志。顺治十八年（1660）的八秩寿诞上，钱谦益感慨

---

① 张煌言：《北征录》，上海古籍出版社 1985 年版，第 192 页。
② 瞿式耜：《瞿式耜集》卷一，上海古籍出版社 1981 年版。

一生的荣辱得失，作了痛定思痛后的自我剖析："今吾抚前鞭后，重自循省，求其可颂者而无有也，少窃虚誉，长尘华贯，荣进败名，艰危沟免，无一事可及生人，无一言可书册府，濒死不死，偷生得生，此天地间之不祥人，雄虺之所瘗遗，鸱鹠之所接席者也。人亦有言，臣犹知之，而况于君乎？"①归庄论及其师苦衷，感慨其一生之穷途遭际，可谓言之凿凿："窥先生之意，亦悔中道之委蛇，思欲以晚盖，何天之待先生之酷，竟使之赍志以终。人谁不死？先生既享耄耊矣，呜呼！我独悲其遇之穷。"②

二　学术关联

万历以后，王学流弊障目天下，庙堂林野空谈心性之风益隆，动摇了程朱理学的统治地位，万历二十年（1592）和万历二十五年（1597），儒学内部先后两次爆发了关于阳明"无善无恶心之体"的论辩，由此逐渐分化出以顾、高为首的王学修正派，"自顿悟之教炽，而是修之学衰。嘉隆以来，学者信虚语而卑实践。渐磨既久，浸灌益深，视居敬为拘囚，目穷理为学究，恶言工夫，托之本体，更不知操存涵养为何物矣。斯文未丧，东林代兴。高景逸先生心程朱而脉孔孟，拜官之日，首辟世则张子之邪说，使程朱之学晦而复明。未几，罢官，归里三十年，与泾阳顾先生辈力扶正学，专事实修。"③万历三十二年（1604），以顾宪成、高攀龙为首修复无锡东林书院，聚徒讲学清议。针对阳明心学空疏的

---

① 《与族弟钱君鸿论求免庆寿诗文书》，《有学集》卷三十九。
② 归庄：《祭钱牧斋先生文》，《归庄集》卷八，上海古籍出版社 1984 年版。
③ 《东林景逸高夫子论学语序》，《东林书院志》卷十六。

流弊，东林学派以实学为念，讲学宗旨务在"躬修力践"。既有翻转心学，重塑理学的目的，也有经世致用，救世济民的理想，在士大夫中迅速产生了广泛的影响，渐以东林书院为依托形成了全国舆论的中心，终有"天下东林讲学书院"之目。东林大会盛时，四方风动，文人士子翕然宗之。慕名而来的名士当中就有钱谦益的父亲钱世扬，时年十五岁的钱谦益亦因此得晤他仰慕已久的当世大儒顾宪成。直到多年以后，钱谦益尚能清楚记得当时他眼中的顾宪成形象："凝尘敝席，药囊书签，错互几案，秀羸善病人也。已而侍公于讲席，袤衣缓带，息深而视下，醇然有道者也。"① 可见，此事对钱谦益的影响是深远的，或许也就此注定了钱谦益一生与东林解不开的结。东林对钱谦益的影响不仅是政治上的，而且对其学术也有着潜移默化的影响。

在反对"俗学"方面，钱谦益与东林学派有着相同的观点。钱谦益对"俗学"的解释是"经义之弊，流而为帖括；道学之弊，流而为语录。是二者，源流不同，皆所谓俗学也。俗学之弊，能使人穷经而不知经，学古而不知古，穷老尽气，盘旋于章句佔毕之中，南宋以来之通弊也。"针对"学术之失"的局面，钱谦益认为其根源在于"离圣而异躯，捐古而近习"。② 他响亮地提出："今诚欲回挽风气，甄别流品，孤撑独树，定千秋不朽之业，则唯有返经而已矣。"补偏救弊，"诚欲正人心，必自返经始；诚欲返经，必自正经学始"。③ 因此，钱谦益所谓"返经"和东林学派的"尊

---

① 《顾端文公文集序》，《初学集》卷三十。
② 《赠别方子玄进士序》，《初学集》卷三十五。
③ 《答徐巨源书》，《有学集》卷三十八。

经"，都是针对"驯至于今，轻材小儒，敢于嗤点六经，訾毁三传，非圣无法，先王所必诛不以听者，而流俗以为固然。生心而害政，作政而害事，学术蛊坏，世道偏颇，而夷狄寇盗之祸，亦相挺而起"①所造成的不良后果，而意欲纠弊的措施。钱谦益认为从宋代诸儒开始离经讲道，渐至"束书不观，游谈无根"，抛开读书明理，社会实践，只知"从心悟入"，便可"破千古之疑"，为虚无主义和不学无术打开方便之门，社会上泛滥"空谈良知"狂潮，嗤点经书，谩骂三传，世道败坏，风气沦丧，使夷狄寇盗之祸相连，社会出现严重危机。接踵东林学派，钱谦益提出"穷经学古"思想："经经而纬史，由韩、柳所读之书，以进于古人，俾后之学者，涉焉而以为舵，称焉而以为衡。"他进一步解释说："古之学者，九经以为经，注疏以为纬，专门名家，各仞师说，必求其淹通服习而后已焉。经术既熟，然后从事于子史典志之学，泛览博采，皆还而中其章程，隐其绳墨。于是儒者之道大备，而后胥出而为名卿材大夫，以效国家之用。"有鉴于此，钱谦益倡导："讲求实学，由经术以达于世务。"②钱谦益认为："古之学者，必有师承，颛门服习，由经术以达于世务，画丘沟深，各有所指授而不乱。自汉唐以降，莫不皆然。胜国之季，浙河东有三大儒，曰黄文献溍、柳待制贯、吴山长莱，以其学授于金华宋文献公。以故金华之学，闳中肆外，独盛于国初。金华既殁，胜国儒者之学遂无传焉。嘉靖中，荆州唐先生起于毗陵，旁搜远绍，其书满家，自经史古今，以至于礼乐兵刑阴阳律历勾股测望，无所

① 《新刻十三经注疏序》，《初学集》卷二十八。
② 《与卓去病论经学书》，《初学集》卷七十九。

不贯穿。荆川之旨要,虽与金华稍异,其讲求实学,由经术以达于世务则一也。"① 这种以倡导经学为中心的经世致用的思想,明确指出以经术作为治国的本源,是清初学术的主干,它包括经、史、子、集,性理天道,天文历算,地理沿革和释道经籍在内的诸多学术领域,这和东林学派的务实思想一样,有利于形成经世致用的朴实学风,开启了清初启蒙思想家顾炎武、黄宗羲、王夫之等论实学的先河。

东林学派以排挤阳明心学,纠偏补弊,企图恢复程朱理学的正统为旨归,与当时的个性解放思潮颇相抵触。钱谦益评价顾宪成说:"呜呼!公之学,程朱之学也;其遇,亦程朱之遇也。"② 顾宪成把阳明"无善无恶"之说看做"以学术杀天下万世"。在对早期阳明心学予以肯定的同时,对其末流则又予以严厉地批判:"当士人桎梏于训诂词章间,骤而闻良知之说,一时心目俱醒,恍若拨云雾而见白日,岂不大快!然而此窍一凿,混沌几亡。往往凭虚见而弄精魂,任自然而藐兢业。陵夷至今,议论益玄,习尚益下,高之放诞而不经,卑之顽钝而无耻。"③ 对于左派王学代表人物李贽、何心隐等的指责尤为苛厉,把他们视为名教罪人:"李卓吾大抵是人之非,非人之是,又以成败为是非而已。学术如此,真成涂炭。"④ 他在一定程度上漠视了左派王学对当时个性解放思潮的推动,认为何心隐辈"坐在利欲膠漆盆中,所以能鼓动得人"。⑤ 对于程朱的固守使以顾宪成为首的东林学

① 《常熟县教谕武进白君遗爱记》,《初学集》卷四十三。
② 《顾端文公文集序》,《初学集》卷三十。
③ 《小心斋札记》卷三。
④ 《柬高景逸书》,《泾皋藏稿》卷五。
⑤ 《东林学案一》,《明儒学案》卷五十八。

派对王学更多的是鞭挞，而对其是否于社会潮流有无合理的推动作用则视而不见，显示了狭隘的一面。

在对王学的认识上，钱谦益无疑更具时代性，对于被东林学派屡屡抨击的泰州学派，钱谦益看到了其可为"救病之急剂的一面"，为其进行了辩护："稽良知之弊者，曰泰州之后，流而为狂子，为僇民。所谓狂子僇民者，颜山农、何心隐、李卓吾之流也。彼其人，皆脱屣身世，芥视权幸，其肯蝇营狗苟、欺君而卖国乎？其肯偷生事贼，迎降而劝进乎？讲良知之学者，沿而下之，则为狂子，为僇民；激而返之，则为忠臣，为义士。视世之公卿大夫，交臂相仍，违心而反面者，其不可同年而语，亦已明矣。呜呼！圣人之言，元气也；孟子之言，药石也；姚江之言，救病之急剂也。南宋之世，以正心诚意药之而不效，故有风痹不知痛痒之证。今之世，以恻隐羞恶辞让是非药之而不效，故有顽钝狂易之证。舍是而不加诊治，则人心死矣，病在膏肓，不可以复活矣。用良知之学为急剂，号呼惕厉，庶几其有瘳乎？"① 这得益于他先后从学于东林学派顾宪成和狂禅派管志道而受到的双重影响。年仅十五岁的钱谦益曾于无锡从学顾宪成，十一年后的万历三十五年（1607），二十六岁的钱谦益又向管志道行弟子礼。管志道是以李贽为中心，上溯泰州学派颜、何的"狂禅派"主要代表人物。他以"阳明四句教"为旨归，倡导三教合一之说。曾与顾宪成对"无善无恶心之体"的学说，进行反复辩难。钱谦益拜师管志道，这使他能够突破东林学派的局限，对阳明心学和异端人物采取更加开明的态度："自正心诚意之学，陈陈相因，而姚江良知之宗始盛。

① 《重修维扬书院记》，《初学集》卷四十四。

儒者又或反唇而讥之。良知之言，昉于孟子。……其良知之未死者，如月之有魄，如木之有栌也。"钱谦益认为"良知"出于孟子"性善说"，故其心学是一剂救世良药，"圣人之言，元气也；孟子之言，药石也；姚江之言，救病之急剂也。"只要"用良知之学为急剂，号呼惕历，庶几其有瘳乎?"① 关于顾、管"无善无恶"之辩，钱谦益站在开明的立场上，对管志道进行了高度的评价："公之论学，贯穿千古，未尝不以姚江四语为宗。迨公之晚年，梁溪顾端文公讲学东林，力阐性善而辞辟无善无恶之旨。公与之往复辨析，先后数万言，梁溪虽未能心服，度终不能夺公而止。……渊乎微乎! 其思深，其虑远，其犹作易者之有忧患乎? 公虽不居师道，而其言可以为百世师也。"② 钱谦益认为管氏的学问"贯穿千古"，以"姚江四语"做宗旨可为"百世师"，对于管志道的援儒入佛、儒佛合一的言论，肯定了其合理的一面。对于佛学，钱谦益并不排斥，他自幼就曾拜谒雪浪大师，聆听其讲习《华严经》，入清之后，更是每日参禅，精研佛典。在《列朝诗集小传》闰集中，钱谦益记录高僧四十三人，名僧七十二人，别置"高僧四人"，分别为紫柏、憨山、雪浪、莲池。写有《紫柏尊者别集序》、《憨山大师梦游集》、《憨山大师曹溪肉身塔院碑》、《答雪浪和尚》等文。另外，他所著释教典籍，计有《楞严蒙钞》十卷，《金刚心经蒙沙》四卷，还写了一批和尚塔铭、赞、偈，《初学集》、《有学集》中佛门文字比比皆是。

对于"狂禅派"领袖人物李贽的评价，更充分显示了钱

---

① 《重修维扬书院记》，《初学集》卷四十四。
② 《湖广提刑按察司金事晋阶朝列大夫管公行状》，《初学集》卷四十九。

谦益不以门派论人的开放的学术态度，是对东林学派的超越。对于异端领袖李贽，钱谦益不以其为异端之尤，而称其为"异人"，对其所著，深为服膺，不止一次大加颂扬："卓吾所著书，于上下数千年间，别出手眼，而其掊击道学，抉摘情伪，与耿天台往复书，累累万言，胥天下之为伪学者，莫不胆张心动，恶其害己，于是咸以为妖为幻，噪而逐之。"① 并由书及人，步步深究，"余少喜读龙湖李秃翁书，以为乐可以歌，悲可以泣，欢可以笑，怒可以骂，非庄非老，不儒不禅。每为抚几击节，盰衡扼腕，思置其人于师友之间。已从小修游，备悉其人慈祥易直，疏节阔目，约略如吾辈盛壮坦率未曾学问时然。吾辈一涉世故，少知学问，枝叶烦纡，不能继其本怀。秃翁老而好学，涉世日深，素心远性，未尝少改，斯其所以异也。"② 由读其书，而"思置其人于师友之间"，在从袁中道处备悉李贽其人之后，更对李贽刮目相看。钱谦益认为李贽"直可与紫柏大师相上下"，"风骨稜稜，中燠外冷，参求理乘，剔肤见骨，迥绝理路，出语皆刀剑上来。狮子途乳，香象绝流，直可与紫柏老人相上下。"从而怀着虔诚的心情向李卓吾问学，"龙湖一瓣心香宛在，安得促席从作龄而向之。"③ 在晚年所编《列朝诗集》中，特立"异人"一目，列李贽为第一。正可谓识李贽者，钱谦益也。

三　文学取向

钱谦益既为东林魁首，又亲历鼎革，身为文坛宗主数十

---

① 《卓吾先生李贽》，《列朝诗集小传》闰集中。
② 《松影和尚报恩寺诗草序》，《有学集》卷二十一。
③ 《卓吾先生李贽》，《列朝诗集小传》闰集中。

年，诗论"适当诗派中衰之际，实开熙朝风气之先，天下靡然从风，一归于正"。① 伴随着政治的危机以及学术的多元化，文学思潮的变化亦愈加频仍，而逐渐偏离了轨道。身处异代之际的钱谦益承担起了归正文风，承前启后的重任："则以今之世俗学沉痼古道灭熄，以愚之謏闻寡学，犹得窃闻先辈之绪论、古学之原本，倘得一二雄骏君子，相与辨问扣击，邮传其百一。譬之横流之一壶，昏夜之一灯，安知不可以衍斯文未绝之一线，而少诒后起之责乎？"② 对于当时的学术形势，钱谦益有着明确的认识："自儒林道学之术歧于儒家，而古学一变，自江门、姚江之学侧出于经术，而古学再变。于是乎封蔀之以制科之帖括，沦乱之以剿贼之词章，举世胥变为俗学，而江河之流不可复返矣。"俗学流弊日深，而古学不振，是当时文坛的真实写照："俗学之弊，莫甚于今日……胥天下而不通经、不学古，病虽剧，犹可以药石攻也。胥天下而自命通经学古，如今人之为，其病为狂易丧心，和、扁望而却走矣。"③ 在钱谦益看来，"俗学"的盛行，不仅影响到经学、史学，更全面影响到"文章"。学术的败坏固然有许多表现，却集中体现在"文章"中："近代之文章，河决鱼烂，败坏而不可救者，凡百年以来，学问之缪种，浸淫于世运，熏结于人心，袭习纶轮，酝酿发作，以至于此极也。盖经学之缪三……史学之缪三……凡此诸缪，其病在膏肓腠理，而症结传变，咸著见于文章。"④ 他概括当时文学流弊的演变历程："近代诗病，其证凡三变：溯宋、

---

① 《初学集序》，《初学集》卷首。
② 《答杜苍略论文书》，《有学集》卷三十八。
③ 《颐志堂记》，《初学集》卷四十三。
④ 《赖古堂文选序》，《有学集》卷十七。

元之窠臼，排章俪句，支缀蹈袭，此弱病也；剽唐、《选》之余沈，生吞活剥，叫号隳突，此狂病也；搜郊、岛之旁门，蝇声蚓窍，晦昧结愲，此鬼病也。救弱病者，必之乎狂；救狂病者，必之乎鬼。传染日深，膏肓之病日甚。"① 针对这种情况，钱谦益阐释了他的诗论主张："诗文之道，萌折于灵心，蛰启于世运，而苗长于学问，三者相值，如灯之有炷、有油、有火而焰发焉。今欲剔其炷，拨其油，吹其火，而推寻其何者为光，岂理也哉？方其标举兴会，经营将迎，故吾新吾剥换于行间，心识神识涌现于句里，如蜕斯易，如蛾斯术，心了矣而口或茫然，手了矣而心尤介尔，于此时而欲镂尘画影，寻行而数墨，非墨则诬也。"② "灵心"、"世运"、"学问"构成了钱谦益论文的系统体系。

"灵心"的主旨在"诗言志"，这是儒家诗教的重要组成部分。钱谦益主张回归儒家经典诗歌理论，"先河后海，穷源溯流，而后伪体始穷，别裁之能事始毕。虽然此益未易言也。其必有所以导之。导之之法维何？亦反其所以为诗者而已。书不云乎：诗言志，歌永言。诗不本于言志，非诗也。歌不足以永言，非歌也。宣已谕物，言志之方也。文从字顺，永言之则也。"③ 对于儒家经典的回归，是摒弃俗学的根本，也是钱谦益所首要阐释的问题。明其源流，见其志意，钱谦益向上追溯诗歌的源流："《三百篇》以后，《骚》、《雅》具在，太史公曰：'《国风》好色而不淫，《小雅》怨诽而不乱。'此千古论诗之祖。刘彦和盖深知之，故其论诗

① 《题怀麓堂诗抄》，《初学集》卷八十三。
② 《题杜苍略自评诗文》，《有学集》卷四十九。
③ 《徐元叹诗序》，《初学集》卷三十二。

曰：'轩翥诗人之后，奋飞词家之先。'《三百篇》变而为
《骚》，《骚》变而为汉魏古诗，根柢性情，笼挫物态，高天
深渊，穷工极变，而不能出于太史公之两言。所谓两言者，
好色也，怨诽也。士相媚，女相说，以至于风月婵娟，花鸟
繁会，皆好色也；春女哀，秋士悲，以至于《白驹》刺作，
《角弓》怨张，皆怨诽也。好色者，情之橐钥也；怨诽者，
情之渊府也。好色不比于淫，怨诽不比于乱，所谓发乎情，
止乎义理者也。人之情真，人交斯伪。有真好色，有真怨
诽，而天下始有真诗。"① 诗文本诸性情，阐释其风雅之旨，
方为真诗，而言志与真情本于一脉，志足则情生，"诗言志，
志足而情生焉，情萌而气动焉。如土膏之发，如候虫之鸣，
欢欣噍杀，纡缓促数，旁薄曲折而不知使然者，古今之真诗
也。"② 其与论文也是一样的道理："夫文章者，天地变化之
所为也，天地变化与人之精华交相击发，而文章之变不可胜
穷。"③ 钱谦益还强调诗歌言志、抒情，不必拘泥于法度，
"夫诗者，言其志之所之也。志之所之，盈于情，奋于气，
而击节发于境风识浪奔昏交凑之时世。于是乎朝庙亦诗，房
中亦诗，吉人亦诗，棘人亦诗，燕好亦诗，穷苦亦诗，春哀
亦诗，秋悲亦诗，吴咏亦诗，越悲亦诗，劳歌亦诗，相春亦
诗，穷尽其短长高下、抑抗清浊、吐含曲直、乐淫怨诽之极
致，终不偭背乎五声六律、七音八风、九歌之伦次，诗之教
如是而止。"④ 对于严羽"妙悟说"抛弃真情，而提倡"格
调"、"法度"，钱谦益认为这无异于舍本求末："本之则无，

---

① 《季苍苇诗序》，《有学集》卷十七。
② 《题燕市酒人篇》，《有学集》卷四十七。
③ 《复李叔则书》，《有学集》卷三十九。
④ 《爱琴馆评选诗慰序》，《有学集》卷十五。

徒以词章声病，比量于尺幅之间，如春花之烂发，如秋水之时至，风怒霜杀，索然不见其所有，而举世咸以此相夸相命，岂不末哉！"[1] 直接造成的后果就是失去了诗歌创作中的主体精神，成为古人的奴隶。"古学日远，人自作辟。邪师魔见，酝酿于宋季之严羽卿、刘辰翁，而毒发于弘、德、嘉、万之间。学者甫知声病，则汉、魏、齐、梁、初、盛、中、晚之声影，已盘互于胸中，佣耳借目，寻条屈步，终其身为隶人而不能自出。吁！可悼也。"[2] 综上而言，钱谦益总结其所谓"灵心"："根于志，溢于言，经之以经史，纬之以规，而文章之能事备矣！"[3]

关于"世运"，钱谦益也常有深刻论述，其中心观点即是认为"运世迁流，风雅代变"，因"世运"而变"风雅"，岂能"割时代为鸿沟"。以何景明为例，《列朝诗集小传》丙集《何副使景明》云："运世迁流，风雅代变，西京不得不变为建安，太康不得不变为元嘉，康乐之兴会标举，语目即书，内无乏思，外无遗物，正所以畅汉魏之飙流，革孙许之风尚，今必欲希风枚马，方驾曹刘，割时代为鸿沟，画晋宋为鬼国，徒抱刻舟之愚，自违舍筏之论。"又以李攀龙为例，阐述违反这一标准而流于俗学之弊，相比于刻舟求剑，是自欺欺人的做法。《列朝诗集小传》丁集上《李按察攀龙》云："僻学为师，封己为是，限隔人代，揣摩声调，论古则判断唐、选为鸿沟，言今则别中盛为何汉，谬种流传，俗学沉痼，昧者视舟壑之密移，愚人求津剑于已逝，此可为

---

① 《周元亮赖古堂合刻序》，《有学集》卷十七。
② 《爱琴馆评选诗慰序》，《有学集》卷十五。
③ 《周孝逸文稿序》，《有学集》卷十九。

叹息者也!"对于晚明文坛不关乎"世运"所带来的恶果,钱谦益给予逐一批判:"嗟乎!建安、元嘉雄辅有人,九品七略流别,斯著何物,元瑞愚贱自专,高下在心,妍媸任目,要其指意,无关品藻,徒用攀附胜流,容悦显贵,斯真诚坛之行乞,艺苑之台舆也!耳食目论,沿袭师承,昔之刻画《卮言》者,士拾元瑞之土苴;今之揶揄《诗薮》者,仍奉元瑞之余窾。以致袁、钟诸人,踵弊乘隙,澄汰过当,横流不返,此道既如江河,斯世亦成灰劫。文章关乎气运,不亦信乎,不亦悲乎!"① 钱谦益认为古之为诗,如《国风》、《小雅》其根本乃在关乎"世运"。"古之为诗者,有本焉,《国风》之好色,《小雅》之怨诽,《离骚》之疾痛叫呼,结辖于君臣夫妇朋友之间,而发作于身世偪侧、时命连蹇之会。"② 相比于"灵心"与"学问",钱谦益更为注重"世运","其(诗)征兆在性情、在学问,而其根柢则在乎天地运世,阴阳剥复之几。"③ 关乎"世运"者,皆可"以资为诗","凡天地之内恢诡谲怪,身世之间交互纬绘,千容万状,皆用以资为诗。"④ 因此,钱谦益论诗常侧重论及诗人之境遇:"古之为诗者,必有深情蓄积于内,奇遇薄射于外,轮囷结辖,朦胧萌折,如所谓惊澜奔湍,郁闭而不得流;长鲸苍虬,偃蹇而不得伸;浑金朴玉,泥沙掩匿而不得用;明星皓月,云阴蔽蒙而不得出,于是乎不能不发之为诗,而其诗亦不得不工。其不然者,不乐而笑,不哀而哭,文饰雕

---

① 《胡举人应麟》,《列朝诗集小传》丁集上。
② 《周元亮赖古堂合刻序》,《有学集》卷十七。
③ 《胡致果诗序》,《有学集》卷十八。
④ 《书瞿有仲诗卷后》,《有学集》卷四十七。

缋，词虽工而行之不远，美先尽也。"① 在论述诗人的遭际
时，又把"命"与"时"、"境"与"世"联系在一起。
"夫诗者，言其志之所之也。志之所之，盈于情，奋于气，
而击发于境，风识浪奔，昏交凑之时事。"② 由关乎"世
运"，进而倡导"温柔敦厚"，一归于儒家经典之诗教。他
说："诗人之志在救世，归本于温柔敦厚。"③ 又说："诗之
道，清和而已矣，孤相片玉，自有天律，清也；朱弦深记，
一唱三叹，和也。今之为诗者，望车尘，乞冷泉，有市心
焉；其诗以俗气应之，如商女赀高，不复能唱渭城也，兢铅
刀，饰竿牍，有争心焉。其心以诊气应之，如心在捕蝉，杀
气著于弦上也。二方子之诗，无流僻，无噍杀，谬谬乎其音
也，温温乎其德也，庶几诗人之清和，可以语温柔敦厚之教
也欤？"④ 提倡"温柔敦厚"之诗教，既可以"救世"，又可
以补救俗学之失，岂不为双美？于当代诗人，钱谦益极推重
李东阳，即是认为其诗既有关乎"世运"之旨，又"温柔敦
厚"合乎儒家诗教，而双美皆具。《列朝诗集小传》丙集
《李少师东阳》云："国家休明之运萃于成弘，公以金钟玉
衡之质，振朱弦清庙之音，含咀宫商，吐纳和雅，汎汎乎，
洋洋乎，长离之和鸣，共鸣之交响也……西涯之诗，原本少
陵、随州、香山，以迮宋之眉山，元之道园，兼综而互出
之。其诗有少陵，有随州、香山，有眉山、道园，而其为西
涯者自在。"

　　钱谦益主"学问"之说，主要在于以其摒"俗学"之

---

① 《虞山诗约序》，《初学集》卷三十二。
② 《爱琴馆评选诗慰序》，《有学集》卷十五。
③ 《施愚山诗集序》，《有学集》卷十七。
④ 《新安方氏伯仲诗序》，《有学集》卷二十。

失："读书之法无他，要以考信古人，箴砭俗学而已。"① 所读之书应是"九经以为经，注疏以为纬，专门名家，各纫师说，必求其淹通服习而后已焉"，"经术既熟，然后从事于子史典志之学，泛览博采，皆还而中其章程，隐其绳墨，于是儒者之道大备"。② 在钱谦益看来，只有"泛览博采""淹通服习"，才能远离"俗学"，而要"大备儒道"，不仅仅要熟读经史著作，而且要旁通释道。《有学集补·李香岩蕊香幢阁稿序》云："国初金华宋文宪公，承黄晋卿、吴立夫之绪学，蔚为大儒。尝入仙华山为道士，饱翻道藏，而其平生所阅释藏者凡三，故其文源本洙泗，参同释、玄，为一代文章之祖。"钱谦益认为上溯金华之学，继之以唐宋派皆能尊经重道，可为文章正脉："古之学者，必有师承。颛门服习，由经术以达于世务，画丘沟涂，各有所指授而不乱。自汉、唐以降，莫不皆然。胜国之季，浙河东有三大儒，曰黄文献溍、柳侍制贯、吴山长莱，以其学授于金华宋文献公。以故金华之学，闳中肆外，独盛于国初。金华既殁，胜国儒者之学，遂无传焉。嘉靖中，荆川唐先生起于昆陵，旁搜远绍，其书满家，自经史古今，以至于礼乐兵刑阴阳律历勾股测望，无所不贯穿。荆川之指要，虽与金华稍异，其讲求实学，由经术以达于世务则一也。"③ 钱谦益自认"熟闻金华、震川之绪论，从事于论世经国之学，迥异乎世之窃脂剖苇，游光扬声者也"。④ 在习尚金华之学这一点上，钱谦益颇受了汤显祖的影响："午、未间，客从临川来，汤若士寄声相勉

---

① 《颐志堂记》，《初学集》卷四十三。
② 《苏州府重修学志序》，《初学集》卷二十八。
③ 《常熟县教谕武进白君遗爱记》，《初学集》卷四十三。
④ 《莲蕊居士传》，《有学集》卷三十七。

曰：'本朝文自空同已降，皆文之舆台也。古文自有真，且从宋金华着眼。'自是而指归大定。"① 对于唐宋派及汤显祖的尊奉，体现了钱谦益之"旨归"在于以"学问"为诗的宋诗一路："汤临川亦从六朝起手，晚而效香山、眉山；袁氏兄弟从眉山起手，眼明手快，能一洗近代寒臼。眉山之学实根本六经，又贯穿两汉诸史，演迤弘奥，故能凌猎千古。"② 钱谦益虽然明自标榜宋诗，但却于评论时人诗中，于习宋一路多所称道，尤对取径"眉山、剑南"之间者。如其评沈周（石田）诗云："石田之诗……晚出入于少陵、香山、眉山、剑南之间，踔厉顿挫，沉郁苍老，文章之老境尽，而作者之能事毕。"③ 评五石居诗也以"眉山、剑南"之间誉之："五石居诗，风神散朗，意匠萧闲，乃知生甫真诗人也。时人沉湎俗学，掇拾饾饤，夸诩汉魏三唐，如以嚼饭，馈人徒增呕哕耳。生甫闲情道韵，在眉山、剑南之间，隐囊游屐，信笔点染，云霞横生，烟波蹩沓，不屑与时人争名，而时俗之蠡丑蝇者，亦莫得而干之，此所以为诗人也。"④ 对于钱谦益对宋诗的推崇，后人评价甚明。钱谦益弟子归庄评价云："百余年来，文章之道，径路歧而芜秽丛。自先生起而顿开康庄，一扫蒙茸，知与不知，皆先生今日之欧、苏两文忠。"⑤ 邹滋《牧斋有学集序》云："牧斋先生产于明末，乃集大成。其为诗也，撷江左之秀而不袭其言，并草堂之雄而不师其貌，间出入于中晚宋元之间，而浑融流

① 《读宋玉叔文集题辞》，《有学集》卷四十九。
② 《复遵王书》，《有学集》卷三十九。
③ 《石田先生诗钞序》，《初学集》卷四十。
④ 《五石居诗小引》，《有学集》卷二十。
⑤ 《祭钱牧斋先生文》，《归庄集》卷八。

丽，别具镕锤，北地（李梦阳）为之降心，湘江（李东阳）为之失色矣！"可见，钱谦益之"旨归"在宋一路，尤以眉山为宗，开启了清初宋诗风的先河。

"灵心"、"世运"、"学问"构成了钱谦益诗论的系统体系，其核心内容皆在以"尊经师古"，摒弃"俗学"，而倡"经世致用"之学。他说："君子于书，又不徒读颂而已，皆思落其实而取其材，以见其用于当世"，"于是儒者之道大备，以效国家大用"，"是故经学与国政，咸正于一，而天下大治"，"幼绳留心天下事，辀轩所至，访边塞之要害，问民生之疾苦，于时艰国恤，三致意焉"。① 身兼东林党魁及文坛宗主于一身的钱谦益虽"只堪领袖山林"，仕途多舛，然于时世终无法忘却。其所为诗大多述及现实，以诗证史。他强调"通经汲古"，以摒"俗学"，"仆以孤生谀闻，建立通经汲古之学，而排击俗学"。② 应以史为经之有效补充，"经犹权也，史犹权之有轻重也；经犹度也，史犹度之有长短也。"③ 他又以诗史同源立论，对"诗史"说作了重要阐释：

　　孟子曰：《诗》亡而后《春秋》作。《春秋》未作以前之诗，皆国史也。人知夫子删《诗》，不知其为定史；人知夫子作《春秋》，不知其为续诗也。《书》也，《春秋》也，首尾为一书，离而三之者也。三代以降，史自史，诗自诗，而诗之义不能不本于史。曹之《赠白马》，阮之《咏怀》，刘之《扶风》，张之《七哀》，千

① 《秦槎路史序》，《初学集》卷三十三。
② 《答山阴徐伯调书》，《有学集》卷三十九。
③ 《汲古阁毛氏新刻十七史序》，《有学集》卷十四。

古之兴亡升降，感叹悲愤，皆于诗发之。驯至于少陵，
而诗中之史大备，天下称之曰"诗史"。唐之诗入宋而
衰，而宋之亡也，其诗称盛，皋羽之恸西台，玉泉之悲
竹国，水云之《茗歌》，《谷音》之《越吟》，如穷冬沍
寒，风高气慄，悲噫怒号，万籁杂作。古今之诗，莫变
于此时，亦莫盛于此时。至今断史盛行，空坑厓山之故
事，与遗民旧老灰飞烟灭，考诸当日之诗，则其人犹
存，其事犹在，残篇啮翰，与金匮石室之书并悬日月，
谓诗之不足以续史，不亦诬乎！①

钱谦益以史官自命："余三十年留心史学，于古人之记事记
言，发凡起例，或可稍窥其涯略，近代专门名家如海盐、太
仓者，亦能拾遗纠谬，而指陈其得失。"他说："史者，天地
之渊府，运数之勾股，君臣之元龟，内外之疆索，道理之窟
宅，智谋之伏藏，人才之薮泽，文章之苑囿，以神州函夏为
棋局，史为其方。"② 在史学方面，钱谦益的主要著作有
《开国功臣事略》、《国初群雄事略》、《太祖实录辨证》。他
推崇诗史之说："驯至于少陵而诗中之史大备，天下称之曰
诗史。唐之诗入宋而衰，宋之亡也，其诗称盛。皋羽之恸西
台，玉泉之悲竹国，水云之酪歌，谷音之越吟，如穷冬沍
寒，风高气栗，悲噫怒号，万籁杂作。古今之诗莫变于此
时，亦莫盛于此时。"③《列朝诗集》、《杜诗小笺》反映了他
以诗证史的功力。钱谦益撰《列朝诗集》，借明诗存明史。

---

① 《胡致果诗序》，《有学集》卷十八。
② 《汲古阁毛氏新刻十七史序》，《有学集》卷十四。
③ 《胡致果诗序》，《有学集》卷十八。

对于钱注杜诗，陈寅恪先生认为："牧斋之注杜，尤注意诗史一点，在此之前，能以杜诗与唐史互相参证如牧斋所为之详尽者，尚未之见也。"① 钱谦益所作《投笔集》共有诗 108 首，其中 104 首分为 13 叠，每叠 8 首，均次杜甫《秋兴八首》之韵，为入清后的一部心史，反映了其复明遗老荣辱悲欢的心路历程。陈寅恪先生对他评价极高："诸诗摹拟少陵，入其堂奥，自不待言。且此集牧斋诸诗中颇多军国之关键，为其所身预者，与少陵之诗，仅为得诸远道传闻及追忆故国平居者有异。故就此点而论，投笔一集实为明清之诗史，较杜陵尤胜一筹，乃三百年来绝大著作也。"② 对于晚年钱谦益著书修史，陈寅恪先生也有评价："牧斋降清，以著书修史自解。"③

第二节　钱谦益对性灵派的评价

一　对公安派的评价

万历三十八年（1610），当钱谦益高中探花，步入仕途，从而逐渐在政坛、文坛崭露头角之时，公安领袖袁宏道则在这年撒手人寰，袁氏昆仲仅留袁中道于世，为公安殿军。钱谦益与公安之瓜葛与袁中道有很大关系。时隔三十余年，钱谦益回忆他与袁中道的交往仍历历在目："余为举子，与公安袁小修、丹阳贺中冷卒业城西之极乐寺。课读少闲，余与

---

① 《柳如是别传》，第 993 页。
② 同上书，第 1169 页。
③ 同上书，第 2 页。

小修尊酒相对，谈谐间作，而中冷覃思自如，一灯荧荧，
《雪车》、《冰柱》，击戛笔砚间。迄今三十余年，犹耿耿在
吾目中也。"① 袁中道也有类似记载："中郎移幞被入署，予
亦出至极乐寺，与钱受之、贺函伯修业。"② 早年良好的交往
基础，使二人在万历三十八年（1610）到天启四年（1624）
袁中道去世这十五年中惺惺相惜，共同论诗，以资切磋。在
袁中道去世后，钱谦益还追忆了二人于长安把酒言欢的情
景，并为失去知己而怅惘不已：

> 吾怜袁小修，豁达好饮醇。开尊无好酒，往往生怒
> 嗔。长安盛宴会，宾筵正初巡。当杯但一嗅，瑟缩不沾
> 唇。俗子共愕眙，知者嫌其真。袁生每大笑，看我头上
> 巾。自从此人死，燕市无酒人。③

在钱谦益的描述下，袁中道音容笑貌如在目前，可见二人交
情弥笃，非同一般。袁中道同样非常珍视他与钱谦益的友
谊，用他的话说便是："比来应世，亦觉直肠健骨，大有几
分不合适宜，果有同受之所云者，则我两人岂独同心乎，且
同病矣。"并说："欲走数千里外，与吾受之一聚首剧谈。"④
袁中道另一封致钱谦益的信牍中云："吴中开士来，得手教，
并柄头佳诗，俨若面对。弟之怀想仁兄甚切，无奈年来多
病，日亲药里，今春至秋，郁郁抱恙，无展眉时……不知聚

---

① 《贺中冷净香稿序》，《初学集》卷三十三。
② 《游居柿录》，《珂雪斋集》卷三。
③ 《饮酒》，《初学集》卷七。
④ 《与钱受之》，《珂雪斋集》卷二十五。

首何时……承佳茗竹合之赐，足仞不忘千里故人。"① 袁宏道
去世后，袁中道说："一朝遂失仁兄，天地崩裂，以同死为
乐，不愿在人世也。"② 而在这时，只有钱谦益致以书信，袁
中道对此充满了感激："父兄相继而去，痛不欲生，逃之玉
泉山中，稍有起色。复以家务遣归，故人书断绝已久，惟受
之不忘我，且作长语相反覆，此谊岂可易得！"③ 在袁中道的
心中，钱谦益亦可算得上是挚友了。《列朝诗集小传》丁集
中《袁仪制中道》记载与袁中道论诗甚详：

> 余尝语小修："子之诗文，有才多之患，若游览诸
> 记，放笔芟薙，去其强半，便可追配古人。"小修曰：
> "善哉，子能之，我不能也。吾尝自思决河放溜，发挥
> 有余，淘炼无功。子能为我芟薙，序而传之，无使有后
> 世谁定吾文之感，不亦可乎？"小修之通怀乐善若此，
> 而余逡巡未果，实自愧其言。小修又尝告余："杜之
> 《秋兴》，白之《长恨歌》，元之《连昌宫词》，皆千古
> 绝调，文章之元气也。楚人何知，妄加评窜，吾与子当
> 昌言排击，点出手眼，无令后生堕彼云雾。"盖小修兄
> 弟间，师承议如此，而今之持论者，夷公安于竟陵，等
> 而排之，不亦过乎。

文中言及袁中道对竟陵派"妄加评窜"杜诗的不满，相约钱
谦益"昌言排击"，深中其下怀，故而钱谦益对将公安与竟

---

① 《答钱受之》，《珂雪斋集》卷二十五。
② 《游居柿录》，《珂雪斋集》卷三。
③ 《答钱受之》，《珂雪斋集》卷二十四。

陵等同批评者深表不满，其对公安与竟陵态度之褒贬于此可见一斑。

钱谦益对异端人物李贽的了解也来源于袁中道。他说："余少喜读龙湖李秃翁书，以为乐可以歌，悲可以泣，欢可以笑，怒可以骂，非庄非老，不儒不禅，每为抚几击节，盱衡扼腕，思置其人于师友之间。已从袁小修游，备悉其为人慈祥易直，疏节阔目，约略如吾辈盛壮坦率未曾学问时。然吾辈一涉世故，少知学问，枝叶烦纡，不能遂其本怀。秃翁老而好学，涉世日深，素心远性，未尝少改，斯其所以异也。"① 袁中道对李贽所知甚详，语诸钱谦益，见之于《列朝诗集》闰集《卓吾先生李贽》：

> 袁小修尝语余曰："卓老多病寡欲，妻庄氏夫人生一女。庄殁后，不复近女色，其戒行老禅和不复是过也。平生痛恶伪学，每入书院讲堂，峨冠大带，执经请问，辄奋袖曰：'此时正不如携歌姬舞女，浅斟低唱。'诸生有挟妓女者见之，或破颜微笑曰：'也强似与道学先生作伴。'于是麻黄之间登坛讲学者衔恨次骨，遂有宣淫败俗之谤。蟾蜍掷粪，自其口出，岂足以污卓吾老哉！"

钱谦益年轻时就读过李贽的著作："余少读李卓吾之书，意其所与游者，必皆聪明辨博、恢奇卓诡之士"，以为李贽之徒，必然都是个性张扬的怪人，"已而识新安方时化、汪本钶、于长安，皆卓吾高足弟子，授以九正易因者也。时化一

---

① 《松影和尚报恩诗草序》，《有学集》卷二十一。

老明经，斤斤为文法吏，褒衣大带，应对舒缓。本钶朴遨腐儒，偶坐植立，如土木偶。是二人者，与之游处，求其为卓吾之徒而不可得也。"其后，结识袁中道，才真正了解李贽的为人，"公安袁小修曰：'卓吾之平生，恶浮华，喜平实。士之矜虚名，衔小智游，光扬声音，见则唾弃之，不与接席而坐。观其所与，则卓吾可知也。'余闻小修言，复与二人者游，乃知为卓吾之徒。久之，如见卓吾之声音肖貌焉。"对于公安派和李贽的师承关系，钱谦益也看得很清楚："万历之季，海内皆诋訾王、李，以乐天、子瞻为宗，其说唱于公安袁氏。而袁氏中郎、小修，皆李卓吾之徒，其指实自卓吾发之。"① 钱谦益初对李贽一派有所非议："俗学之弊，莫甚于今日。须溪之点定，卓吾之删割，使人佣耳剽目，不见古书之大全，三十年于此矣。"② 后来和袁中道的交往，钱谦益加深了对李贽的了解："风骨棱棱，中燠外冷。参求理乘，剔肤见骨，迥绝理路，出语皆刀剑上事。狮子送乳，香象绝流，直可与紫柏老人相上下。"对于李贽的批判精神尤其敬佩："卓吾所著书，于上下数千年之间，别出手眼，而其掊击道学，抉摘情伪，与耿天台往复书，累累万言，胥天下之为伪学者，莫不胆张心动，恶其害己，于是咸以为妖为幻，噪而逐之。"③ 在《列朝诗集》中，钱谦益将李贽列为"异人"之首。

　　钱谦益自认其诗论于公安处多所借鉴："余故不知言诗，强仕已后，受教于乡先生长者流，闻临州、公安之绪言，诗

---

① 《陶仲璞遯园集序》，《初学集》卷三十一。
② 《颐志堂集》，《初学集》卷四十三。
③ 《卓吾先生李贽》，《列朝诗集小传》闰集。

之源流利病，知之不为不正。"① 又说："袁小修尝云：'文人之文，高文典则，庄重矜严，不若琐言长语，取次点墨，无意为文，而神情兴会，多所标举。若欧公之《归田录》，东坡之《志林》，放翁之《入蜀记》，皆天下之真文也。'老懒废学，畏读冗长文字。近游白门，见寒铁道人《南溪杂记》，益思小修之言为有味也。"② "袁小修尝论坡诗云：'他诗来龙甚远，一章一句，不是他来脉处。'余心师其语，故于声句之外，颇寓比物托兴之旨。"③ 其与公安诗论大约相同之处，便是标举所谓"真诗"。公安派吸收了李贽"童心说"的内核，求诸诗之真性情："天下无百年不变之文章，有作始者自有末流，有末流还有作始。其变也，皆若有气行乎其间，创为变者，与受变者，皆不及知。是故性情之发，无所不吐，其势必互异而趋俚，趋于俚，又将变矣。作者始不得不以法律救性情之穷，法律之持，无所不束，其势必互同而趋浮；趋于浮，又将变矣，作者始不得不以性情救法律之穷。夫昔之繁芜，有持法律者救之，今之剽窃，又将有主性情者救之矣，此必变之势也。"④ 钱谦益也有此论："古之作者，本性情导志意，谰言长语，春愁秋怨，无往而非诗也。"⑤ 论及性情的同时，钱谦益也没有忽略与此有关的"灵"，他说："诗者，志之所之也。陶冶性灵，流连景物，各言其所欲言者而已。"⑥ 钱谦益屡屡拈出的"灵心"也是

① 《宋玉叔安雅堂集序》，《有学集》卷十七。
② 《题南溪杂记》，《有学集》卷四十九。
③ 《复遵王书》，《有学集》卷三十九。
④ 《花雪赋引》，《珂雪斋集》卷十。
⑤ 《王元昭集序》，《初学集》卷三十二。
⑥ 《范玺卿诗集序》，《初学集》卷三十一。

以"真性情"为基础的。他说:"文章者,天地英淑之气,与人之灵心结习而成者也。与山水近,与市朝远;与异石古木哀吟清唳近,与尘坷远;与钟鼎彝器法书名画近,与时俗玩好远。故风流儒雅、博物好古之士,文章往往殊藐于世,其结习使然也。"① 只有具备了"灵心"并能卓立独行的作家,才能写出"殊藐于世"的文章。

钱谦益对公安派的认可,还在于他们对复古派的批判:"近代文人,始为复古之说以胜之。夫复古是已,然至以剿袭为复古,句比字拟,务为牵合,弃目前之景,撦糜烂之辞,有才者诎于法,而不敢自伸其才,无之者,拾一二浮泛之语,帮凑成诗。智者牵于习,愚者乐其易,一唱亿和,优人驺子,皆谈雅道。吁,诗至此,抑可羞哉!夫诗而文之为弊,盖可知矣。"② 袁宏道攻击复古派颇为有力。《列朝诗集小传》丁集中《袁稽勋宏道》云:"万历中年,王、李之学盛行,黄茅白苇,弥望皆是。文长、义仍,崒然有异,沉痼滋漫、未克芟薙。中郎以通明之资,学禅于李龙湖,读书论诗,横说竖说,心眼明而胆力放,于是昌言击排,大放厥辞。"而袁宏道也颇以排击复古为得意处。《答李元善》尺牍云:"弟才虽绵薄,至于扫时诗之陋习,为末季之先驱,辨欧、韩之极冤,捣钝贼之巢穴,自我而前,未见有先发者,亦弟得意事也。"《明史·文苑传》云:"先是王、李之学盛行,袁氏兄弟独心非之,宗道在馆中,与同馆黄辉力排其说,于唐好白乐天,于宋好苏轼,名其斋曰白苏,至宏道益矫以清新轻俊,学者多舍王、李而从之,目为公安体。"

---

① 《李君实恬致堂集序》,《初学集》卷三十一。
② 《雪涛阁集序》,《袁宏道集笺校》卷十八。

对此钱谦益颇为赞赏："中郎之论出，王、李之云雾一扫，天下之文人才士始知疏沦心灵，搜剔慧性，以荡涤模拟涂泽之病，其功伟矣。"① 对于袁宗道，他的表扬也不遗余力。《列朝诗集小传》丁集中《袁庶子宗道》云："伯修在词垣，当王李词章盛行之日，独与同馆黄昭素，厌薄俗学，力排假借盗窃之失……伯修论本朝诗云：'弇州才却大，第不奈头领牵掣，不容不入他行市，然自家本色时时露出，毕竟非历下一流人。晚年全效坡公，然亦不似也。'余近年来拈出弇州晚年定论，恰是如此，伯修可谓具眼矣。"在批评竟陵时，钱谦益认为袁中道是可以和其并肩作战的盟友。《列朝诗集小传》丁集中《袁仪制中道》云："小修又尝告余：'杜之《秋兴》，白之《长恨歌》，元之《连昌宫词》，皆千古绝调，文章之元气也。楚人何知，妄加评骘，吾与子当昌言击排，点出手眼，无令后生坠彼云雾。'盖小修兄弟间，师承议论如此，而今之持论者，夷公安于竟陵，等而排之，不亦过乎？"钱谦益对前后七子，往往批评矫枉过正。袁中道虽然也批评复古派，但只是批评他们的末流，对于李梦阳等人矫正时弊的历史贡献也颇为认同："嗟乎，自宋元以来，诗文芜烂，鄙俚杂沓。本朝诸君子出而矫之，文准秦汉，诗则盛唐，人始知有古法。"②"国朝有功于风雅者，莫如历下。其意以气格高华为主，力塞大历后之窦于时，宋元近代之习为之一洗。"③

对于宋诗，三袁多有偏好。在这一点上，与钱谦益也有

---

① 《袁稽勋宏道》，《列朝诗集小传》丁集中。
② 《中郎先生全集序》，《珂雪斋集》卷十。
③ 《阮集之诗序》，《珂雪斋集》卷十。

相通之论。袁宗道将己书斋命名为"白苏斋",三袁又常自比子瞻、子由兄弟:"乙未,中郎令吴,念兄弟三人或仕或隐,散于四方,乃取子瞻怀子由之意,扁其退居之堂曰'听雨'……今吾兄弟三人,相爱不啻子瞻与子由。子瞻无兄,子由无弟,其乐尚减于吾辈。"① 但对宋诗首先从理论上表示肯定的是袁宏道。他在《雪涛阁集序》中对宋诗的法式作了精到的论述:"于物无所不收,于法无所不有,于情无所不畅,于境无所不取,滔滔莽莽,有若江河。"袁中道在《宋元诗序》中说:"宋、元承三唐之后,殚工极巧,天地之英华,几泄尽无余。为诗者处穷而必变之地,宁各出手眼,各为机局,以达其意所欲言,终不肯雷同剿袭,拾他人残唾,死前人语下。于是乎情穷而遂无所不写,景穷而遂无所不收。无所不写,而至写不必之情;无所不收,而至收不必收之景,甚且为迂为拙,为俚为狷,若倒困倾囊而出之,无暇拣择焉者。"而于宋诗,三袁又颇重苏轼,在他们看来,苏轼之文是"文之真性灵也","苏子瞻酷嗜陶令诗,贵其淡而适也。凡物酿之得甘,炙之得苦,唯淡也不可造;不可造,是文之真性灵也。浓者不复薄,甘者不复辛,唯淡也无不可造;无不可造,是文之真变态也。"② 同时,对苏轼以文为诗的流弊也有认识:"然其敝至以文为诗,流而为理学,流而为歌诀,流而为偈诵,诗之弊又有不可胜言者矣。"③ 虽然三袁与钱谦益皆推尊苏轼,然其所取尚有差别。三袁所重者,苏之情趣;钱谦益所重者,苏之才识。袁中道曾说:

① 《听雨堂记》,《珂雪斋集》卷十二。
② 《叙呙氏家绳集》,《袁宏道集笺校》卷三十五。
③ 《雪涛阁集序》,《袁宏道集笺校》卷十八。

"今东坡之可爱者，多在小文小说，其高文大册，人固不深爱也。使尽去之，而独存其高文大册，岂复有坡公哉！大宾水陆之席，有时以为苦，而偶然酒核，有极成欢者，此之谓也。"① 钱谦益欣赏的是"演迤弘奥，陵猎千古"的苏轼："眉山之学，实根本六经，又贯穿两汉诸史，演迤弘奥，故能凌猎千古。然坡老论诗，亦颇多匠心矫俗，不可为典要之语。"② 三袁"大都独抒性灵，不拘格套，非从自己胸臆中流出，不肯下笔"③。其后学以至于"稍入俚易，境无不收，情无不写，未免冲口而发，不复检括，而诗道又将病矣"④。钱谦益的作诗之法，与此大不同。他曾经对钱曾说："袁小修尝论坡诗曰：'他诗来龙甚远，一章一句，不是他来脉处。'余心师其语，故于声句之外，颇寓比物托兴之旨。瘦辞隐语，往往有之。今一一为足下拈出，便不值半文钱矣。"虽然钱谦益认为三袁"未能尽香山眉山"，但对其"抉挞芜秽"、"开涤海内"之功还是给予了充分的肯定："夫诗至于香山，文至于眉山，天下之能事尽矣。袁氏之学，未能尽香山、眉山，而其抉挞芜秽，开涤海内之心眼，则功于斯文为大。"⑤

对于公安的流弊，作为殿军的袁中道有着清醒的认识："至于一二学语者流，粗知趋向，又取先生少时偶尔率易之语，效颦学步，其究为俚俗、为纤巧、为莽荡，譬之百花开而棘刺之花亦开，泉水流而粪壤之水亦流，乌焉三写，必至

---

① 《答蔡观察元履》，《珂雪斋集》卷二十四。
② 《复遵王书》，《有学集》卷三十九。
③ 《叙小修诗》，《袁宏道集笺校》卷四。
④ 《阮集之诗序》，《珂雪斋集》卷十。
⑤ 《陶仲璞遯园集序》，《有学集》卷三十一。

之弊耳，岂先生之本旨哉！"① 袁中道亦能客观看待袁宏道的功过，他认为："今人好中郎之诗者忘其疵，而疵中郎之诗者掩其美，皆过矣。"② 袁中道总结明诗发展的状况，从复古之功过谈及，暗示公安流弊的产生也是不可避免的，"夫文章之道，本无近昔，但精光不磨，自可垂后。唐宋于今，代有宗匠，降及弘、嘉之间，有缙绅先生倡言复古，用以救近代固陋繁芜之习，未为不可，而剿习格套，遂成弊端。后有朝官，递为标榜，不求意味，惟仿字句，执议甚狭，立论多矜，后生寡识，互相效尤，如人身怀重宝，有借观者，代之以块，黄茅白苇，遂遍天下，中郎力矫弊习，大格颓风。昔昌黎文起八代之衰，亦非谓八代以内都无才人，但以辞多意寡，雷同已极，昌黎去肤存骨，荡然一洗，号谓功多，今之整刷，何以异此。"③ 进而发掘出"有作始自宜有末流，有末流自宜鼎革"的"千古诗人之脉"：

> 国朝有关于风雅者，莫如历下，其意以气格高华为
> 主，力塞大历后之窦，于时宋、元近代之习，为之一
> 洗。及其后也，学之者浸成格套，以浮响虚声相高，凡
> 胸中所欲言者，皆郁而不能言，而诗道衰矣。先兄中郎
> 矫之，其意以发抒性灵为主，始大畅其意所欲言，极其
> 韵致，穷其变化，谢华启秀，耳目为之一新。及其后
> 也，学之者稍入俚易，境无不收，情无不写，未免冲口
> 而发，不复检括，而诗道又将病矣。由此观之，凡学之

---

① 《中郎先生全集序》，《珂雪斋集》卷十一。
② 《蔡不瑕诗序》，《珂雪斋集》卷十。
③ 《解脱集序》，《珂雪斋集》卷九。

者，害之者也，变之者，功之者也。……夫昔之功历下
者，学其气格高华，而力塞后来浮泛之病；今之功中郎
者，学其发抒性灵，而力塞后来俚易之习，有作始自宜
有末流，有末流自宜鼎革，此千古诗人之脉，所以相禅
于无穷者也。①

钱谦益对公安流弊也有认识，而且对其"矫枉过正"论述甚
明："机锋侧出，矫枉过正，于是狂瞽交扇，鄙俚公行，雅
故灭裂，风华扫地。竟陵代起，以凄清幽独矫之，而海内之
风气复大变。譬之有病于此，邪气结轖，不得不用大承汤下
之，然输泻太利，元气受伤，则别症生焉。北地、济南，结
轖之邪气也；公安泻下之，劫药也；竟陵传染之，别症也。"
但与对七子派和竟陵派大肆诋毁不同，钱谦益能够参以袁中
道之言而为袁宏道辩驳，认为流弊之产生"非中郎之本旨"，
呼吁世人不应将公安与七子等同观之。"小修序中郎诗云：
'《锦帆》、《解脱》，意在破人执绅。间有率易游戏之语，或
快爽之极，浮而不沉，情景太真，近而不远，要亦出自灵
窍，吐于慧舌，写于铦颖，足以荡涤尘坌，消除热恼。学者
不察，效颦学语，其究为俚俗，为纤巧，为莽荡，乌焉三
写，弊有必至，非中郎之本旨也。'余录中郎诗，参以小修
之论，取其申写性灵而不悖于风雅者，学者无或操戈公安，
而复啸王、李之烬，斯道其有瘳乎！"②

---

① 《阮集之诗序》，《珂雪斋集》卷十。
② 《袁稽勋宏道》，《列朝诗集小传》丁集中。

二 对竟陵派的评价

钱谦益与钟惺为万历三十八年庚戌（1610）进士，同年且又同为公安派雷思霈所识。钱谦益尝自述为雷氏所赏识之事："庚戌闱中，高阳公（孙承宗）得余五策，以示何思（雷思霈），首策讼言江陵（张居正）社稷之功而诋諆绍述者。何思曰：'楚人不敢言也，非楚人不能知也。吴士有钱受之者，其人通博，好持大议，得无是乎！高阳撤棘告余，叹何思能知人也。……何思集，其门生钟惺所论次。"① 由策论而断定是钱谦益所为，可见其与钱谦益熟稔之深。雷思霈为钟惺座师。雷氏曾对钟惺说："从来座主门生不少矣，吾两人觉别有性情，别有契合。"当钟惺向其请教大道之要，并问及世缘是否有碍学道时，雷氏曰："大道何必断世缘哉！道念深，缘念自浅。必缘尽而后学道，是世终无学道之人也。"钟惺说："以此一语抹平生退转之根。"② 雷思霈对于钟惺的影响可见一斑。钱谦益自陈与钟惺相好："伯敬与余同年进士，又介夏以交于余，皆相好也。"③ 虽然在《列朝诗集》中尽力诋毁钟惺，但晚年的钱谦益也不得不认可钟惺为当世名家。钱谦益在论及汤显祖、袁宏道之后的文坛时说："闽有能始（曹学佺），楚有小修（袁中道）、伯敬（钟惺），燕齐有敬仲（刘荣嗣）、德水（卢世㴑），皆以文章为心髓，朋友为性命。而余以菰芦下士，参预其间。于时海内才人胜流，咸有依止。……盛矣哉，彼一时也！"④ 也许如

① 《雷简讨思霈》，《列朝诗集小传》丁集中。
② 《告雷何思先生文》，《隐秀轩集》文闰集。
③ 《谭解元元春》，《列朝诗集小传》丁集中
④ 翟凤起：《旧钞本牧斋有学集文钞补遗记略》，《中华文史论丛》1983 年第3 期。

果没有政治原因，钱谦益与钟惺或可以并驱文坛，而无形中深陷党争，成为敌对的派别，使他们由同年好友，转为晚年的尴尬，成为晚明文坛的一桩公案。这根导火索就是庚戌科场案，局中的另一人物便是当年的状元韩敬。

庚戌科场案是晚明党争中的重要事件，引起了东林党与三党的纷争。时主考官叶向高、孙承宗、王图等人均为东林党的重要成员，他们的本意是提携吴中才俊钱谦益，然而事与愿违，状元为归安人韩敬所得。对于科场案主谋汤宾尹和韩敬的不同态度，成为钱谦益与钟惺判若两分的重要原因。天启二年（1622），钟惺曾作《汤祭酒五十序》，誉之为"异日"的"救时宰相"，并为其中计鸣不平，并抨击东林党人把心计用在裁量人物、党派纷争上，使得国家元气大伤。显然，钟惺在庚戌科场案及辛亥京察的立场上站在了汤宾尹一方。两年后，钟惺与汤宾尹在南京燕子矶的一条船上相会，写下了《喜汤嘉宾司成至白门晤宿燕矶舟中》："默然对揖已无穷，何似音书日日通。十载形魄凡屡定，一舟事情事不堪终。别经覆雨惊涛后，见在清风郎月中。几欲过从托心口，君来予往亦相同。"对于十年前汤宾尹被黜一事仍然耿耿于怀。对于汤宾尹及庚戌科场案，直至晚年，钱谦益仍无法释怀，在《初学集》卷一钱曾诗注中，他注云："汤宾尹以陈我慈为腹心，挟韩敬之资力，内结郑国泰，外连王之桢、李如桢等交通盘牙，希登政府。及韩敬科场事败，无以自解，借攻东林淮抚为名，尽逐孙振基等三十余人，实阴藉郑氏之力也。"

作为同年，钟惺与韩敬交往颇厚。庚戌夏，钟惺与韩敬、丘毛伯等人畅游米家园，事见马之骏《闰三月同丘毛伯钟伯敬韩求仲沈士范宋献孺胡仲修王曰常家时良集米仲诏湛园和伯敬韵》。同年冬，钟惺与韩敬、岳骏声、冯一经、陶崇道深情话别，事见马之骏《冬夜岳季有李长叔冯羽明钟伯敬陶路叔沈虎臣招集韩求仲寓中言别》。天启二年（1622），钟惺取道湖州访韩敬，写下一系列感怀、纪游诗，其中《得韩求仲书并所选文二编感而有寄》提到庚戌科场事，诗云："十年明一冤，人生年几十。可见始祸人，为谋亦不失。"此时，韩敬十年之冤已经昭雪，钟惺深感欣慰，同时对东林党人谋划辛亥京察予以遣责。钱谦益与韩敬在科场案前，亦曾交好。庚戌年正月，韩敬与袁中道、钱谦益共结文社。袁中道回忆说："庚戌计偕，予与李长蘅、韩求仲、钱受之诸公，结社修业。"① 在科场案之后，钱谦益表示了他对于韩敬的不服，只不过是间接通过王象春之口说出的："万历庚戌，举进士第二人，与苕上韩求仲名相次也。季木每惊诧：'奈何复有人压我！'其语颇为时所传。"② 王象春的不服，实际是钱谦益对韩敬的不服。

值得注意的是第三方的评价。在汤显祖眼里，汤宾尹这位同姓世家，喜好奖掖人才，堪称伯乐。"盖闻世有霍林先生者，其人正而通于大道，善为典则之文"，"世多疑霍林先生好奇士，乃不类其所自为。嗟夫，虽先生亦安得以其自为率天下士哉！顾士有所奇者，必如吾乡毛伯焉其可也"。③ 汤宾尹也以伯乐自诩："吾每人闱，必荐得以一二奇士，……庚戌丘毛伯兆麟、王永启宇、郭季昭浣，姓名皆惊海内。今海内盛行毛伯文，非我辈不可。"④ 汤显祖对于韩敬极为称赏。在读韩敬文章时，丝毫不吝啬其赞美之情："不佞显祖款启寡识之

---

① 《徐田仲文序》，《珂雪斋集》卷十一。
② 《王考功象春》，《列朝诗集小传》丁集中。
③ 汤显祖：《序丘毛伯稿序》，《汤显祖诗文集》卷三十二，上海古籍出版社 1982 年版。
④ 汤宾尹：《四奇稿序》，《睡庵诗稿》卷四，四库禁毁丛刊本。

人，忽见门下应制诸作，风骨精神，高丽巨华，晻蔼流烂，若刃之发于硎，而鏤之疑于神也。横目之徒，皆足惊殊叹异。"汤显祖与东林党诸贤在政见上颇为投合，唯独对韩敬科场案持有异议，他多次以书信的方式对韩敬进行道义上的声援，他甚至称赞韩敬之文"自是当时第一义"，韩敬之局"自是当今第一冤"①。"前明工书，谓时议聚讼，何意至此。弟初闻之，愤愤至废寝食，近今每三日内辄为公喟然数声，诽俊疑杰，古今庸态。弟更得此排荡激发挥斥为序，匪惟吊屈，兼以诅秦。"②

在激烈的党争中，钱谦益逐渐成为东林后期党魁，钟惺则卷入与汤宾尹、韩敬一派的三党之列。钟惺入仕之后，受到党争牵连，先后两次"京察"落选，后遂"偃仰郎署"，终未得显。由于政治派别及利益上的对立，钟惺站在汤、韩一边也是情有可原，与钱谦益分道扬镳，由此造成了文坛上这段钱、钟公案，这在一定程度上影响了钱谦益对竟陵派的评价。钱谦益对竟陵派全方位的批驳话语中充斥着"鬼趣"、"鬼病"、"狂病"、"弱病"等近乎类似的指向。其一，指向其诗旨。《初学集》卷三十三《南游草序》云："自近世之言诗者，以其幽眇峭独之旨，文其单歧僻陋之学，海内靡然从之，晋天下变为幽独之清吟，诘盘之断句，鬼趣胜，人趣衰，变声数，正声微，识者之所深忧也。"《初学集》卷八十三《题怀麓堂诗钞》云："近代诗病，其证凡三变：沿宋、元之窠臼，排章俪句，支缀蹈袭，此弱病也；剽唐、选之余渖，生吞活剥，叫号嚣突，此狂病也；搜郊、岛之旁门，蝇声蚓窍，晦昧结愲，此鬼病

<hr />

① 《寄韩求仲》，《汤显祖诗文集》卷四十九。
② 《寄汤霍林》，《汤显祖诗文集》卷四十五。

也。"其二,指向其语言风格。《初学集》卷三十一《徐司寇画溪诗集序》云:"自万历之末以迄于今,文章着弊滋极,而奄寺钩党、凶灾、兵燹之祸,亦相挺而作。尝取近代之诗而观之,以清深奥僻为致者,如鸣蚓窍,如入鼠穴,凄声寒魄,此鬼趣也。以尖新割剥为能者,如戴假面,如作胡语,嘈音促节,此兵象也。鬼气幽,兵气杀,著见于文章,而气运从之。有识者审声歌讽,岌岌乎有衰晚之惧焉。"《刘咸仲雪庵初稿序》云:"诗文之谬,俑耳而剽目也,俪花而斗叶也。其转谬,则蝇声而蚓窍也,牛鸣而蛮语也;其受病,则皆不离手伪也。"其三,批评其选诗黜落名篇大作。《初学集》卷三十一《刘司空诗集序》云:"万历之际,称诗者以凄清幽眇为能,于古人之铺陈终始,排比声律者,皆訾謷抹杀,以为陈言腐词。海内靡然从之,迄今三十余年,甚矣,诗学之舛也。"《曾房仲诗序》云:"夫献吉之学杜,所以自误误人者。以其生吞活剥,本不知杜,而曰必如是乃为杜也。今之訾謷献吉者,又岂知杜之为伪,与献吉之所以误学者哉!古人之诗了不察其精神脉理,第抉摘一字一句,曰此为新奇,此为幽异也。然古人之高文大篇,所谓铺陈始终,排比声韵者,一切抹杀,曰此陈言腐词而已。斯人也,其梦想入于鼠穴,其声音发于蚓窍,殚竭其聪明,不足以窥郊、岛之一知半解,而况于杜乎?献吉辈之言诗,木偶之衣冠也,土苴之文绣也,烂然满目,终为象物而已。若今之所谓新奇幽异者,则木客之清吟也,幽冥之隐壁也。纵其凄清感怆,岂光天化日之下所宜有乎?"钱谦益所有这些批评归结到一点就是归竟陵之诗为"亡国之音":"余尝论近代之诗,抉挞洗削,以凄声寒魄为致,此鬼趣也。尖新割削,以嘈音促节为能,此兵象也。鬼气幽,兵气杀,著见于文章,而国运从之。以一二轻才寡学之士,衡操斯文之

柄，而人征兆国家之盛衰，可胜叹悼哉！"① 如此评价，诚然
有钱谦益以文论世的思想，而其出入宋元，竟陵取法晚唐，门
户之别不能不说是一个重要原因。直到晚年，钱谦益仍不忘对
去世的钟惺以此为戏谑："钟生品诗如品茶，龙团月片百不
爱。但爱幽香余涩留齿牙，徐郎嗜茶又嗜钟生诗。微吟短咏爬
痒处，恰是卢仝饮到搜肠破闷时。"② 可见他对竟陵师法晚唐
的芥蒂之深。在出入宋元的诗论主张上，钱谦益与公安是一致
的。起初竟陵也能出入公安，故而能得到公安的认可。袁中道
云："友人竟陵钟伯镜意与予合，其为诗清绮邃异，每推中
郎，人多窃訾之。自伯镜之好尚出，而推中郎者愈众。湘中周
伯孔意又与伯镜及予合。伯孔与伯镜为同调，皆有绝人之才，
出尘之韵，故其胸中无一酬应俗语。予三人誓相与宗中郎之所
长，而去其短，意诗道其张于楚乎！"③ 至于后来，竟陵别宗
立派，对公安颇有非议。钟惺云："学袁（宏道）、江（盈科）
二公与学济南（李攀龙）诸君子何异。恐学袁、江二公，其
弊反有甚于学济南诸君子也。眼见今日牛鬼蛇神，打油钉铰，
遍满世界，何待异日。慧力人于此尤当着紧著眼。"④ 这着实
令袁中道大为不满。竟陵逐渐近于七子，而远离公安，更让袁
中道难以接受。然而，钟惺自有其可道之处："惺论诗，人罪
其苛，苛于今亦苛于古，此物论也。诗之所必可而吾必以为不
可，斯之谓苛。夫诗之所必可，而吾必以为不可，彼之可者自
在，不恕于己而无损于人。惺虽愚，不为也。惺论诗，亦求其

---

① 《钟提学惺》，《列朝诗集小传》丁集中。
② 《戏题徐元叹所藏钟伯敬茶讯诗》，《初学集》卷九。
③ 《花雪赋引》，《珂雪斋集》卷十。
④ 《与王樨恭兄弟》，《隐秀轩集》文往集。

可而已。"① 钟惺论诗也是求诗之所必可者，这与七子从对诗歌的辨体中发现其"古今理势之自然"的思路何其相似！如是而论，竟陵派在辨体论上更接近于七子，而与公安貌同实异。于是袁中道便有求助钱谦益共同排击竟陵之实："小修又尝告余：'杜之《秋兴》，白之《长恨歌》，元之《连昌宫词》，皆千古绝调，文章之元气也。楚人何知，妄加评窜，吾与子当昌言击排，点出手眼，无令后生堕彼云雾。'"② 袁中道对竟陵的背叛愤恨至极，钱谦益出入宋元，反对竟陵师法晚唐，对竟陵之复古也难以容忍，共同的利益关系使二者在排击竟陵上达成了一致。因而也就有了钱谦益所云"而今之持论者，夷公安于竟陵，等而排之，不亦过乎"的言论。

事实上，对竟陵派而言，复古只是途径而已，欲从古诗中求诸古人之真精神，以接今人之心目，仍然尚属性灵一派。自庚戌而后，钟惺屡睹政局混乱，党同伐异的局面，志于世者未就，转而立言，于古人诗中求诸精神所在："庚戌之后，乃始以平心静气，虚怀独往，不敢用先人之言而废其中拒之私，务求古人精神所在。"其《诗归序》对于复古与性灵进行了理论上的总结。他说："尝试论之，诗文气运，不能代趋而代下；而作诗者的意兴，虑无不代求其高。高者，取异于途径耳。夫途径者，不能不异者也，然其变而有穷也。精神者，不能不同者也，然其变无穷也。操其有穷者以求变，而欲以其异与气运争，吾以为能异而终不能为高。其究途径穷而异者与之俱穷，不亦愈劳愈远乎？此不求古人真诗之过也。"意思是说，复古派拟古并没有错，只是没有学到古人的真诗，而公安派自异于

---

① 《徐元叹诗序》，《隐秀轩集》文昃集。
② 《袁仪制中道》，《列朝诗集小传》丁集中。

古人，最终落入古人中之下者，归根到底还是要学古，学古人之真诗。钟惺也认识到了诗文因袭流弊之所在："大凡诗文，因袭有因袭之流弊，矫枉有矫枉之流弊，前之共趋，即今之偏废；今之独响，即后之同声。"万历四十八年（1620），当钟惺听说士人以"拟钟伯敬体"来写诗时，他直言不讳地说出了心里的忧虑："近相知中有'拟钟伯敬体'者，予闻而省愆者至今，何则？物之有迹者必敝，有名者必穷。昔北地、信阳、历下、弇州，今之公安诸君子，所以不数传而遗议生者，于其有北地信阳历下公安之目，而诸君子恋之不能舍也，夫言出于爱我誉我之口，无心而易于警人，传之或遂为口实，元长之论是也。"① 这点尤其难能可贵。此外，钟、谭论性灵，强调"放言"。何谓"放言"？在《放言小引》里，钟惺对"放言"作了界定："放言之说，吾未之前闻也，自孔子目虞仲、夷逸始。放之义何居？胸中真有，故而能言其所欲言，即所谓中伦之言，了然于心，又了然于口与手者是也。苟为无本，而以无忌惮之心出之，则处士横议而已。诐淫邪遁，皆横之属也，遁矣，又乌乎放哉。"② 比较而言，"放言"就是袁宏道一再说的信心信手，"情与境会，顷刻千言，如水东注，令人夺魄"。钟惺所说的"放言"则为"中伦"之言，如不符"中伦"的要求，便是"处士横议"，"诐淫邪遁"。"中伦"指的是符合儒家仁义道德。钟惺以此"中伦"之标准来选择东坡之文，必然与公安相迥异。《东坡文选序》云："有东坡文，而战国之文可废也。"因为战国之文于"先王之仁义道德、礼乐刑政无当焉"。东坡之前之所以不废战国文，因其有"雄博

----

① 《潘稚恭诗序》，《隐秀轩集》文昃集。
② 《隐秀轩集》文昃集。

高逸之气，纡回峭拔之情"。战国人"舍其力纵横名法，而以仁义道德、礼乐刑政之言，则其心手不相习，志气不相随，必不能如是雄博，如是高逸，如是纡回峭拔，以成其战国之文"。战国之文是以文存文，并不是以道存文。苏轼则能"持其雄博高逸之气，纡回峭拔之情，以出入于仁义道德、礼乐刑政之中"，所以东坡文出，可以废战国文。仁义道德，礼乐刑政成了存文废文的决定因素。重视东坡文，李贽、三袁倡导于先，钟惺继之于后，而李贽、三袁看好东坡反映生活情景，表现情怀风趣的片牍小文，钟惺则看好苏轼的论、策、奏、议，因为其中有"真学问、真文章、理义足乎内，而气运达乎外，胆与识谡谡然于笔墨之下"，① 因其中表现了苏轼仁义道德、礼乐刑政思想。由此观之，竟陵论性灵更注重儒家诗教，较之公安有向古典诗论回归的倾向，这是其同时追求复古与性灵的结果。

钱谦益把竟陵派的兴起比作"春秋之世，天下无王，桓文不作，宋襄徐偃德凉力薄，起而执会盟之柄，天下莫敢以为非霸也"。在钱谦益看来，钟、谭之所以能号召天下，一个重要原因是"于古人之学，所谓浑涵汪茫，千汇万状者，未尝过而问焉。而承学之徒，莫不喜其尖新，乐其率易，相与糊心眯目，排肩而从之，以一言蔽其病曰：不学而已。亦以一言蔽从之者病曰：便于不说学而已"。② 钱谦益认为钟、谭之不学，正迎合了当时空疏的学风，故能盛极一时。尽管如此，他也不得不看到竟陵风靡文坛，而遭海内追捧的现实："伯敬少负才藻，有声于公车间。擢第之后，思别出手眼，另立深幽孤峭之

---

① 《隐秀轩集》文戾集。
② 《钟提学惺》，《列朝诗集小传》丁集中。

宗，以驱驾古人之上。而同里有谭元春者，为之应和，海内称
诗者靡然从之，谓之'钟谭体'。……数年之后，所撰古今
《诗归》盛行于世，承学之士，家置一编，奉之如尼丘之删
定，而寡露无稽，错缪百出，稍知古学者咸能挟筴以攻其短。
《诗归》出，而钟、谭之底蕴毕露，沟浍之盟于是乎涸然无余
地矣。"于此，钱谦益称"钟、谭底蕴毕露"，依然以其学问
不足为诟病。就学问而论，钟、谭自然与钱谦益相去甚远。以
"学问"论诗，是钱谦益论诗的特点。钱谦益认为竟陵派创作
的流弊是"不读书"引起的。钱谦益论谭元春诗，说其具有
"贫"、"瘦"、"僻"、"凡"、"昧"、"断"、"乱"等缺点，这
些缺点都是不读书的结果。他引用别人的话来评价谭诗："金
陵张文寺曰：'伯敬入中郎之室，而思别出奇，斤斤字句之
间，欲阐古人之秘，以其道易天下，多见其不自量也。友夏别
立蹊径，特为雕刻。要其才情不奇，故失之纤；学问不厚，故
失之陋；性灵不贵，故失之鬼；风雅不道，故失之鄙；一言以
蔽之，总之不读书之病也。'"① 钱谦益以不学为理由批评和否
定钟惺的言论屡见不鲜，如其《葛端调编次诸家文集序》作
于崇祯九年（1636），在谈了尊"经"尚"史"、重"秦汉以
下，迄于唐宋诸家"的重要性之后，激烈抨击钟惺的评点之
学，其中着重讥刺钟惺不学而好逞议论：

　　钟之评《左传》也，它不具论，以克段一传言之，
公入而赋，姜出而赋，句也，大隧之中凡四言，其所赋之
诗也。钟误以大隧之中为句断，而以融融洩洩两句为叙事
之语，遂抹之曰：俗笔。句读之不析，文理之不通，而俨

---

① 《谭解元元春》，《列朝诗集小传》丁集中。

然丹黄甲乙，衡加于经传，不已慎乎！是之谓非圣无法，是之谓侮圣人之言。而世方奉为金科玉条，递相师述。学术日颓而人心日坏，其祸有不可胜言者，是可视为细故乎？①

钟、谭果真如钱谦益所云不读书，"不学而已"吗？似乎尚有待商榷。《明史·文苑传》云：钟惺"官南都，僦秦淮水阁，读史恒至丙夜，有所见即笔之，名曰《史怀》。……与同里谭元春评选唐人之诗为《唐诗归》，又评选隋以前诗为《古诗归》，钟、谭之名满天下，谓之竟陵体"。谭元春《退谷先生墓志铭》亦谈及此事："退谷……性深靖如一泓定水，……不与俗人交接。……人以是多忌之，而专积思于书史。……退谷改南时，僦秦淮一水阁闭门读史。……每游人午夜棹回，曲倦酒尽，两岸寂不闻声，而犹有一灯荧荧，守笔墨不收者，窥窗视之，则嗒然退谷也。东南人士以为真好学者，退谷一人耳。"② 钟惺有书谭元春云："弟僦居金陵，心自怀归，盖平生精力十九尽于《诗归》一书，欲亲身校刻，且博求约取于中晚之间，成一家言，死且不朽。"钟惺"专积思于书史"，穷"平生精力十九尽于《诗归》一书"，其于学诚可谓实，何言其"不学而已"。钟惺在《与弟恮》中还勉励其弟："须细看古人之作，《诗归》一书，便是师友也。"③ 钟惺又常论述"灵"与"厚"的境界。"然从古未有无灵心而能为诗者，厚出于灵，而灵者不即能厚……非不灵也，厚之极，灵不足以言

① 《初学集》卷二十九。
② 《谭友夏合集》卷十二。
③ 《隐秀轩集》文往集。

之也。然必保此灵心，方可读书养气，以求其厚。"① 灵心类似于公安的性灵，读书强调古学，养气指的是日常涵养，也就是说，通过日常涵养工夫，把师心与师古结合起来，方能达到"厚"之境界。从这个意义上说，竟陵试图以集大成的方式对明代文学思想做一个全面总结。

《列朝诗集小传》丁集中《钟提学惺》云："余尝论近代之诗，抉挞洗削，以凄声寒魄为致，此鬼趣也。尖新割剥，以噍音促节为能，此兵象也。鬼气幽，兵气杀，著见于文章，而国运从之，以一二轻才寡学之士，衡操斯文之柄，而徵兆国之盛衰，可胜叹悼哉！……唐天宝之乐章，曲终繁声，名为入破；钟谭之类，岂亦五行志所谓诗妖者乎！余岂忍以蚍蜉窃之音，为关雎之乱哉！"其后，对竟陵非议者远多于肯定者，同时及清初对于竟陵派的诋毁，进而至于人身攻击，无疑得益于钱谦益的传染，从这一点来说他实难辞其咎。最为明显的是《四库全书》几近模拟了他的说法。《四库全书总目·集部·岳归堂集提要》说解云："隆万以后，公安'三袁'始攻击王、李诗派，以'清巧为工'，风气一变。天门钟惺更标举'尖新幽冷'之词，与元春相唱和，评点《诗归》，流布天下，相率而趋纤仄。有明一代之诗，遂至是而极弊。论者比之'诗妖'，非过苛也。元春之才，较惺为劣，而诡僻如出一手，日久论定，徒为嗤点之资。观其遗集，亦足为好行小慧之戒矣。"清初三大家受钱谦益之影响，评价尤其过苛。王夫之云："竟陵狂率，亦不自料遽移风化。而肤俗易亲，翕然于天下。谑庵（王思任）视伯敬为前辈，天姿韶令，亦十倍于伯敬，且下徇而从之，馀可知矣。……谑庵、鸿宝（倪元璐），

---

① 《与高孩之观察》，《隐秀轩集》文往集。

大节磊落，皆豪杰之士，视钟、谭相去河汉，而皆不能自拔则沈雨若（春泽）、张草臣（泽）、朱云子（隗）、周伯孔（圣楷）之沿习竟陵门，持竟陵钵者，又不足论已。"① 作为易代之际的大儒宗师，王夫之居然诋毁李梦阳、钟惺等人创立门派："李文饶有云：'好驴马不逐队行。'立门庭与依傍门庭者，皆逐队者也。"② 顾炎武在《日知录》中讥讽钟惺"丁父去职，尚挟姬妾游武夷山"，说钟惺"公然弃名教而不顾，甚至承讳而治游，疑为病狂丧心，讵止文人无行"，这已非文学观点上的批评，而带有人身攻击与诋毁的倾向。"好行小慧，自立新说，天下之士，靡然从之，而论者遂忘其不孝贪污之罪，且列之为文人矣。"可见，他已把钟惺排斥于文人之外，甚至讥笑那些学习追逐钟惺的人。同时他也认为明亡是钟惺之流造成的："其罪虽不及李贽，然亦败坏天下之一人。"朱彝尊《静志居诗话》也持竟陵为"亡国之音"的说法："《礼》云：国家将亡，必有妖孽，非必日蚀星变，龙蠥杂祸也，惟诗有然。万历中，公安矫历下、娄东之弊，倡钱率之调，以为浮响；造不根之句，以为奇突；用助语之辞，以为流转；著一字务求之幽晦，构一题必期于不通。《诗归》出而一时纸贵。闽人蔡复一等既降心以相从，吴人张泽、华淑等复闻声而遥应，无不奉一言为准的，入二竖于膏肓，取名一时，流毒天下，诗亡而国亦随之矣。"清刘声木《苌楚斋随笔》卷三《明竟陵公安撰述》云："明末诗文派别至公安竟陵，可谓妖妄变幻极矣。亡国之音固宜如此，时当末造，非人力所能挽回。"③ 谈

---

① 王夫之：《明诗评选》卷五，文化艺术出版社1997年版。
② 王夫之：《姜斋诗话》卷二，太平洋书局1933排印本。
③ 刘声木：《明竟陵公安撰述》，《苌楚斋随笔》卷三，中华书局1998年版，第57页。

迁《枣林杂俎》"艺簣"载："钟、谭诗行于世，孟津王铎宗
伯曰：'如此等诗，决不富不贵不寿不子。'"① 已由人身攻击
发展而为谩骂乃至诅咒，此着实可悲也。

　　有非议者就有肯定者。张岱受竟陵影响之深，至于到
"非钟、谭一字不敢执笔"的地步。《琅嬛诗集自叙》云："余
喜文长，遂学文长诗。因中郎喜文长，而并学喜文长之中郎
诗。文长、中郎以前无学也。后喜钟、谭诗，复欲学钟、谭
诗，而鹿鹿无暇。……予乃始知自悔，举向所为似文长者悉烧
之，而涤胃刮肠，非钟、谭一字不敢执笔。"复社陈子龙肯定
竟陵派对当时萎靡士风有所救弊："非祖述长庆，以绳枢瓮牖
之谈为清真，则学步香奁，以残膏剩粉之资为芳泽。是举天下
之人，非迂朴如老儒，则柔媚如妇人。是以士风日颓，士志日
陋，而文武之业不显。贵乡钟、谭两君者，少知扫除，极意空
谈，似乎前二者之失可少去矣。"② 陈允衡《复愚山先生书》
从时代角度分析钟惺的文风，还是比较恰当的："大略其（钟
惺）所处在中晚之际，复为党论所挤，出为南仪曹，志节不
舒，故文气多幽抑，亦如子厚不能望退之也。"贺贻孙《诗
筏》云："严沧浪《诗话》，大旨不出悟字，钟、谭《诗归》，
大旨不出厚字，二书皆是长人慧眼，然诵沧浪诗，亦有未尽悟
者；阅钟谭集，亦有未尽悟者；阅钟谭集，亦有未至厚者。以
此推之，谈何容易！"对于竟陵"未尽悟者"、"未至厚者"之
难予以认可，并且对持论过苛者予以驳斥，可谓心态平和之
论。也有学者对钱谦益持论过苛提出了批评，如陈衍引《格
斋诗话》中孙月溪云："是竟陵之诗，窘于边幅则有之，而冷

　　① 谈迁：《枣林杂俎》，续修四库全书本。
　　② 周亮工：《答胡学博》，《尺牍新钞》，中华书局 1985 年版。

隽可观，非摹拟剽窃者可比，固不能以一二人之言，掩天下人之目也。"孙氏之言，显然是对钱谦益"鬼趣"、"兵象"的反驳。熊士鹏说钱谦益本与钟惺善，"每闻舟车到江南，遂弥月望江干，俟退谷至，始携手去。及退谷殁而虞山乃大肆排诋，则何心也？"《隐秀轩集》中有《喜钱受之就晤娄江先待予吴门不值》可为见证，诗云："两度来迎侯，孤舟费往还。可知心够望，正以事多艰。学道身初健，忧时神颇孱。浮沉十载内，毁誉众人间。试看予流寓，何殊子入山？机缘如互凑，述作有余闲。"更有学者明确指认钱谦益囿于门户之见，而有此论。袁枚《答沈大宗论诗书》云："前明门户之习，不止朝廷也，于诗亦然"。他认为如果钟、谭在当时的文坛不曾享有盛名，"则牧斋必搜访而存之无疑也。惟其有意于摩垒夺帜，乃不暇平心而许，此亦门户之见也"。朱东润先生《中国文学论集》对于钱谦益的评论方式也有指陈："牧斋于诸人诗往往没其所长。""亦其气量之褊也。"钱钟书先生知人论世，认可了竟陵之"有志未遂"，并较之公安派，认为竟陵更胜一筹，可为骇俗之论。《谈艺录·竟陵诗派》云："竟陵取法乎上，并下不得，……盖钟、谭于诗，乃所谓有志未遂，并非望道未见。""余浏览明清之交诗家，则竟陵与七子体两大争雄，公安无足比数。"

第三节　钱谦益对复古派的评价

一　论唐宋之争

弘、正之间，前七子以李梦阳、何景明为首的复古派崛起于文坛，一扫明初台阁体萎靡之风。李、何是坚决的"宋无诗"论者。李梦阳说："夫诗有七难：格古、调逸、气舒、句浑、音圆、思冲、情似发之，七者备而后诗昌也，然非色弗神，而宋人遗兹矣，故曰'无诗'。"① 何景明说："秦无经，汉无骚，唐无赋，宋无诗。"② "宋无诗"说与他们复古口号"诗必盛唐"相辅相成，互为因果，实则一体。钱谦益认为李、何倡"汉后无文"、"唐后无诗"开了"悖"、"陋"之恶习。《列朝诗集小传》丙集《李副使梦阳》云：

> 献吉生休明之代，负雄鸷之才，傲然谓汉后无文，唐后无诗，以复古为己任，信阳何仲默起而应之。自时厥后，齐吴代兴，江楚特起，北地之坛坫不改。近世耳食者至谓唐有李、杜，明有李、何，自大历以迄成化，上下千载，无余子焉。呜呼，何其悖也，何其陋也。……献吉以复古自命，曰古诗必汉、魏，必三谢；今体必初盛唐，必杜，舍是无诗焉。牵率模拟剽贼于声句字之间，如婴儿学语，如桐子之洛诵，字则字，句则句，篇则篇，毫不能吐其心之所有，古之人固如是乎？天地之运会，人世之景物，新新不停，生生相续，而必曰汉后无文，唐后无诗，此数百年之宇宙日月尽皆缺陷晦蒙，直待献吉而洪荒再辟乎？献吉曰："不读唐以后书。"献吉之诗文，引据唐以前书，纰缪挂漏，不一而足，又何说也。

后七子领袖李攀龙与前七子中的李、何一样，仍然坚持"宋无诗"说。他编《古今诗删》一书，于唐代之后直接明代，

---

① 李梦阳：《潜虬山人记》，《空同集》卷四十八，四库全书本。
② 何景明：《杂言》，《何大复集》卷三十八，中州古籍出版社1989年版。

将宋诗一笔勾销，以编书删诗的办法体现其"宋无诗"说。《明史·李攀龙传》云："诸人多少年，才高气锐，互相标榜，视当世无人，七才子之名播天下。……攀龙遂为之魁，其持论谓文自西京，诗自天宝而下，俱无足观，于本朝独推李梦阳，非是则诋为宋学。……其为诗务以声调胜，所拟乐府，或更古数字为己作，文则聱牙戟口，读者至不能终篇，好之者推为一代宗匠。"钱谦益对李攀龙颇不屑，极尽诋毁之能事："僻学为师，封己自是，限隔人代，揣摩声调。论古则判唐，选为鸿沟；言今则别中、盛为河汉，谬种流传，俗学沉痼，昧者视舟壑之密移，愚人求津剑已逝。"并指斥其复古之危害："经义寡稽，援据失当，瑕疵晓然，无庸抉挞。何来天地，我辈中原。矢口嚣腾，殊乏风人之致；易词夸诩，初无赠处之言。于是狂易成风，叫呶日甚。"[1] 王世贞持论较为委婉，其《艺苑卮言》卷四有十余则专评宋诗，虽多贬抑之语，但又说"骨格既定，宋诗亦不妨看"。他晚年为慎子正作《宋诗序》，坦言："余故尝从二三君子后，抑宋者也。""余所以抑宋，为惜格也。然而代不能废人，人不能废篇，篇不能废句"，"子正非求为伸宋者也，将善用宋者也"[2]。钱谦益认为前后七子复古之风弥漫，文坛不振百有余年，"自弘治至于万历，百有余岁，空同雾于后，学者冥行倒植，不见日月。甚矣，两家之雾之深且久也。"[3] 在前后七子复古迷雾的笼罩下，形式主义诗作充斥诗坛："今之名能诗者，庀材惟恐其不博，取境惟恐其不变，引声度律惟恐其不谐美，骈枝斗叶惟恐其不妙丽，诗人

---

① 《李按察攀龙》，《列朝诗集小传》丁集上。
② 王世贞：《弇州山人续稿》卷四十一，四库全书本。
③ 《黄之羽诗序》，《初学集》卷三十二。

之能事可谓尽矣，而诗道固愈远者，以其诗皆为人所作剿耳佣目，追嗜逐好，标新领异之思侧出于内，哗世炫俗之习交攻于外，……其中之所存者，固已薄而不美，索然而无余味。"①钱谦益认为复古派宗奉盛唐，其结果是"伸唐人之面目蒙罩于千载之上，而后人之心眼沉锢于千载之下"。进而钱谦益反对复古派将文学隔代而分的论调，《列朝诗集小传》丙集《何副使景明》云：

> 诗至于陶、谢，文至于韩，亦可以已矣。仲默不难以一言论抹杀者，何也？渊明之诗，钟嵘以为古今隐逸之宗，梁昭明以为跌宕昭彰，抑扬爽朗，横素波而傍流，干青云而直上。评之曰"霸"，于义何居？运世迁流，风雅代变。西京不得不为建安，太康不得不为元嘉。康乐之兴会标举，寓目即书，内无乏思，外无遗物，正所以畅汉魏之风流，革孙许之风尚。今必欲希风枚马，方驾曹刘，割时代为鸿沟，画晋宋为鬼国，徒抱刻舟之愚，自违舍筏之论。

对于复古派在吴中所造成的恶劣影响，钱谦益深表痛惜。《列朝诗集小传》丁集中《陆征士弼》云："自嘉靖末，迄今八十余年，七子之风声，浸淫海内，熏习之深，沦肤易髓，爱慕者固寄其藩篱，而抨击者亦暗坠其窠臼，无从而后，若俞羡长、何无咎、梅禹金、潘景升，才调故自斐然，皆不免胥以殁，可叹也！"因此，钱谦益深恨七子取径过狭，持择过严，自碍诗路，故欲泯灭唐、宋之争，时代之界，拓宽诗路，旁宗博览。

---

① 《族孙遵王诗序》，《有学集》卷十九。

而公安派袁宏道在复古的中心吴中力主性灵之说，严重冲击了复古派的壁垒，使笼罩文坛百余年的复古之雾烟消云散。唐宋之争得到了一定程度的缓和。当时学者深恶文坛唐宋之争的积习，较倾向于唐宋兼宗。韩芙云："学乎《三百篇》以降，迄汉、魏、六朝，沂流穷源，亦云备矣。涵泳浸漱，盂各成家，不必于唐、宋盯睚间以桃称相矫也。"① 王炙曾云："近日谈诗，唐、宋两派几于对垒夺帜，分路扬镳矣。……《三百篇》后未尝无诗，唐杜、宋苏正可混而一之也。"② 钱谦益承当时学者之心声，力图救弊，"钱牧斋厌前后七子优孟衣冠之习，诋为伪体，奉韩、苏为标准，当时风尚，为之一变。"③ 然钱谦益折唐而入宋又颇引人非议。明遗民徐仿就把矛头直指钱谦益："今世之所谓文章钜公，自负起衰救弊者，又以畅达为性情、富赡为神采，体格、风调一概抹杀，能言人之病而不能自知其病，是其所同，非其所异，而天下莫之敢誉。呜呼！诗乌得不重亡也乎！"④ 宋琬也有类似之论："虞山《诗选》出，而学者无所折其衷。其言曰：诗一而已矣，无所为初、盛、中、晚也。于是心耳浅薄者奉为著蔡，以平肤汗漫为容与，以便倮粗率为简易，以稗官理说、里巷卑琐之言为典要。率天下而出于是，岂复有诗也哉？"⑤ 王源指责钱谦益此举为格调说沦亡之罪人："妄为大言以欺人"，"蒙史安能驾而出其上，既

① 韩芙：《该洲亭诗初集序》，《有怀堂文稿》卷二，清康熙四十二年（1703）刻本。

② 王炙曾：《郭伊云诗稿序》，《旭华堂文集》卷四，清乾隆十六年（1751）赵熟典刻本。

③ 朱庭珍：《筱园诗话》卷一，郭绍虞：《清诗话续编下》，上海古籍出版社1983年版。

④ 徐仿：《惠而行诗草序》，《居易堂集》卷五，清康熙刻本。

⑤ 宋琬：《赵雍客诗序》，《安雅堂文集》卷一，中华书局1931年版。

不能出其上，乃欲别开一径以为天下宗，势不得不归于宋。然则率天下以趋于宋，不但尽失《三百篇》之旨，并唐人之格调亦沦青以亡而不可得，谁之罪耶？"① 然而，钱谦益作为诗坛巨公振臂一呼，无疑为当时找不到出路的士人指明了前进的方向。因此，自钱谦益之后，清初几十年间宗宋之风日炽。

钱谦益为了廓清七子流弊，从其理论根源上追溯到严羽之"妙悟说"："古学日远，人自作辟。邪师魔见，酝酿于宋季之严羽卿、刘辰翁，而毒发于弘、德、嘉、万之间。"② 又说"二百年来，俗学无目，奉严羽卿、高廷礼二家之謷说以为虾目"③。可见钱谦益对七子复古理论的源流是很清楚的。自严羽以降，经明初高棅及前后七子的大力鼓吹，"妙悟说"被诗坛奉为圭臬。在钱谦益看来，一切的诗学流弊均由严羽而起，因而认为其尤不可恕，痛斥"妙悟说"乃"无知妄论"，"似是而非，误入针芒"④。易代之际，钱谦益身为贰臣，自耻于立世，苟活于户牖之下，在给友人的信中说："昔年之不死，不死而已矣；今日之濒死而不得死，则犹然不死而已矣。自今以往，禽息鸟视，草亡木卒，为笼槛之残生，为圈牢之养物，生则空蝗粱黍，死则寄羽蚌，尚欲刻画残生，涂抹后世，岂不重辱青编而羞千古之士乎？"⑤ 自悔之情溢于言表，心境凄苦中转向渐修禅学。钱秉橙的论述很深刻："宋人谓诗通于禅，谓皆从悟入也。虞山老人每云不解此语，不知诗有所为悟者。虞山学佛，通教不通宗。夫语不离位，宗门所呵，诗之言尽乎

---

① 王源：《萃野集序》，《居业堂文集》卷十三，丛书集成初编本。
② 《帝爱琴馆评选诗慰序》，《有学集》卷十五。
③ 《宋玉叔安雅堂集序》，《有学集》卷十七。
④ 《唐诗英华序》，《有学集》卷十五。
⑤ 《答杜苍略论文书》，《有学集》卷三十八。

情与境耳，若一言情者不离此情，言境者不离此境，就使其情境逼似，言止意尽，岂足以语诗乎？"① 钱谦益认为严羽的"妙悟说"开了后人空疏不学之风，遂提出以孟子的深造自得之论补救之："严羽卿以禅喻诗，归之妙悟，此非所谓自得者乎？说约者乎？深造也，详说也，则登山之蹊，渡水之筏也。'读书破万卷，下笔如有神'，'别裁伪体亲风雅，转益多师是汝师'。得之者妙无二门，失之者邈若千里。此下学之经术，妙悟之指归也。"② 其后，朱彝尊说得更为直白："今之诗家，空疏浅薄，皆由严仪卿'诗有别才，匪关学'语启之，天下岂有舍学而言诗之理？"③ 钱谦益认为"妙悟说"当建立在深造自得的基础上，说到底还是强调要多读书，提高作者自身修养。实则严羽论诗并非专主妙悟，还特别强调了"非多读书，多穷理，则不能极其至"。王源比较客观地评价了严羽、高棅的贡献："严沧浪、高廷礼之于诗，虽未能探其本，穷其变，然其于唐也会心远矣，用力勤矣，所见既真，其论亦确矣，其于后学不为无功矣。"④

钱谦益之所以于复古贬毁不遗余力，而转奉宋风，很大程度上受到了"练川诸老"唐时升（叔达）、娄坚（子柔）、程嘉燧（孟阳），连同李流芳（长蘅）又号为"嘉定四先生"等的影响。钱谦益曾为四先生集作序曰：

> 熙甫既没，其高第弟子多在嘉定，犹能守其师说，讲

---

① 钱秉橙：《蕉庵上人诗序》，《田间文集》卷十四，黄山书社 1998 年版。
② 《冯已苍诗序》，《初学集》卷四十。
③ 朱彝尊：《株亭诗序》，《曝书亭集》卷三十九，清康熙五十八年（1719）刻本。
④ 《萃野集序》，《居业堂文集》卷十三。

诵于荒江寂寞之溪。四君生于其乡，熟闻其师友绪论，相
与服习而讨论之。如唐与娄，盖尝及司寇之门，而亲炙其
声华矣。其问学之指归，则确乎不可拔。有如宋人之瓣香
于南丰者。熙甫之流风遗书，久而弥著，则四君之力，不
可诬也。四君之为诗文，大放厥词，各自己出，不必尽规
摹熙甫。然其师承议论，以经经纬史为根柢，以文从字顺
为体要，出车合辙，则固相与共之。古学之湮废久矣，向
者剽贼窜窃之病，人皆知訾笑之。而学者之冥趋倒行，则
愈变而愈下。譬诸惩涂车刍灵之伪，而遂真为魍魉鬼魅
也，其又可乎？居今之世，诚欲箴砭俗学，原本雅故，溯
熙甫而上之，以薪至于古之立言者，则四君之集，其亦中
流之一壶也矣。嘉定僻在海隅，风气完塞。四君读书谈
道，后先接迹。布衣蔬食，有衡门泌水之风，史称扬子云
不汲汲于富贵，不戚戚于贫贱，不修廉隅以侥名当世。盖
庶几近之。①

钱谦益自述受四先生之影响："仆年十六七时，已好凌猎为古
文。《空同》、《弇山》二集，澜翻背诵，暗中摸索，能了知某
行某纸。摇笔自喜，欲与驱驾，以为莫己若也。为举子，偕李
长蘅上公车，长蘅见其所作，辄笑曰：'子他日当为李、王辈
流。'仆骇曰：'李、王而外，尚有文章乎？'长蘅为言唐、宋
大家，与俗学迥别，而略指其所以然。仆为之心动，语未竟而
散去。浮湛里居又数年，与练川诸宿素游，得闻归熙甫之绪
言，与近代剽贼顾赁之病。"② 在钱谦益看来，四人不但是道

---

① 《嘉定四君集序》，《初学集》卷三十二。
② 《答山阴徐伯调书》，《有学集》卷三十九。

德君子，而且是兴复古学的中流砥柱，钱谦益脱离复古之习，四先生实功不可没。其中，钱谦益尤为推崇程嘉燧，并自言其"改辕易向"为"奉教孟阳诸老"所得："仆少壮失学，熟烂空同、弇山之书，中年奉教孟阳诸老，始知改辕易向。孟阳论诗，自初盛唐及钱刘元白诸家，无析骨杂刺髓，尚未能及六朝以上。晚年始放而之剑川（南）遗山。余之津涉实无（与）之相上下。"程嘉燧批评前后七子，推崇李东阳，此立场为钱谦益所接受："弘、正间，北地李献吉临摹老杜，为槎牙兀傲之词，以訾謷前人。西涯在馆阁负盛名，遂为其所掩。盖孟阳生百五十年之后，搜剔其眉目，发挥其意匠，于是西涯之诗复开生面……孟阳于恶疾沉痼之后，出西涯之诗以疗之曰：'此引年之药物，亦攻毒之箴砭也。'其用心良亦苦矣。"① 钱谦益对程嘉燧推崇倍至："（孟阳）于汗青漫漶，丹粉凋残之后，为之抉挞其所由来，发明其所以合辙古人，而迥别于近代之俗学者，于是王、李之云雾尽扫，后生之心眼一开，其功于斯道甚大，而世或未之知也。"② 由此可见，程嘉燧等"嘉定四先生"对钱谦益的影响是很显著的。钱谦益中年以后，由复古宗唐折而入宋，"嘉定四先生"起到了很重要的作用。

二 论陈、艾之争

崇祯初年，复社崛起之际，江南文坛发生了一次大的论辩，即复社与当时八股名家艾南英关于复古取向的辩论，结果是尊奉先秦汉魏六朝唐的复社击溃了主宋的艾南英，这实际上也是七子派唐宋之争的延续，复社由此确立了文学复古的地

① 《题怀麓堂诗钞》，《初学集》卷八十三。
② 《松圆诗老程嘉燧》，《列朝诗集小传》丁集下。

位，掀起了晚明文坛新一轮的复古运动。因而，这次论辩便具有了十分重要的意义。如此重要的事件，作为文坛盟主的钱谦益自然免不了发表他的看法，这对于当时文坛的导向具有同样的重要性。

复社与艾南英最早的争论，始自周钟八股文选本的刊行，"时尚一新，天下竞称之，由是向日推豫章者，相率而推金沙（周钟）"。艾南英见后，致书周钟，以前辈口吻予以批驳：

> 夫文之通经学古者，必以秦、汉之气，行《六经》《语》《孟》之理，即间降而出入于韩、欧、苏、曾，非出入于数子也，曰是数子者，固秦汉之嫡子嫡孙也。今也不然，为辞章者，不知古文为何物，而猎弇州、于鳞之古以为足，不知此非古也。六朝之浮艳而割裂补缀，饰之以史、汉之皮毛者也。为制艺者，不知古文为何物，而袭大士（陈际泰）、大力（章世纯）轻俊诡异之语以为足，不知此非古也。晋魏之幽眇纤巧，当世以为清潭为炫慧者也，最陋则造为一种似子非子，似晋魏非晋魏，凿空杜撰之言，沾沾然以为真大士（陈际泰）、大力（章世纯）矣。弟旧岁于陈兴公稿序稍一言之，而同气者颇相怪责，不知弟于此道，浅深甘苦皆尝之矣。夫文之古者，高也、朴也、疏也、拙也、典也、重也；文之卑而为六朝者，轻也、渺也、诡也、俊也、巧也、诽也，此宜识者所共知矣。①

艾南英认为"文之通经学古"，必然出入于宋。因为宋文为秦汉文的正宗嫡传。如果取径六朝则入歧途，因为六朝的文章轻

---

① 艾南英：《天佣子集》卷五，台湾艺文印书馆1980年版。

巧诡异，非真正的古文。如果只注重文章的形式美，就会走上复古派的道路，是不能学习到真正的秦汉古文的，因而对复社尊奉汉魏六朝唐的倾向提出了批评，由此引起了更大规模的辩论。据陆世仪《复社纪事》载，时在王世贞故居弇园，陈子龙和艾南英展开了激烈的争论。事后艾南英致书陈子龙云："向在娄江舟中，见足下谈古文，辄轻诋欧、曾诸公，而守一李于鳞、王元美以为足，即评骘他文亦未当。盖足下未尝读古人书，故欲足下读书十年，学渐充，心渐细，而后可也。足下行后，友人持足下《悄心赋》至，如此乃《昭明文选》中之卑腐，欧、曾大家力排之者，足下斤斤师法之。无怪乎侈口骂欧、曾、宋景濂，骂震川、荆川也。足下谓宋文最近，不足法，当求之古，其究竟则归重王、李二人耳。何足下所志甚大，而所师甚卑也。足下谓宋之大家未能超津筏而上，又谓欧、曾、苏、王而上，有左氏、司马氏，不当舍本而求末。夫足下不为左氏、司马氏则已，若真为左氏、司马氏，则舍欧、曾诸大家何由法。"对陈子龙宗奉李攀龙、王世贞复古的行为欲以驳斥，重置其宗宋之说。艾南英认为："夫秦、汉去今远矣，其名物、器数、职官、地里、方言、里俗，皆与今殊。"是故秦汉不足学，而可取者即韩、欧那样"存其文以间于吾文，独能存其神气耳"。而韩、欧之文在明代的承袭是唐宋派诸家："古文一线得留天壤，使后生尚知读书者，三君子之力也"，"足下学至震川，文至震川时，驳之未晚"。而陈子龙所称的"凤洲空同"，在艾南英看来，"自北地、济南之文出，学者束书不观，止取左、国、史、汉句字、名物，编类分门，率尔成篇，套格套辞，浮华满纸。"艾南英与陈子龙争论的焦点在于诗古文的取向。艾南英认为宋文继承了秦汉文的优点并且具有时代特色，陈子龙则认为像王世贞等人那样，直接取径秦汉，才是正确方向。二十多年后的顺治甲午（1654），钱谦益给周亮工的《赖古堂文选》作序，将他对艾南英和陈子龙论争的看法和盘托出：

> 日者云间之才士，起而嘘李、王之焰，西江为古学者，昌言辟之，辟之诚是也，而或者扬榷其持论，以为敢于评古人而易于许今人，抹杀《文选》，诋諆《文赋》，非敢乎？某诗偪太白，某文过昌黎，非易乎？有敢心焉以评古，此则知古人之浅也。有易心焉以许今，此亦爱今人之薄也。涂车刍灵，象物也。耳目鼻口，象人也。有华工焉，有神理焉，非其象之谓也。规模韩柳，拟议欧曾，宗碻、闽而桃郑、孔，主武夷而宾鹅湖，刻画其衣冠，高厚其闳闼，庞然标一先生之一言，而未免为象物象人之似，则亦向者缪种之传变，异候而同病者也。嗟乎！目睫之论，其则不远，口耳之间，相去几何？余之忧，亦元亮之忧，亦西江诸君子之忧也。①

钱谦益先是肯定了艾南英对陈子龙扬王李复古之焰的批评是"昌言辟之，辟之诚是也"。但是，他对艾南英的观点也提出了异议，认为他"敢于评古人而易于许今人"，动辄推许当代人的作品"文过昌黎"，"诗偪太白"的做法是言过其实。另外，他认为艾南英仅仅师法唐宋古文的做法如同"刻画其衣冠，高厚其闳闼，庞然标一先生之一言"，是自高门墙的行为，其实与复古派的做法并无二致，不过是将模仿的对象从复古派的秦汉、盛唐转到韩、柳、欧、曾。对艾南英"抹杀

---

① 《赖古堂文选》，《有学集》卷十七。

《文选》，诋諆《文赋》"，轻易否定六朝的做法尤其不满，认为其实不过是"向者缪种之传变"，是与复古派、竟陵派"异候而同病者也"。

三 "弇州晚年定论"说

关于王世贞"弇州晚年定论"说，钱谦益自认为是其晚年的一大发明创造，每以此为自豪，而拒绝后人对此说提出任何疑义。《列朝诗集小传》丁集上《王尚书世贞》云："操文章之柄，登坛设坫，近古未有，迄今五十年，弇州四部之集，盛行海内，毁誉翕集，弹射四起，轻薄为文者，无不以王、李为口实，而元美晚年之定论，则未有能推明之者也。……而赞归太仆之画像，且曰'余岂异趋，久而自伤'矣。……昔者王伯安作朱子晚年定论，余窃取其义以论元美，庶几元美之精神，不至抑没于后世，而后之有事品骘者，亦必好学深思，读古人之书，而详论其世，无或如今之人，矮人观场，莠言自口，徒为后人笑端也。"他不但认为自己才是真正的王世贞精神的发现者和继承者，而且从逻辑上堵住了后世对他看法的反批评，如果批评他，那么就是"矮人观场"，是不"好学深思"。钱谦益这种论人的态度，颇遭后人非议。王士禛对此评价说："钱宗伯牧斋作《列朝诗集》，本仿《中州集》，欲以庀史，固称淹雅；然持论多私，殊乖公议……欲以一手掩万古人耳目，可乎哉？"[①] 康熙年间太仓人唐孙华批评钱谦益："高下从心任品裁，东林意气未全灰。看渠笔舌风霜在，犹是当年旧党魁。"[②] 然钱谦益对此毫不在意，在许多场合均骄傲地向世

---

① 《谈献三》，《池北偶谈》卷七。
② 唐孙华：《读列朝诗集》，《东江诗抄》卷六，清康熙刻本。

人展示其"弇州晚年定论"说，且以王世贞晚年所作"归有光像赞"为据。

> 熙甫一老举子，独抱遗经于荒江之间，树牙颊相撑柱不少下。尝为人文序，以为苟得二妄庸人为之巨子。弇州闻之曰："妄诚有之，庸则未敢闻命。"熙甫曰："唯妄故庸，未有而不庸也。"弇州晚岁赞熙甫画像曰："千载有公，继韩欧阳，余岂异趋，久而自伤（王世贞原文作'始伤'）。"识者谓先生之文至是始论定，而弇州之迟暮自悔为不可及也。

> 今弇州之诗，无体不具，求其名，求其名章秀句、可讽可传者，一卷之中不得一二。其于文卑靡冗杂，无一篇不偭背古人矩度。其规摹左史，不出字句，而字句之诡缪者，累累盈帙。闻其晚年手东坡集不置，又亟称归熙甫之文，有"久而自伤"之语。然而岁月逾迈，悔之无及，亦足悲矣。①

> 少奉弇州《艺苑卮言》如金科玉条，及观其晚年论定，悔其多误后人，思随事改正，而其赞熙甫则曰"千载有公，继韩欧阳，余岂异趋，久而自伤"，盖弇州之追悔俗学深矣。②

> 弇州晚年颇自悔其少作，亟称熙甫之文，尝赞其画像曰："风行水上，涣为文章，风定波息，与水相忘，千载有公，继韩欧阳，予岂异趋，久而自伤。"其推服之如此。而又曰："熙甫志墓文绝佳，惜铭词不古。"推公之

---

① 《与唐训导论文书》，《初学集》卷七十九。
② 《读宋玉叔文集题辞》，《有学集》卷四十九。

意，其必以聱牙诎曲、不识字句者为古耶？不独其护前仍在，亦其学问种子埋藏八识田中，所见一差，终其身而不能改也。①

钱锺书先生《谈艺录·补遗》于此事考证颇细。他认为，世贞原文为"久而始伤"，钱谦益改为"久而自伤"，此乃牧斋之"刀笔伎俩"，"以坚其弇州'晚年定论'之说"。但是"一字之差，词气迥异。'始伤'者，方知震川之不易得，九原不作，赏音恨晚也。'自伤'者，深悔己之迷途狂走，闻道已迟，嗟怅何及也。二者毫厘千里，曰'岂异趣'者，己见己与震川，同以'史汉'为究竟归宿，特取径直而不迂，未尝不假道于韩欧耳……弇州晚岁虚憍气退，于震川能识异量之美，而非降心相从……何尝拊膺自嗟，低头欲拜哉。牧斋排击弇州不遗余力，非特擅易前文，抑且捏造故事……"钱锺书先生此言不无道理，然未能尽钱谦益之本意。《列朝诗集小传》丁集中《袁庶子宗道》云："伯修论本朝诗云：'弇州才却大，第不奈头领牵掣，不容不入他人行市，然自家本色时时露出，毕竟非历下一流人。晚年全效坡公，然亦终不似有。'余近年来拈出弇州晚年定论，恰是如此，伯修可谓具眼矣。"此段话表达了钱谦益如下寓意：一、钱谦益认为王世贞非李攀龙一类，只是早年误入异途，字句之间充满了对王世贞的庇护。二、钱谦益自述"近年来拈出弇州晚年定论"，亦即此为他晚年易代之后才有的看法。其借袁宗道为同调来力为王世贞辩护，可见其对王世贞之态度实与早年力排而大异。在《列朝诗集小传》丁集上《王世贞尚书》中，这种护持也异常明

---

① 《题归太仆文集》，《初学集》卷八十三。

显:"其论《艺苑卮言》则曰:'作《卮言》时,年未四十,与于鳞辈是古非今,此长彼短,未为定论。行世已久,不能复秘,唯有随事改正,勿误后人。'元美之虚心克己,不自掩护如是。今之君子未尝尽读弇州之书,徒奉《卮言》为金科玉条,之死不变,其亦陋而可笑矣。"钱谦益认为王世贞"虚心克己,不自掩护",对其充满了同情,而对"未尝尽读弇州之书"而妄加评议王世贞者大加嘲讽。更为明确的是,钱谦益将所有的罪过都推到了李攀龙身上,以排击李攀龙来护持王世贞,这是钱谦益最为惯用的手法,如此可为王世贞洗清"冤情"。他说:"元美之才,实高于鳞,其神明意气,皆足以绝世。少年盛气,为于鳞所捞拢推挽,门户既立,身价复重。譬之登峻阪,骑危墙,虽欲自下,势不能也。迨乎晚年,阅世既深,读书渐细,虚气销歇,浮华解驳。于是油然汗下,蓬然梦觉,而自悔其不可以复改矣。"学王世贞的人是"轻薄为文者";王世贞误入歧途是为"于鳞所捞拢";王世贞倡言复古,只是积势难返,身不由己。且在《列朝诗集》丙集评价李东阳《拟古乐府》时,引王世贞《书西涯古乐府后》以印证其对于王世贞委婉的护持:

> 王元美《书西涯古乐府后》云:"余向者于李宾之先生拟古乐府,病其太涉议论,过尔剪抑,以为十不得一。自今观之,奇旨创造,名语叠出,纵未被之管弦,自是天地间一种文字。若使字字求谐于《房中》《铙吹》之调,取其字句断烂者而模范之,以为乐府如是,则岂非西子之颦,邯郸之步哉!余作《艺苑卮言》时,年未四十,方与于鳞辈是古非今,此长彼短,未为定论。至于戏学《世说》,比拟形似,既不切当,又伤儇薄;行世已久,不能复

秘，始随事改正，勿令多误后人而已。"嘉、隆之际，跻北地而挤长沙者，元美为之职志。至谓长沙之启何、李，犹陈涉之启汉高。及其晚年，气渐平，志渐实，旧学销亡，霜降水落，自悔其少壮之误，而悼其不能改也。于论《西涯乐府》，三致意焉。今之谈艺者尊奉弇州《卮言》以为金科玉条，引绳批根，恐失尺寸，岂知元美固晚而自悔，以其言为土苴唾余。平津刻舟之人，知剑去已久，未有不爽然自失者也。微元美之言，将使谁正之哉！

同为复古派，其评价为何有如此天壤之别呢？依钱谦益的说法："余之评诗，与当世抵牾者，莫甚于二李及弇州。二李且置勿论，弇州则吾先世之契家也。"① 有了"契家"这层关系，使钱谦益对与自己同乡的这位前辈不免多了些关照。其"契家"关系略举述如下：钱谦益祖父钱顺时与王世贞之弟王世懋同为嘉靖三十八年己未（1559）进士，因有同年之谊。钱顺时之季弟钱顺化与王世贞关系友善，同于王锡爵女昙阳子处学道。一次，王世贞与王锡爵居昙阳观，听到外边有人礼拜絮语，祈祝之声一个时辰也没有断绝。王锡爵说："岂非三家村老翁乎？"王世贞说："必虞山钱存虚也。"出来一看，果然是钱顺化。钱谦益父亲钱世扬与顾宪成等友善，文章可以与之驰骋上下，故被王世贞称为"良史之才"。② 钱谦益与王世贞长子王士骐也有交往。《列朝诗集小传》丁集上《王司勋士骐》云："冏伯论诗文，多与弇州异同，尝语余曰：'先人构弇山

① 《题徐季白诗卷后》，《有学集》卷四十七。
② 钱谦益：《族谱后录上篇》，《牧斋晚年家乘》，上海古籍出版社 2003 年版。

园，叠石架峰，以堆积为工。吾为泌园，土山竹树，与池水映带，取空旷自然而已。'余笑曰：'兄殆以为园喻家学乎？'囧伯笑而不答。"钱谦益与王世贞孙辈亦有交往，他在《列朝诗集小传》丁集上《王少卿世懋》中称："敬美有孙曰瑞国，笃学好古，闻余弇州晚年之论，翻阅家集，扣击源委，深以吾言为然。"有了如此多层"契家"关系，则钱谦益对王世贞之态度便很明了了。

钱谦益自推其"弇州晚年定论"说为圭臬，而实则王世贞并非晚年才有此改变。其对韩柳欧苏的推服在早年的《艺苑卮言》中即有体现："韩、柳氏，振唐者也，其文实；欧、苏氏，振宋者也，其文虚；临川氏，法而狭；南丰氏，饫而衍。"① 对于苏轼的喜爱更胜一筹："子瞻之文爽而俊。"又说："懒倦欲睡时，诵子瞻小文及小词，亦觉神往。"② 万历时，虞淳熙在论当时的文坛时说："是时文苑，东坡临御。东坡者，天西奎宿也，自天堕地，分身者四：一为元美身，得其斗背；一为若士身，得其灿眉；一为文长身，得其韵之风流，命之磨蝎；袁郎晚降，得其滑稽之口而已。借光壁府，散炜布宝，四子之文章，元美得燔豕用胶之法，若士得烘石作字之法，文长得模书双雕并拎之法，而中郎得酝酿真乙酒之法。"③ 足见王世贞学苏轼之颇有道，因此，钱谦益所谓"弇州晚年定论"说又着实有些牵强附会了。

与"弇州晚年定论"类似，钱谦益自身也曾于四十岁自悔早年之学："仆年四十，始稍知讲求古昔，拨弃俗学。门弟

---

① 王世贞：《弇州四部稿》卷一百四十六，四库全书本。
② 《弇州四部稿》卷一百四十七。
③ 贺复征：《徐文长文集序》，《文章辨体汇选》卷三百十，四库全书本。

子过听，诵说流传，遂有虞山之学。"而且多次提及，"仆少壮失学，熟烂空同、弇山之书，中年奉教孟阳诸老，始知改辕易向。孟阳论诗自初盛及钱、刘、元、白诸家，无析骨杂刻髓，尚未能及六朝以上。晚始放而之剑川、遗山，余之津涉无相上下。"① 悔悟的结果则是将泰昌元年（1620）九月之前的作品亲手"尽焚"。《牧斋外集·陈百史集序》云："余未弱冠，学为古文辞，好空同、弇州之集，朱黄成诵，能暗记其行墨，每有撰述，刻意模仿，以为古文之道如是而已。长而从嘉定诸君游，皆及见震川先生之门人，传习其风流遗书，久而幡然大悟，摒去所读之书，尽焚其所为诗文，一意从事于古学。"门人瞿式耜在《牧斋先生初学集目录后序》中亦有论述："吾师牧斋先生，年及强仕，道明德立。阅天人之变，通性命之理，钻研经史，沈浸载籍，古今学术之降升，文章之流别，皆一一究其源委，击其蒙部。一旦摒挡箱箧，胥二十余年之诗文，举而付之一炬。"钱谦益此变在文学史上无疑比"弇州晚年定论说"更具意义，由少壮效空同、弇山为古文辞，转而接受唐宋派，改习宋一路，开创了清初宗宋之风。

---

① 《松圆诗老程嘉燧传》，《列朝诗集小传》丁集下。

结　语

东林党议视野下晚明文学的历史分期

晚明文学夹杂学术思潮，复杂而多变，故学界尚未有分期之论，然并非不可操作。首先因由东林学派与狂禅派的学术之辩，进而牵涉到党争的干预。公安、竟陵相继崛起于楚地，狂禅派李贽麻城传道起到了学术启蒙的作用；而在东林学术影响下的江南地区，社团文学异常繁荣，经世致用的实学观念赋予了新的时代内涵。以此观之，晚明文坛呈现出两大文学思潮交相递嬗的演进脉络，兼及政治、学术与地域的影响，可规限为文学风貌迥然有异的两期，即以天启四年（1624）为界。本年，政坛上，东林党人杨涟疏劾魏忠贤二十四大罪，遂有"六君子"、"七君子"之难；学术上，实学思潮已然成为江南地区的主流思想；文坛上，竟陵派领袖钟惺辞世，标志着性灵文学逐渐让位于社团文学。

一

万历二十年（1592）至天启四年（1624），是性灵文学繁盛的时期。在王学与"狂禅"的影响下,湖北地区的公安派和竟陵派先后登上历史舞台,高举"性灵"大旗,倡导革新,逐渐形成了全国性的影响,继而在东林党学术与政治的双重压制下先后没落。

王学的发展由正德起步,"盖弘、正以前之学者,惟以笃实为宗。至正、嘉之间,乃始师心求异"①,开始了与程朱学的消长历程。王学对程朱学的冲击,至隆庆间,已浸淫于后者所垄断的科举考试中。明末清初思想家顾炎武一语道破:"嘉靖中,姚江之书虽盛行于世,而士子举业尚谨守程朱,无敢以禅窜圣者。自兴化、华亭两执政尊王氏学,于是隆庆戊辰《论语程义》首开宗门,此后浸淫,无所底止,科试文字大半剽窃王氏门人之言,阴诋程朱。"② 张居正当国,以政治手段极力禁斥王学。万历七年(1579),诏毁天下书院。狂禅派何心隐预言:"分宜欲灭道学,华亭欲兴道学,而皆不能,兴灭者必此人也。"③ 事实竟如其言,何氏为有司所逮,以身殉道。然而,张居正死后两年,在朝王学力主阳明从祀孔庙。明代意识形态领域中,王与朱共天下的格局就此形成。万历二十二年(1594),顾宪成罢官家居,专事讲学。时王学已分为诸多门派,其中左派王学影响最大,以泰州、龙溪为首,渐次发展而为"狂禅"。当时能够和"狂禅"相抗衡的要数东林学派。"明代思想解放的潮流,从白沙发端,及阳明而大盛,到狂禅派而发展到极端。于是乎引起各方面的反对,有的专攻击狂禅或王学左派,有的竟直接牵涉到阳明,这里面最有力量能形成

---

① 《四库全书总目提要》,第1069页。
② 《日知录集释》,第658页。
③ 何心隐:《何心隐集》,中华书局1960年版,第121页。

一个广大潮流的，要首推东林派。……其代表人物为顾泾阳与高景逸。"① 万历二十年（1592）以后，先后发生了两次围绕"无善无恶"所进行的论争，以顾宪成为首的东林学派逐渐占据了上风，成为主导江南地区学术的新生力量。

与此同时，李贽客居麻城，把"狂禅"思想带到了湖北。万历十九年（1591）至二十一年（1593）间，三袁先后四次访学李贽，学界称之为"龙湖之会"。当时其他学者如焦竑、刘东星、梅国桢、丘长孺、无念、杨定见、潘雪松、陶望龄等亦与李贽交往过密，并同时与三袁有所往来，逐渐形成了远离江南的倡导"性灵"的文人群体。万历二十六年（1598）前后，京师谈禅风气日炽。公安派承间而起，万历二十七年（1599），三袁、黄辉、潘士藻诸公为倡，苏惟霖、刘日升、顾天峻、李腾芳、吴用先、方文巽、陶望龄、王章甫等人在京都城北崇国寺葡萄园结社论学，号"葡萄社"。秦京、谢于楚、钟起凤、黄炜、谢肇淛等人先后被延入社中。所谓"葡萄社"，并非文人雅集宴饮和诗文酬唱活动，而俨然以"谈禅论学"自居。在攻禅问题上，东林党借助政治力量发起京师攻禅运动，对李贽的异端学说进行清算。东林党人张问达弹劾李贽，致其死于狱中，标志着东林学在学术层面上压制了狂禅。公安派文人集团也随之趋于解体。万历三十年（1602）前后，袁宏道归公安，携袁中道隐于林下。黄辉归四川南充，啸傲山林。陶望龄隐于歇庵，著述讲学。诸人离散而居，书信往来已属不易，更无从谈起激扬新学说和新诗观了。

公安派骤衰之后，竟陵派乘间而起，万历三十八年（1610），钟惺中进士，袁宏道去世，标志着竟陵派在晚明文

---

① 《晚明思想史论》，第80页。

坛的兴起。是时距京师攻禅运动不足十年，朝廷内部党争愈烈，围绕李三才入阁及辛亥京察问题，纷如聚讼，始有"东林党"之名。入仕后的钟惺先后两次因卷入党争而致"京察"落选，仕途未通，终以书生结局。与钟惺在党争中的遭遇不同，谭元春初欲超然于党争。然而，局势的发展已非如谭元春类的正直文人所能默然。天启以后，魏阉乱政，正人君子屡遭残害。天启四年（1624），杨涟疏劾魏忠贤二十四大罪，遂有东林党"六君子"、"七君子"之难。其后，谭元春兄弟五人俱名列复社，在他本人诗文集所提到的交游中，正式参加复社的就有六十余人，其领袖人物如张采、张溥、杨廷枢、周钟、周立勋均赫然在列。此时的文人社团已经风起云涌，正酝酿新一轮重归"雅正"的复古运动，文风转而经世致用，竟陵派在极盛之后亦遭遇近乎公安派同样的尴尬，标志着性灵文学的发展告一段落。

总体而言，这一时期学术的主流在东林学派主导的江南地区，而文学的主流发源于"狂禅"影响下的湖北地区。因此，从某种意义上说，心学所追求的自由的性灵思想更适合于诗文的革新。

二

天启五年（1625）至崇祯十七年（1644），是社团文学繁盛的时期。伴随政治危机的加剧，东林党议的性质也发生了变化，由原本士大夫之间利益的纷争，演化为东林党与阉党你死我活的血腥斗争。突出反映在文学上，则是江南地区文人结社的勃兴，呈现出党社一体化的鲜明特点。

　　党与社本属政治与文学领域的两个范畴，但至天启以后，这一界限却不再明显。在党争日益加剧的形势下，社之政治意识明显加强，党社一体化的格局逐渐生成，所谓"朝之党，援社为重；下之社，丐党为荣"①。其出现的思想原因应始于东林学派的"天下观"，而有"小东林"之称的复社继承了这一观念，成为这一时期文坛的主要力量。先是吴应箕、陈贞慧等在南京举国门广业社，声讨阮大铖，抵制阉党的气焰。其后，张溥与周钟、杜麟征、夏允彝、王崇简等所订立之燕台十子社，初衷即是为了适应当时与阉党斗争的需要，其性质可谓是一个反阉党的政治同盟。复社正是由此基础上发展起来的，规模之宏大，人数之众多，跨地域之广，为众社团之最。复社以应社合并莱阳邑社、江北匡社、松江几社、中州端社、浙东超社、浙西庄社、黄州质社与江南应社等社，势力由太仓等七郡蔓延到江南，影响到江西、福建、湖广、贵州、山东、山西各省，人数也从原来诸小社中的数人，联合发展到 2025 人的大社团组织。各社团不仅定期组织集会，而且有时间组织较大规模的集会，这种集会有时超越单个会社，由多个会社共同参与，如复社曾组织过多次较大规模的集会，参与之士人来自各地，名彦毕集。尤为值得注意的是崇祯十一年（1638），发生了以《留都防乱公揭》驱逐阮大铖的事件。这一谴责阮氏的文字，由吴应箕起草，东林党顾宪成孙顾皋列名首，黄宗羲列次，其余复社诸君子列其后，凡百四十人。这一事件鲜明的体现了复社党社一体的政治化倾向。崇祯十四年（1641），复社与东林党联合"倒薛扶周"的事件，体现了复社和东林党密切的政治关系。时温体仁执政，欲以钱、瞿案一兴两狱，妄图

---

　　①　《为可堂集·谢友人招入社书》。

将东林、复社一网打尽。礼部侍郎东林党周忠建门人吴昌时移书致张溥，提出"倒薛扶周"的策略。① 于是，钱谦益与张溥在虎丘石佛寺策划了这起事件，使得周延儒成功入阁，东林党刘宗周、黄道周等得以重新任用，复社之狱也得平息。复社与东林这场政治联合运动取得了阶段性胜利，说明东林与复社有着共同的政治倾向，从政治层面讲，其"小东林"之称实有可观之处。从一定意义上说，党社一体化的主旨在于倡导实学理念，经世救时，但在发展过程中逐渐偏离了方向，对于明亡的后果难辞其咎。

总体而言，这一时期由于党争的影响，"经世致用，复兴古学"成为文坛的流行口号，具有政治性和文学性双重身份的社团成为这一口号的宣传者和实践者。

① 《东林本末》，第186页。

附　录

一　明天启年间阉党编造诬陷东林党的相关名单

1.《东林党人榜》①

天启五年（1625）十二月，逆珰魏忠贤矫旨颁示天下

李三才	叶向高	顾宪成	邹元标	赵南星	高攀龙	杨　涟	左光斗	魏大中	周朝瑞
袁化中	顾大章	汪文言	周顺昌	缪昌期	周宗建	黄尊素	丁乾学	吴裕中	万　燝
吴怀贤	刘　铎	周起元	夏之令	李应昇	熊廷弼	鹿善继	吕维祺	孙承宗	贺逢圣
汪乔年	范景文	焦源溥	侯震旸	贺　烺	蔡懋德	惠世扬	李　亥	顾宗孟	魏光绪
练国事	蒋允仪	解学龙	刘　懋	赵洪范	吴尔成	刘宗周	万言扬	陈于廷	朱国桢
孙　鑨	王　纪	黄公辅	涂世业	季希孔	汤兆京	章嘉祯	王象春	孙居相	孙鼎相
乔允升	钱谦益	曹于汴	黄正宾	邹维琏	孙慎行	房可壮	曾　樱	丁元荐	游士任
王之雅	崔景荣	刘宪龙	程正已	涂一榛	方震孺	王允成	徐宪卿	陈必谦	冯从吾
郑三俊	文震孟	郑　鄤	毛士龙	李炳恭	李邦华	史纪事	夏嘉遇	甄　淑	刘思海
许学卿	熊奋渭	郝土膏	章允儒	熊德扬	欧阳调律	刘　璞	张慎言	马鸣起	江秉谦
李日宣	乔可聘	刘　芳	薛敷教	沈思孝	顾允成	徐石麒	周嘉谟	刘一燝	翟学程
韩　爌	杨惟休	蔡毅中	宋　槃	张拱宸	沈正宗	王　洽	王心一	李宗延	倪　思
张鹏云	程　註	赵世用	方员度	沈维炳	朱钦相	姚思仁	胡良机	杨　姜	萧　基

---

① 刘若愚：《酌中志余》，明季野史清钞汇编本。

李遇知	霍守典	汪应蛟	杨维新	蒋大中	姚希孟	胡永顺	麻僖	魏应知	汪时熙
陈士元	杨建烈	宋师襄	乔承诏	潘云翼	吴良辅	李乔崙	翁正春	朱大典	陈奇瑜
吴宏业	孙统绪	洪如钟	欧阳东凤	杜三策	朱国弼	林汝翥	杨栋朝	王振奇	赵彦
唐绍尧	周洪谟	陈道亨	岳元声	张问达	周汝弼	张继孟	刘廷佐	史永安	田珍
段然	方逢年	李继贞	顾锡畴	黄承业	李若星	师众	毕佐周	李承恩	王之寀
邓渼	何栋如	吴用先	孟淑孔	许念敬	熊明遇	何士晋	黄龙光	杨时乔	卢化鳌
徐良彦	钱士晋	施天德	王图	翟凤翀	陈一元	陈长祚	毕懋康	李腾芳	赵昌运
彭遵古	程国祥	朱光祚	徐如珂	钟羽正	蒋正阳	林乔枝	韩策	汪先岸	郭正域
孙丕扬	胡忻	王元翰	王宗贤	余懋衡	孙玮	李孔度	李仙品	周道登	朱世守
杨一鹏	陆完学	陈良弼	陈言	李元	王祚昌	霍锁	杨新期	谈自省	马孟祯
韩奇象	方有度	金世俊	米万锺	王继谟	李思诚	方大任	陶朗先	陈熙昌	张国纯
何如宠	戴忠	冯琦	刘元珍	姜志礼	于孔兼	耿如杞	区九伦	梅之焕	姜习孔
金士衡	侯恪	韩霖	易应昌	江东之	宋燾	钱龙锡	姜逢元	陈一敬	刘策
陈子壮	黄道周	王淑汴	满朝荐	沈演	刘鸿训	成基命	王国兴	张国纪	杨嘉祚
汪康谣	史孟麟	安希范	李复阳	林宰	张永祯	刘起肤	陈新之	朱灏	刘宪章
韩钟勋	周孔教	黄毓祺	贺王醇	赵德遴	孟称光	刘斯陛	戴埠	陈仁锡	刘宏化
吴道坤	张道浚	李守俊	刘之凤	王钟庞	公鼒	吴宏济	刘士章	张经世	徐遵阳
侯恂	徐缙芳	萧近	彭汝南	沈应时	薛文周	陈邦瞻	赵清衡	何吾驺	

以上诸人，生者削籍，死者追夺，已经削夺者禁锢。

2. 《东林朋党录》①

赵南星	（已处）甲辰北直高邑人	
张问达	（已处）癸未陕西泾阳人（座师陈长祚）	
叶向高	（回籍）癸未福建福清人（座师陈长祚）	
孙慎行	（已处）乙未南直武进人（座师陈继礼、潘洙）	
余懋衡	（已处）壬辰南直婺源人（座师焦竑）	
王纪	（已处）己丑山西芮城人（座师徐应聘）	
邹元标	（已处）丁丑江西吉水人	
乔允升	（回籍）壬辰河南洛阳人（座师周应宾）	
冯从吾	（已处）己丑陕西长安人（座师徐应聘）	

---

① 《酌中志余》。

杨　涟	（重处）丁未湖广应山人（座师赵师圣）
左光斗	（重处）丁未南直桐城人（座师李胤昌）
汪道亨	（已故）癸未（南直休宁）①人（座师韩世能）
曹于汴	（已处）壬辰山西安邑人（座师邹德溥、詹任泮）
陈于廷	（已处）己未南直宜兴人（座师傅新德）
孙居相	（已处）壬辰山西沁水人（座师张尚学）
王之寀	（已处）辛丑陕西朝邑人（座师朱之蕃）
郑三俊	（在籍）戊戌南直建德人（座师项应祥）
刘　策	（已处）辛丑山东武定人（座师朱之蕃）
饶　伸	（回籍）癸未江西（进贤）人（座师陈长祚）
王　图	（已处）丙戌陕西耀州人（座师赵用贤）
叶茂才	（在籍）己丑南直无锡人（座师杨起元）
李邦华	（已处）甲辰江西吉水人（座师曾可前）
蔡毅中	（回籍）辛丑河南光山人（座师张主敬、赵用先）
何士晋	（已处）戊戌南直宜兴人（座师李腾芳）
周起元	（已处）辛丑福建海澄人（座师孙如游）
程正己	（已处）丁未山西长治人（座师赵师圣）
徐良彦	（已处）戊戌江西新建人（座师韩爌）
魏云中	（在籍）辛丑山西武乡人（座师赵师圣）
翟凤翀	（回籍）甲辰山东益都人（座师顾起元）
李若星	（在籍）甲辰河南息县人（座师王毓宗）
宋　槃	（回籍）辛丑山东（乐陵）人（座师邓世龙）
毕懋康	（已处）戊戌南直歙人（座师刘生中）
李成名	（在籍）甲戌山西太原人
缪昌期	（已处）癸丑南直江阴人
钱谦益	（已处）庚戌苏州常熟人
文震孟	（降级）壬戌苏州长洲人（座师周希令）
涂一榛	（已处）甲戌福建镇海人（座师马大儒）
刘宗周	（已处）辛丑浙江江阴人（座师孙如游）
惠世扬	（已处）丁未陕西清涧人（座师王升）

---

① 　括号中籍贯原阙。朱文杰：《东林党史话》据《明清进士题名碑录》补。

程 註	（已处）	庚戌湖广孝感人（座师骆从宇）
霍守典	（已处）	庚戌山西沁州人（座师张邦纪）
钱 春	（已处）	甲辰常州武进人（座师庄天合、杨廷槐）
史纪事	（已处）	己未陕西渭南人（座师傅新德）
张光房	（已处）	辛丑山西泽州人（座师高承祚）
徐梦麟	（在籍）	丙戌南直宣城人（座师冯琦）
李炳恭	（回籍）	甲辰福建闽县人（座师赵秉忠）
丁元荐	（回籍）	丙戌湖州长兴人（座师杨起元）
吴尔成	（回籍）	甲辰南直青浦人（座师张问达）
王时熙	（已故）	辛丑江西南昌人（座师侯光春）
陈伯友	（已处）	辛丑山东济宁人（座师朱之蕃）
周朝瑞	（已处）	丁未山东临清人（座师耿庭柏）
沈应奎	（回籍）	举人南直武进人
魏大中	（已处）	丙辰浙江嘉善人（座师商周祚）
郝土膏	（降级）	癸丑陕西郿县人（座师李养正）
李遇知	（已处）	庚辰陕西洋县人（座师彭凌霄）
张慎言	（已处）	庚戌山西阳城人（座师施凤来）
解学龙	（已处）	癸丑扬州兴化人（座师龚三益）
毛士龙	（已处）	癸丑南直宜兴人（座师庄祖诰）
杨维新	（未处）	己未陕西（高陵）人（座师庄祖诰）
刘 懋	（已处）	癸丑陕西临潼人（座师周日庠）
徐宪卿	（未处）	癸丑南直太仓人（座师周炳谟）
房可壮	（已处）	甲辰山东益都人（座师顾起元）
袁化中	（已处）	丁未山东武定人（座师耿庭柏）
杨建烈	（未处）	癸丑陕西（韩城）人（座师刘定国）
刘 璞	（已处）	举人山东益都人
王允成	（已处）	举人山西阳城人
魏光绪	（已处）	癸丑山西武乡人（座师李养正）
李应昇	（已处）	丙辰南直江阴人（座师张瑞图、周延儒）
刘 芳	（已处）	丙辰陕西渭南人（座师韩文焕）
翟学程	（已处）	举人山西人（座师周士显）
黄尊素	（已处）	丙辰绍兴余姚人（座师韩日缵）

张鹏云	丙辰山西阳城人（座师韩日缵）
蒋允仪	丙辰南直宜兴人（座师李标、马之骐）
李　元	丙辰陕西同州人（座师李标、马之骐）
郑宗周	丁未山西沁水人（座师李腾芳）
游士任	庚戌湖广嘉鱼人（座师朱世守）
李日宣	癸丑吉安吉水人（座师周曰庠）
黄公辅	丙辰广东新会人（座师唐大章）
陈必谦	癸丑苏州常熟人
万言扬	举人湖广孝感人
张继孟	（未处）己未陕西扶风人（座师吴亮嗣）
张光前	（降级）庚戌山西泽州人（座师雷思霈）
程国祥	（已处）甲辰南直歙县人（座师全天叙）
邹维琏	（已处）丁未江西新昌人（座师周道登）
孙必显	（已处）丙辰陕西潼关人（座师聂心汤）
贺世寿	（已处）庚戌南直丹阳人（座师胡应台）
顾大章	（已处）丁未南直常熟人（座师靳于中）
王元翰	（在籍）辛丑云南宁州人（座师雷思霈）
荆养乔	（在籍）乙未山西临晋人（座师唐文献）
刘时俊	（已处）戊戌四川（隆昌）人（座师韩爌）
黄正宾	（已处）粟监南直休宁人
沈正宗	（已处）丁未南直吴江人（座师靳于中）
王象春	（已处）庚戌山东新城人（座师王家植、陈五昌）
王命新	（降级）庚戌山东汶上人（座师雷思霈）

3. 东林胁从①

顾秉谦	（现任）乙未苏州昆山人（座师董元学）
朱延禧	（在籍）乙未（山东聊城）人（座师邹德溥）
吴用先	（闲住）壬辰南直桐城人（座师周应宾）
熊明遇	（已处）辛丑江西进贤人（座师郭昌）

---

① 《酌中志余》。

胡应台	（革任）戊戌湖广浏阳人（座师吴道南）
周希圣	（已处）己丑湖广零陵人（座师李廷机）
吴仁度	（已处）（己丑）江西（金溪）人
朱光祚	（在籍）乙未湖广江陵人（座师蒋时馨）
李先品	（在籍）乙未陕西（高陵）人（座师汤东明）
王洽	（已处）甲辰山东临邑人（座师张文光）
谢应祥	（已处）辛丑江西吉安人
南居易	（已处）辛丑陕西渭南人（座师朱之蕃）
韩光佑	（已处）戊戌湖广（光化）人（座师史继偕）
孙鼎相	（已处）戊戌山西沁水人（座师刘为楫）
姚希孟	（已处）己未南直长州人
周延儒	（未处）癸丑南直宜兴人（座师张延登）
潘云翼	（已处）癸丑山西宁化人（座师郭尚友）
霍镆	（已处）丙辰山西马邑人（座师李标、马之骐）
乔应甲	（降级）庚戌山西介休人（座师王家植、陈五昌）
李乔崘	（已处）举人陕西高陵人
周汝弼	（外转未处）丙辰河南商城人（座师成基命）
樊尚璟	（在籍降级）丙辰江西进贤人（座师成基命）
宋师襄	（降级）丙辰陕西耀州人（座师李标、马之骐）
马鸣世	（未处）丙辰陕西武功人（座师张邦纪）
方震孺	（已处）癸丑南直寿州人（座师何如宠）
沈应时	（外转未处）癸丑南直无锡人（座师郭尚友）
陶崇道	（降级）庚戌浙江会稽人（座师孙承宗、曹于汴）
涂世业	（已处）丙辰江西南昌人（座师韩文焕）
薛大中	（外转未处）庚戌（陕西三原）人（座师孙承宗、曹于汴）
暴谦贞	（未处）癸丑山西（屯留）人（座师周炳谟、黄立极）
甄淑	（已处）庚戌湖广黄冈人（座师王家植、陈五昌）
魏应嘉	（未处）甲辰南直兴化人
濮中玉	（在籍）丁未南直舒城人（座师靳于中）
旷鸣鸾	（降级）丁未江西庐陵人（座师李胤昌）
朱万春	（已故）辛未南直无为人（座师孙如游）
陈一元	（已处）辛丑南直建德人（座师王士晋）

陈以闻	（已处）丁丑湖广麻城人（座师盛以宏、顾天峻）
麻　禧	（已处）丁未陕西庆阳人（座师盛以宏、顾天峻）
冯三元	（未处）庚戌（顺天府三河）人（座师骆从宇）
高　推	（未处）丁未北直（宁晋）人（座师高拱极）
韩万象	（已处）辛丑山西太原人（座师唐文献）
马孟祯	（在籍已处）戊戌南直桐城人（座师刘正中）
赵运昌	（在籍）丁未陕西临潼人（座师黄国鼎）
刘宪宠	（已处）壬辰浙江慈溪人（座师冯琦）
吴良辅	（在籍）甲辰四川（潼川）人（座师全天叙）
姚　镛	（在籍）辛丑山西（太原卫）人（座师王士晋）
萧　基	（未处）癸丑江西（泰和）人（座师钱象坤）
金士衡	（回籍）壬辰南直长洲人（座师全天叙）
顾际明	（在籍）己丑浙江乌程人（座师陆可教）
范凤翼	（已处）戊戌南直通州人
张笃敬	（已处）辛丑河南扶沟人（座师侯光春）
周顺昌	（已处）癸丑南直吴县人（座师黄士晋）
段　然	（已处）乙未湖广江夏人（座师薛三才）

4.《东林点将录》

东林开山元帅①	开山元帅②
托塔天王南户部尚书李三才	托塔天王南户部尚书李三才
总兵都头领二员	总兵都头领二员
天魁星呼保义大学士叶向高	天魁星及时雨大学士叶向高
天罡星玉麒麟吏部尚书赵南星	天罡星玉麒麟吏部尚书赵南星
掌管机密军师二员	掌管机密军师两员
天机星智多星右谕德缪昌期	天机星智多星左谕德缪昌期
天闲星入云龙左都御史高攀龙	天闲星入云龙左都御史高攀龙
协同参赞军务头领一员	协同参赞军务头领一员
地魁星神机军师礼部员外顾大章	地极星神机军师历部员外郎顾大章

① 《酌中志余》。
② 王绍徽：《东林点将录》，清光绪宣统间长沙叶氏郎园刻双楳景闇丛书本。

掌管钱粮头领二员	掌管钱粮头领二员
天富星扑天雕礼部主事贺烺	天富星扑天雕礼部主事贺烺
地狗星金毛犬尚宝司少卿黄正宾	地狗星金毛犬尚宝司少卿黄正宾
正先锋一员	正先锋一员
天杀星黑旋风吏科都给事魏大中	天杀星黑旋风吏科都给事中魏大中
左右先锋二员	左右先锋二员
地飞星八臂哪咤吏部郎中邹维琏	天暗星青面兽浙江御史房可壮
地走星飞天大圣浙江道御史房可壮	地周星跳涧虎福建道御史周宗建
马军五虎将五员	马军五虎将五员
天勇星大刀左副都御史杨涟	天勇星大刀手左都御史杨涟
天雄星豹子头左金都御史左光斗	天雄星豹子头左金都御史左光斗
天猛星霹雳火大理寺少卿惠世杨	天猛星霹雳火大理寺少卿惠世杨
天威星双鞭手浙江道御史袁化中	天威星双抢将太仆寺少卿周朝瑞
天立星双枪将福建道御史周宗建	天立星双鞭将河南道御史袁化中
马军八骠骑大将八员	马军八骠骑八员
天英星小李广山东道御史黄尊素	天英星小李广福建道御史李应升
天佑星金枪手福建道御史魏光绪	天捷星没羽毛箭陕西道御史蒋允仪
天暗星青面兽福建道御史李应升	天空星急先锋山东道御史黄尊素
天空星急先锋四川道御史夏之令	天退星插翅虎浙江道御史夏之令
天捷星没羽箭陕西道御史蒋允仪	天凶星没遮拦吏科给事中刘宏化
天满星美髯公刑科给事中解学龙	天满星美髯公刑科给事中解学龙
天微星九纹龙吏科给事中刘懋	地猘星毛头星刑科给事中毛士龙
天究星没遮拦礼科给事中刘宏化	地镇星小遮拦工科给事中刘懋
总探声息走报机密头领二员	总探声息走报机密头领二员
天速星神行太保光禄寺寺丞吴尔成	天速星神行太保尚宝司丞吴尔成
地速星中箭虎尚宝司少卿丁元荐	地速星中箭虎光禄寺少卿丁元荐
行文走檄调兵遣将头领一员	行文走檄调兵遣将头领一员
地囚星旱地忽律广西道御史游士任	地囚星旱地忽律广西道御史游士任
掌管行刑剑子手头领二员	掌管行刑剑子手头领二员
地损星一枝花礼部尚书孙慎行	地损星一枝花礼部尚书孙慎行
地平星铁臂膊刑部右侍郎王之寀	地平星铁臂膊刑部右侍郎王之寀
巡视城垣头领一员	

天异星赤发鬼左通政刘宗周	
定功赏罚军政头领二员	定功赏罚军政头领二员
地理星九尾鱼右金都御史程正己	地正星铁面孔目左金都御史程正己
地壮星母夜叉左通政涂榛	地奴星催命判官左通政涂一榛
考算钱粮出支纳入头领一员	
地劣星活阎婆湖广道御史方震孺	
分守南京汛地水军头领八员	分守南京汛地头领六员
天寿星混江龙南广东道御史王允成	地英星天目将南京江西道御史陈必谦
天竟星船火儿南四川道御史万言扬	天竟（平）星船火儿南京广东道御史王允成
天损星浪里白跳南山西道御史万公辅	天损星浪里白跳南京吏部郎中王象春
天剑星立地太岁南山东道御史涂世叶	地劣星活阎婆南京工科给事中徐宪卿
天罪星短命二郎南江西道御史史希孔	
天败星活阎罗南吏部郎中王象春	
地进星出洞蛟南工部给事中许宪卿	地进星出洞蛟南京山西道御史黄公辅
地退星翻江蜃南江西道御史陈必谦	地退星翻江蜃南京四川道御史万言扬
守护中军大将十二员	守护中军大将十二员
天暴星两头蛇兵部左侍郎孙居相	天寿星混江龙大学士刘一燝
天灾星双尾蝎南副都御史孙鼎相	天微星九纹龙大学士韩爌
天孤星花和尚兵部左侍郎李瑾	地短星出林虎大学士孙承宗
天伤星行者左都御史邹元标	天伤星武行者左都御史邹元标
天守星病关索刑部尚书乔允升	天牢星病关索刑部尚书乔允升
天彗星拼命三郎吏部左侍郎陈于庭	地角星独角龙吏部尚书张问达
天退星插翅虎大学士刘一燝	地强星锦毛虎工部尚书冯从吾
天巧星浪子左谕德钱谦益	天巧星浪子左春坊左谕德钱谦益
天贵星小旋风左都御史曹于汴	天贵星小旋风右都御史曹于汴
地巧星玉臂匠刑部尚书王纪	地巧星笑面虎吏部左侍郎陈于廷
地勇星病尉迟工部尚书冯从吾	地转星立地太岁吏部尚书周嘉谟
地明星钱笛仙户部侍郎郑三俊	地轴星轰天雷礼部尚书王图
四方打听邀接来宾头领八员	四方打听邀接来宾头领十二员
地文星圣手书生修撰文震孟	地文星圣手书生翰林院修撰文震孟地
地异星白面郎君庶吉士郑鄤	地异星白面郎君翰林院庶吉士郑鄤

地耗星白日鼠刑科给事中毛士龙	明星铁笛仙户部左侍郎郑三俊
地全星鬼脸儿光禄寺寺丞李炳恭	地全星鬼脸儿光禄寺寺丞李炳恭
地稽星操刀鬼兵部右侍郎李邦华	地壮星母夜叉礼部右侍郎张萧
地妖星摸着天光禄寺少卿史纪事	地妖星摸着天光禄寺少卿史记事
地微星矮脚虎翰林院检讨姚希孟	地阔星摩云金翅翰林院检讨姚希孟
地彗星一丈青吏部员外郎夏嘉遇	地彗星一丈青吏部员外郎孙必显
	地满星玉旛竿吏部员外郎周顺昌
	地兽星紫髯伯吏部员外郎张光前
	地阴星母大虫翰林院检讨顾锡畴
	地暗星锦豹子礼部主事荆养乔
专守帅字旗头领一员	捧把帅字旗将校一员
地贼星鼓上蚤内阁中书汪文言	地贼星鼓上蚤内阁中书汪文言
	镇守南京正将一员
	地煞星混世魔王操江右金都御史熊明遇
马军头领二十员	马步三军头领四十六员
地煞星镇三山户科给事中甄淑	地煞星镇三山兵科给事中甄淑
地阔星摩云金翅左中允罗喻义	天彗星拼命三郎刑部尚书王纪
地丑星石将军云南道御史李日宣	地丑星石将军右金都御史张凤翔
地镇星小遮拦右金都御史徐良彦	天佐星金枪手右金都御史徐良彦
地满星玉旛竿吏部郎中周顺昌	天孤星花和尚兵部左侍郎李瑾
地灵星神医云南道御史胡良机	地灵星神医手云南道御史胡良机
地角星独角龙兵部侍郎刘策	天暴星两头蛇兵部右侍郎孙居相
地正星铁面孔目大理寺寺丞刘廷宣	地勇星病尉迟兵部右侍郎李邦华
地猛星神火将湖广道御史刘芳芬	地猛星神火将贵州道御史张慎言
地佐星小温侯兵部右侍郎何士晋	地佐星小温侯兵部右侍郎何士晋
地轴星轰天雷南尚宝司卿傅宗皋	天哭星双尾蝎左副都御史孙鼎相
地强星锦毛虎大理寺少卿韦藩	地巧星玉臂匠右金都御史程绍
地奇星圣水将户部右侍郎陈所学	地奇星圣水将户部右侍郎陈所学
地威星百胜将吏部尚书张问达	地威星百胜将河南道御史谢文锦
地乐星铁叫子右金都御史程绍	地乐星铁叫子山东道御史刘思海
地隐星白花蛇右金都御史王洽	地隐星白花蛇河南道御史杨新期
地察星青眼虎河南道御史熊则桢	地察星青眼虎吏科给事中陈良训

地遂星通臂猿湖广道御史刘其忠	地遂星通臂猿山西道御史侯恂
地健星险道神尚宝司少卿曾同升	地健星险道神右佥都御史李若星
地孤星金钱豹子少常寺少卿尹同皋	地孤星金钱豹子兵科给事中萧基
步军头领二十七员	
地恶星没面目大学士孙承宗	地恶星没面目兵部右侍郎刘策
地阴星母大虫山东道御史刘思诲	天异星赤发鬼左通政司刘宗周
地藏星笑面虎吏部尚书周嘉谟	地稽星操刀鬼光禄寺少卿沈应奎
地奴星催命判官河南道御史杨新期	地飞星八臂哪咤吏部郎中夏嘉遇
地刑星菜园子右佥都御史周起元	地刑星菜园子右佥都御史周起元
地短星出林龙四川道御史舒荣都	地走星飞天大圣吏部郎中邹维琏
地空星小霸王太常寺少卿韩继思	地定星小霸王太常寺少卿韩继思
地幽星病大虫四川道御史练国事	地幽星病大虫户科给事中薛文周
地暗星锦豹子礼部主事荆养乔	天罪星短命二郎湖广道御史刘芳
地狂星独火星金都御史朱世守	地火星独火星右佥都御史朱世守
地兽星紫髯伯吏部郎中张光前	天败星活阎罗江西道御史方震孺
地佑星赛仁贵太常寺卿李应魁	地佑星赛仁贵太常寺少卿李应魁
地会星神算子太常寺少卿赵时用	地会星神算子太常寺少卿赵时用
地阖星火眼狻猊山东道御史李元	地阖星火眼狻猊太常寺少卿程注
地英星天目将太常寺少卿程注	地微星矮脚虎福建道御史魏光绪
地捷星花项虎太常寺少卿李逢节	地捷星花项虎四川道御史练国事
地俊星铁扇子太常寺卿陈易	地俊星铁扇子大理寺少卿韦藩
地周星跳涧虎南刑部尚书胡应台	地耗星白日鼠湖广道御史刘大受
地狷星毛头星刑科给事中毛士龙	地理星九尾龟河南道御史熊则桢
地杰星丑郡马大理寺少卿魏应嘉	地杰星丑郡马兵科给事中沈惟炳
地伏星金眼彪大学士朱国桢	地伏星金眼彪湖南道御史刘其忠
地雄星井木犴河南道御史谢文锦	地雄星井木犴户科给事中郝土膏
地暴星丧门神兵科给事中萧基	地暴星丧门神右佥都御史王洽
地数星小尉迟翰林院检讨顾锡畴	地数星小尉迟云南道御史李日宣
地僻星打虎将工部主事邹之麟	地僻星打虎将山东道御史李元
地燃星混世魔王提督操江右佥都御史 熊明遇	
地魔星云里金刚四川道御史宋师襄	地魔星云里金刚四川道御史宋师襄

5. 《东林同志录》①

政府六人

叶向高	刘燝	韩爌	吴道南	孙承宗	朱国桢				

词林十九人

孙慎行	王图	公鼐	缪昌期	钱谦益	蔡毅中	翁正春	钱士升	盛以宏	李标
郭淐	文震孟	侯恪	姚希孟	南师仲	郑鄤	方逢年	顾锡畴	赵秉忠	

部院五十七人

李三才	赵南星	王纪	高攀龙	邹元标	余懋衡	毕懋良	曹于汴	周嘉谟	张问达
王象干	陈于庭	杨涟	董应举	左光斗	王之寀	郑三俊	孙居相	王国桢	张凤翔
李邦华	刘策	乔允升	饶伸	冯从吾	昌仁庆	吴用先	何士晋	朱光祚	周起元
周希圣	李成名	魏说	南居益	毕懋康	邓渼	程正己	谢应祥	韩光佑	徐良彦
宋盘	汪道亨	魏允武	孙鼎相	武之望	石昆玉	岳元声	叶茂才	李瑾	李若星
熊明遇	赵彦	丁宾	解经邦	张我续	钟羽正	沈儆炌			

卿寺七十二人

顾宪成	吴达可	于玉立	姜士昌	姜志礼	涂一榛	翁宪祥	惠世扬	丁元荐	陈以闻
程注	刘复初	邹德咏	陈宗器	钱春	麻禧	史纪事	张光前	吴尔成	史永安
黄龙光	章嘉祯	傅淑训	孟习孔	吴亮	周道登	胡琳	薛敷敎	逯中立	沈应奎
王佐	吴良辅	徐梦麟	朱吾弼	李炳恭	史孟麟	王时熙	胡忻	旷鸣鸾	姚铺
彭瑞吾	潘文	陈幼学	潘云翼	刘元珍	赵昌运	鲍应鳌	金士衡	霍守典	周朝瑞
陈大绶	洪文衡	王命新	傅振商	刘宪宠	曾同升	濮中玉	侯执蒲	朱万春	顾际明
刘定国	陈一元	周尔发	陈伯友	马孟祯	何栋如	文翔凤	王玉立	刘惟忠	曾陈易
吕炯如	陈所学	傅宗华							

---

① 《酌中志余》

台省七十六人

魏大中	陶崇道	熊奋渭	沈惟炳	解学龙	魏光绪	刘　懋	房可壮	袁化中	毛士龙
李应升	刘　芳	赵延庆	翟学程	黄尊素	周汝弼	汤兆京	蒋允仪	李乔崙	练国事
游士任	周宗建	方有庆	李日宣	方震孺	李希孔	李　元	郝士膏	李遇知	张慎言
黄公辅	涂世叶	万言扬	张继孟	王允成	侯　恂	刘　璞	陈必谦	杨建烈	杨维新
张云鹏	郑宗周	马鸣起	乔承诏	宋师襄	马鸣世	沈应时	薛大中	刘廷佐	萧　基
甄　淑	刘之待	张宏化	刘思海	谢奇举	陈奇瑜	刘　溪	谭　错	徐正芳	汪怀德
钱一本	潘之祥	孙振基	蒋　贵	史学迁	霍　镆	张养德	王基洪	宋　焘	顾士奇
许誉卿	孙之益	刘大受	帅　众	胡士奇	樊尚璟				

部曹四十一人

王象春	郑振先	刘永澄	李　朴	夏嘉遇	邹维琏	于孔兼	王士骐	张光前	冯时来
王则古	王士杰	刘廷谏	程国祥	贺　烺	荆养乔	沈正宗	段　然	王元翰	诸寿贤
方一藻	方孔照	王淑汴	杨金通	涂绍煃	周顺昌	孙必显	袁中道	臧照如	惠承芳
蒋宏宪	张笃敬	周应期	周廷侍	张枅芳	薛敷教	刘荣嗣	刘定国	李一鳌	王凝祚
熊明夏									

藩臬郡邑二十六人

顾大章	吴正志	尹　伸	韩万象	钟　惺	陆大受	陆完学	刘可法	盛万年	顾国宝
钱大复	李　俸	黄一腾	邱懋炜	吉　人	钱士晋	樊玉家	瞿式相	卢化鳌	康元穗
施天德	陈一教	周泰峙	陶　挺	李若愚	沈惟堡				

资郎武弁山人二十一人

吴养春	汪文言	黄正宾	贺学仁	许念敬	沈傲垣	陆基志	毛　维	茅元仪	王钟庞
臧煦如	汪宗孝	张懋忠	黄衍相	顾大猷	汪　镳	张思任	张邦经	孟淑孔	周大成
陆基恕									

6. 《东林籍贯录》①

北直（北京）八人

| 孙承宗 | 赵南星 | 吕兆熊 | 孙昌龄 | 刘廷谏 | 丁乾学 | 郭 巩 | 张文熙 | | |

南直（南京）四十一人

缪昌期	钱谦益	孙慎行	陈于庭	郑三俊	毕懋良	董其昌	高攀龙	左光斗	吴用先
何士晋	毕懋康	姜志礼	曹师稷	钱 春	吴尔成	倪应春	薛敷教	许誉卿	解学龙
王心一	周宗建	夏嘉遇	程国祥	毛士龙	李应升	蒋允仪	赵时用	贺 烺	顾大章
方孔照	沈正宗	文震孟	李凌云	游汉龙	吴 炯	史孟麟	郑 鄤	姚希孟	方有度
方震孺									

浙江十一人

| 朱国桢 | 喻安性 | 丁元荐 | 周汝登 | 胡 琳 | 陶宗道 | 魏大中 | 黄尊素 | 李日华 | 岳元声 |
| 方逢年 | | | | | | | | | |

江西十六人

| 邹元标 | 李邦华 | 饶 伸 | 吴仁度 | 邓 渼 | 谢应祥 | 徐良彦 | 邹德泳 | 黄龙光 | 邹维琏 |
| 熊明遇 | 朱吾弼 | 涂绍煃 | 师 众 | 熊明基 | 李日宣 | | | | |

湖广二十人

| 罗喻义 | 周嘉谟 | 陈所学 | 杨 涟 | 朱光祚 | 韩光佑 | 陈以闻 | 王 佐 | 傅淑训 | 孟习孔 |
| 沈惟炳 | 胡永顺 | 游士任 | 程 注 | 周应期 | 段 然 | 钟 惺 | 袁中道 | 魏 说 | 胡应台 |

河南七人

| 蔡毅中 | 乔允升 | 彭端吾 | 熊奋渭 | 周汝弼 | 练国事 | 马之骏 | | | |

---

① 《酌中志余》。

福建五人

董应举	叶向高	周起元	涂一榛	李炳恭				

山东十三人

王象乾	毕自严	张凤翔	刘 策	柳 佐	王 洽	宋 㮷	翟凤翀	程 绍	史永安
房可壮	袁化中	王象春							

山西十五人

韩 爌	孙居相	程正己	魏云中	孙鼎相	尹同皋	张光房	魏光绪	姚 铺	赵延庆
张光前	荆养乔	潘 文	潘云翼	李成名					

陕西十八人

王 图	王国桢	王之寀	冯从吾	南居易	武之望	惠世扬	刘复初	韩继思	麻 禧
史纪事	刘 懋	刘 芳	王淑汴	薛 贞	张继孟	赵 彦	李一鳌		

四川五人

欧阳调律	王祚昌	王仕杰	孙之益	吴良辅				

广东一人

曾陈易								

云南一人

王元翰								

贵州一人

王祚远								

7. 东林登科录①

嘉靖二十三年甲辰科秦鸣雷榜（一人）

陈士元	湖广乡试第十四名，会试第二十五名，廷试二甲第七十五名。

嘉靖三十五年丙辰科诸大绶榜（二人）

孙鑨	廷试二甲第二名。	孙丕扬	廷试三甲第一百三十九名。

嘉靖四十四年乙丑科范应期榜（一人）

杨时乔	廷试二甲第四十一名。

隆庆二年戊辰科罗万化榜（二人）

沈思孝	浙江乡试第六十名，会试第一百二十八名，廷试三甲第六十四名。
程拱宸	福建乡试第五十名，会试第五十一名，廷试三甲第一百七名。

隆庆五年辛未科张元忭榜（二人）

周嘉谟	廷试二甲第二十九名。	陈长祚	廷试三甲第五十六名。

万历二年甲戌科孙继皋榜（三人）

汪应蛟	廷试二甲第三十六名。	赵南星	廷试三甲第一百七十七名。
李三才	廷试二甲第七十名。		

万历五年丁丑科沈懋学榜（四人）

冯琦	山东乡试第十名，会试第一百十七名，廷试二甲第二十二名。
孙玮	陕西乡试第三十一名，会试第二百七名，廷试三甲第一百二十三名。
邹元标	江西乡试第五十六名，会试第五十三名，廷试三甲第一百二十九名。

---

① 李桢：《东林党籍考》，人民文学出版社 1957 年版。

江东之	应天府乡试第三十三名，会试第二十九名，廷试三甲第二百三十七名。

万历八年庚辰科张懋修榜（五人）

顾宪成	廷试二甲第二名。	钟羽正	廷试三甲第六十七名。
周孔教	廷试三甲第七十八名。	于孔兼	廷试三甲第一百七十二名。
章嘉祯	廷试三甲第一百八十七名。		

万历十一年癸未科朱国祚榜（九人）

史孟麟	万历十一年壬午应天府乡试第九名，廷试二甲第九名。
叶向高	万历七年己卯福建乡试第二十五名，廷试二甲第十二名。
郭正域	万历十年壬午湖广乡试第六名，廷试二甲第二十七名。
崔景荣	万历十年壬午顺天府乡试第六十一名，廷试三甲第二十二名。
张问达	万历元年癸酉乡试第四名，廷试三甲第四十一名。
岳元声	万历四年丙子浙江乡试第四十九名，廷试三甲第九十五名。
李复阳	万历七年己卯江西乡试第六十一名，廷试三甲第一百名。
赵　彦	万历七年己卯陕西乡试第三十五名，廷试三甲第一百四名。
姚思仁	万历元年癸酉乡试第四十名，廷试三甲第一百七十二名。

万历十四年丙戌科唐文献榜（九人）

韩　策	廷试二甲第十五名。	彭遵古	廷试二甲第十七名。
陈道亨	廷试二甲第四十名。	安希范	廷试三甲第九名。
丁元荐	廷试三甲第四十名。	王　图	廷试三甲第四十六名。
吴弘济	廷试三甲第九十五名。	李宗延	廷试三甲第一百二十八名。
顾允成	廷试三甲第二百二十三名。		

万历十七年己丑科焦竑榜（十人）

朱国桢	廷试三甲第四名。	姜志礼	廷试三甲第二十四名。
汪先岸	廷试三甲第七十四名。	欧阳东凤	廷试三甲第九十七名。

区大伦	廷试三甲第一百一名。	王 纪	廷试三甲第一百八十五名。
胡 忻	廷试三甲第二百一十三名。	冯从吾	廷试三甲第二百二十六名。
薛敷教	廷试三甲第二百四十七名。	高攀龙	廷试三甲第二百六十九名。

万历二十年壬辰科翁正春榜（十二人）

翁正春	廷试一甲第一名。	韩 爌	廷试二甲第十一名。
沈 演	廷试二甲第十四名。	刘宪宠	廷试三甲第十五名。
曹于汴	廷试三甲第十八名。	吴用先	廷试三甲第二十七名。
汤兆京	廷试三甲第四十七名。	乔允升	廷试三甲第一百三十六名。
孙居相	廷试三甲第一百三十七名。	金士衡	廷试三甲第一百九十九名。
金懋衡	廷试三甲第二百十名。	李胜芳	廷试三甲第二百十四名。

万历二十三年乙未科朱之蕃榜（十三人）

孙慎行	廷试一甲第三名。	刘元珍	廷试二甲第二十九名。
徐如珂	廷试二甲第四十七名。	萧近高	廷试三甲第三名。
朱世守	廷试三甲第七名。	朱光祚	廷试三甲第二十九名。
张经世	廷试三甲第五十九名。	李仙品	廷试三甲第六十六名。
陈于廷	廷试三甲第六十七名。	段 然	廷试三甲第一百四十六名。
米万钟	廷试三甲第一百六十四名。	刘一爆	廷试三甲第二百一名。
史记事	廷试三甲第二百十六名。		

万历二十六年戊戌科赵秉忠榜（十五人）

何如宠	廷试二甲第二名。	黄龙光	廷试二甲第十一名。
李思诚	廷试二甲第十七名。	周道登	廷试二甲第三十九名。
毕懋康	廷试三甲第五名。	孙鼎相	廷试三甲第十六名。
郑三俊	廷试三甲第六十二名。	邓 渼	廷试三甲第六十六名。
王宗贤	廷试三甲第七十四名。	陈邦瞻	廷试三甲第九十一名。
何士晋	廷试三甲第九十三名。	熊廷弼	廷试三甲第一百十五名。
马孟祯	廷试三甲第一百三十三名。	何栋如	廷试三甲第一百四十五名。
徐良彦	廷试三甲第一百五十名。		

万历二十九年辛丑科张以诚榜（十八人）

陈一教	顺天府乡试第十名，会试第一百三十二名，廷试二甲第二十七名。
宋 焘	山东乡试第六十七名，会试第一百四十四名，廷试二甲第三十名。
公 鼐	顺天府乡试第二十二名，会试第五十四名，廷试二甲第三十五名。
曹 珍	山东乡试第九名，会试第十名，廷试二甲第三十六名。
刘宗周	浙江乡试第四十六名，会试第一百二十九名，廷试三甲第五名。
李守俊	应天府乡试第九十五名，会试第一百二十七名，廷试三甲第二十七名。
周起元	福建乡试第一名，会试第八十二名，廷试三甲第三十四名。
韩万象	山西乡试第十三名，会试第一百八十一名，廷试三甲第四十一名。
林 宰	福建乡试第六十名，会试第一百六十名，廷试三甲第一百五十九名。
王元翰	云南乡试第十一名，会试第二百十三名，廷试三甲第六十六名。
刘 策	山东乡试第四十四名，会试第二百五名，廷试三甲第八十名。
王之寀	陕西乡试第二十五名，会试第二百九十名，廷试三甲第一百十名。
陈一元	福建乡试第七名，会试第六十三名，廷试三甲第一百二十一名。
王时熙	江西乡试第三十二名，会试第二百五十四名，廷试三甲第一百二十九名。
熊明遇	江西乡试第十一名，会试第二百七十六名，廷试三甲第一百三十六名。
蔡毅中	河南乡试第十名，会试第二百七十六名，廷试三甲第一百五十三名。
徐缙芳	福建乡试第三十三名，会试第十八名，廷试三甲第一百六十三名。
宋檠	山东乡试第三十二名，会试第一百四十一名，廷试三甲第一百八十六名。

万历三十二年甲辰科杨守勤榜（十六人）

孙承宗	廷试一甲第二名。	梅之焕	廷试三甲第二十二名。
王 洽	廷试三甲第三十名。	李邦华	廷试三甲第三十五名。
李若星	廷试三甲第四十六名。	王元雅	廷试三甲第四十八名。

李炳恭	廷试三甲第五十五名。	吴良辅	廷试三甲第九十名。
谈自省	廷试三甲第九十五名。	涂一榛	廷试三甲第一百五名。
满朝荐	廷试三甲第一百二十五名。	翟凤翀	廷试三甲第一百三十六名。
程国祥	廷试三甲第一百五十名。	吴尔成	廷试三甲第一百九十二名。
魏应嘉	廷试三甲第一百九十五名。	房可壮	廷试三甲第二百三十六名。

万历三十五年丁未科黄士俊榜（二十五人）

钱龙锡	应天府乡试第四十九名，会试第二十三名，廷试二甲第十八名。
成基命	顺天府乡试第四十一名，会试第一百九十五名，廷试二甲第十九名。
陶郎先	浙江乡试第三十名，会试第二百二十名，廷试二甲第二十九名。
沈正宗	应天府乡试第二十八名，会试第五十六名，廷试二甲第三十七名。
顾大章	应天府乡试第一百三十二名，万历丁酉会试第一百五名，丁未廷试三甲第十六名。
姜习孔	浙江乡试第八十二名，会试第二百二十八名，廷试三甲第二十五名。
赵运昌	陕西乡试第四十七名，会试第二百三十五名，廷试三甲第二十六名。
袁化中	万历庚子乡试第三十四名，丁未会试第二百五十三名，廷试三甲第二十九名。
王淑汴	陕西乡试第十九名，会试第七十五名，廷试三甲第三十一名。
陆完学	应天府乡试第四十八名，会试第一百十一名，廷试三甲第三十八名。
刘思诲	江西乡试第五十九名，会试第二百七十六名，廷试三甲第五十二名。
施天德	顺天府乡试第三十六名，会试第三十一名，廷试三甲第六十四名。
熊德阳	江西乡试第三十六名，会试第一百五十六名，廷试三甲第八十九名。
左光斗	应天府乡试第十一名，会试第十一名，廷试三甲第九十一名。
麻 僖	陕西乡试第四名，会试第八十四名，廷试三甲第一百名。
倪思辉	应天府乡试第一百名，会试第一百四十六名，廷试三甲第一百五十一名。

易应昌	江西乡试第二十二名，会试第十八名，廷试三甲第一百五十五名。
杨新期	山西乡试第七名，会试第一百十七名，廷试三甲第一百五十六名。
杨　涟	湖广乡试第四十七名，会试第二百五十名，廷试三甲第一百五十七名。
惠世扬	陕西乡试第二十五名，会试第二百四十四名，廷试三甲第一百七十六名。
程正己	山西乡试第十四名，会试第一百七十五名，廷试三甲第一百八十二名。
夏之令	河南乡试第二十三名，会试第二十名，廷试三甲第一百九十名。
邹维琏	江西乡试第八十九名，会试第二百三十八名，廷试三甲第二百二十七名。
周朝瑞	山东乡试第三十六名，会试第二百十六名，廷试三甲第二百二十九名。
金世俊	浙江乡试第三十名，会试第七十名，廷试三甲第二百三十二名。

万历三十八年庚戌科韩敬榜（二十一人）

钱谦益	应天府乡试第三名，会试第一百二十七名，廷试一甲第三名。
贺　烺	应天府乡试第八十二名，会试第二十七名，廷试二甲第二十七名。
杨一鹏	湖广丙午乡试第十七名，会试第二百三十七名，廷试三甲第二十名。
夏嘉遇	应天府丁酉乡试第三十五名，会试第二百六十六名，廷试三甲第二十五名。
游士任	湖广丙午乡试第三十七名，会试第一百三十三名，廷试三甲第三十三名。
江秉谦	应天乙酉乡试第八十二名，会试第二百二十一名，廷试三甲第三十五名。
薛大中	陕西丙午乡试第十三名，会试第一百四十名，廷试三甲第六十六名。
朱钦相	江西庚子乡试第四十名，会试第三十三名，廷试三甲第六十七名。
霍守典	山西乡试第六十三名，会试第二百四十名，廷试三甲第七十一名。
王继谟	陕西乡试第五十四名，会试第二百十四名，廷试三甲第八十八名。

欧阳调律	四川乡试第三十五名，会试第二百六十三名，廷试三甲第九十八名。
甄　淑	湖广癸卯乡试第六十三名，会试第三十二名，廷试三甲第一百一名。
刘弘化	湖广乡试第六十八名，会试第八名，廷试三甲第一百三名。
张慎言	山西丙午乡试第四十八名，会试第八十二名，廷试三甲第一百十八名。
李希孔	广东己酉乡试第十三名，会试第八十名，廷试三甲第一百二十名。
李遇知	陕西癸酉乡试第三十三名，会试第二百七十一名，廷试第一百四十七名。
程　註	湖广丙午乡试第六十四名，会试第一百八十四名，廷试三甲第一百五十一名。
乔承诏	山西癸卯乡试第三十一名，会试第一百六十九名，廷试三甲第一百八十一名。
马鸣起	福建庚子乡试第三十四名，会试第二百十名，廷试三甲第一百八十七名。
侯震旸	应天府甲午乡试第五十名，会试第一百六十二名，廷试三甲第二百三十名。
王象春	山东癸卯乡试第二十名，会试第二名，廷试三甲第二百四十名。

万历四十一年癸丑科周延儒榜（三十二人）

刘鸿训	廷试二甲第二十九名。	史永安	廷试二甲第四十二名。
钱士晋	廷试二甲第四十七名。	鹿善继	廷试二甲第五十五名。
魏光绪	廷试三甲第十二名。	萧　基	廷试三甲第十五名。
毛士龙	廷试三甲第十九名。	周顺昌	廷试三甲第二十名。
沈应时	廷试三甲第二十二名。	李继贞	廷试三甲第二十九名。
方震孺	廷试三甲第三十六名。	王祚昌	廷试三甲第四十一名。
陈必谦	廷试三甲第四十九名。	缪昌期	廷试三甲第五十四名。
潘云翼	廷试三甲第六十九名。	汪康谣	廷试三甲第七十二名。
范景文	廷试三甲第八十五名。	吕维祺	廷试三甲第八十七名。
徐宪卿	廷试三甲第一百九名。	赵时用	廷试三甲第一百十五名。

刘　懋	廷试三甲第一百二十五名。	杨建烈	廷试三甲第一百五十六名。
焦源溥	廷试三甲第一百六十八名。	孙绍统	廷试三甲第一百七十一名。
郝土膏	廷试三甲第一百七十三名。	周宗建	廷试三甲第一百七十五名。
毕佐周	廷试三甲第一百七十九名。	姜逢元	廷试三甲第一百九十六名。
解学龙	廷试三甲第二百四名。	杨栋朝	廷试三甲第二百四十六名。
李日宣	廷试三甲第二百六十一名。	王心一	廷试三甲第二百六十七名。

万历四十四年丙辰科钱士升榜（四十三人）

贺逢圣	廷试一甲第二名。	杨嘉祚	廷试二甲第七名。
刘　铎	廷试二甲第十三名。	万　爆	廷试二甲第十三名。
耿如杞	廷试二甲第六十六名。	曾　樱	廷试二甲第六十七名。
刘　芳	廷试三甲第四名。	侯　恂	廷试三甲第十一名。
魏大中	廷试三甲第十三名。	周洪谟	廷试三甲第二十一名。
胡永顺	廷试三甲第二十四名。	洪如钟	廷试三甲第二十五名。
刘之凤	廷试三甲第二十九名。	陈熙昌	廷试三甲第三十八名。
吴弘业	廷试三甲第五十四名。	韩　琳	廷试三甲第五十八名。
张鹏云	廷试三甲第六十名。	蒋允仪	廷试三甲第六十一名。
薛文周	廷试三甲第六十二名。	霍　瑛	廷试三甲第六十七名。
章允儒	廷试三甲第六十八名。	林枝桥	廷试三甲第七十名。
卢化鳌	廷试三甲第七十七名。	方大任	廷试三甲第九十六名。
方有度	廷试三甲第九十九名。	朱大典	廷试三甲第一百六名。
陈奇瑜	廷试三甲第一百九名。	宋师襄	廷试三甲第一百十九名。
李应昇	廷试三甲第一百二十六名。	练国事	廷试三甲第一百四十名。
许誉卿	廷试三甲第一百四十四名。	李　玄	廷试三甲第一百四十七名。
胡良机	廷试三甲第一百五十一名。	熊奋渭	廷试三甲第一百五十四名。
彭汝楠	廷试三甲第一百五十五名。	刘廷佐	廷试三甲第一百六十二名。
黄承昊	廷试三甲第一百七十一名。	帅　众	廷试三甲第一百七十六名。
黄公辅	廷试三甲第一百六十八名。	黄尊素	廷试三甲第一百八十三名。
涂世业	廷试三甲第一百八十七名。	沈惟炳	廷试三甲第二百二十七名。
周汝弼	廷试三甲第二百三十七名。		

万历四十七年己未科庄际昌榜（十二人）

陈子壮	廷试一甲第三名。	何晋驺	廷试二甲第四名。
王振奇	廷试二甲第四十一名。	侯恪	廷试二甲第四十七名。
蔡懋德	廷试三甲第十九名。	张继孟	廷试三甲第四十三名。
丁乾学	廷试三甲第七十一名。	吴裕中	廷试三甲第一百五名。
顾宗孟	廷试三甲第一百十名。	姚希孟	廷试三甲第一百二十一名。
顾锡畴	廷试三甲第一百二十六名。	杨维新	廷试三甲第一百三十七名。

天启二年壬午科文震孟榜（十一人）

文震孟	廷试一甲第一名。	陈仁锡	廷试一甲第三名。
方逢年	廷试二甲第四名。	汪乔年	廷试二甲第六名。
郑鄤	廷试二甲第三十名。	黄道周	廷试二甲第七十三名。
徐石麒	廷试二甲第七十四名。	杜三策	廷试三甲第十名。
唐绍尧	廷试三甲第一百二十六名。	赵洪范	廷试三甲第二百五十三名。
乔可聘	廷试三甲第三百十一名。		

8. 盗柄东林夥①

东林初

邹元标	（鼻祖）以刑部郎中历左都御史为民	顾宪成	以文选郎为民
赵南星	以考功郎为民历吏部尚书遣戍	高攀龙	以行人降典史锢历左都御史为民
孙丕扬	吏部尚书初分南北	吕坤	刑部侍郎倡闺范图说启宫闱之篡以聚朝讼
张养蒙	户部侍郎同分南（北）植常州	沈鲤	礼部尚书植常州以抗朝权
温纯	都御史同分南北	薛敷教	以国子监助教降学正锢
顾允成	以礼部主事降判官锢	诸寿贤	以观政进士革去冠带

---

① 《酌中志余》。

安希范	以南吏部主事为民	钟羽正	以吏科都给事为民历工部尚书
姜 宝	礼部尚书	石 星	兵部尚书以东征主和植党争胜毙狱
徐观澜	给事主和扰政闲住	赵之翰	御史主和扰政
丁应泰	赞画主事主和倡异议为民		
邓 澄	御史阻王文肃复相以独立抗环召疏云锡爵之来臣能止之攻者四起朝廷竟不能用旧辅东林始有权		

东林盛（入主出奴，渐移国柄）

杨时乔	（鼻祖）吏部侍郎	叶向高	
李三才	淮抚攫金以挥追赃	刘日宁	侍郎
郭正域	礼部侍郎欲灭楚听勘	岳元声	监丞历南京兵部侍郎阴阳变幻出圣入神
史孟麟	历太常卿降运判又历太仆寺卿五载人	黄正宾	武英殿中书为民历尚宝少卿追赃
邹德泳	以试御史为民历太常寺卿	钱一本	以御史为民子春
孙羽侯	以给事为民	朱长春	以刑部主事为民
谢廷赞	以刑部主事为民	顾际明	以御史为民历太仆少卿
白所知	以文选为民历工部尚书	饶 伸	以刑部主事为民
饶 位	伸弟御史历工部侍郎	章嘉桢	以稽勋员外降州同又以通政降运判历大理寺丞
张 涛	以给事降典史历巡抚	韩 范	以武选典史历左通政
姜士昌	参政降典史赠太常少卿	朱国桢	南司业先之归德江夏托足后著涌幢小品伏梃击红丸案得大拜
赵 标	御史历太仆卿	祝世禄	南吏科历尚宝丞罢
郝名宦	以职方主事降典史历侍郎为民	吴达可	以河南道掌察历通政史正志父
彭遵古	尚宝司丞降历南户部郎中	逯中立	以给事降知事历光禄少卿
曹大咸	给事力荐赵南星降	刘道亨	给事降主簿

洪文衡	少卿赠工部侍郎	杨天民	给事降典史
钱大复	知县	熊尚文	历工部侍郎
林秉汉	以御史降五级	刘九经	御史降运司知事
张问达	礼科给事中历吏部尚书挺击一案两截人	李应策	都给事历左通政
南师仲	宫詹	南企仲	太仆卿为民起历南户部侍郎
彭端吾	御史历通政	赵邦清	稽勋司郎中为民起参议
余懋衡	御史南吏部尚书	朱吾弼	南御史败于权笃
田大年	仪制郎中附江夏破楚	胡 化	举人知州佯狂（人）书大年走卒
于玉立	刑部郎中为民四路占风八面招邀同王士骐蝇忙一世赠太仆卿		
王士骐	吏部郎中为民时称非王	顾天埈	春坊初用郑振先旋为振先败
庞时雍	南兵部郎中赞察以挠主权为民	刘元珍	兵部主事赞察以挠主权起禄少
丁元荐	誉韩敬序其文趋局辄攻于朝百行仿此	何士晋	给事历两广总督替四截人养马
吴正志	光禄少卿降历金事达可子千百化身	徐宗浚	御史历兵部尚书非见顿卒不及用
王 图	吏部侍郎宫詹驱除授植	王 国	御史历巡抚
史学迁	御史察罢	王洲抃	宝坻知县贪酷之圣图之子
吴 默	历太仆卿辛亥掌察河南道军师	曹于汴	吏科都给事中掌察历左都御史
汤兆京	河南道掌察赠太仆少卿吴达可甥	乔永升	御史协察历刑部尚书
胡 忻	都给事偷单假书升常少	王宗贤	考功郎掌察
史记事	御史有大乱将作疏	熊明遇	给事历操江御史追赃
王明熙	御史历太仆少卿局败忧死	金士衡	南给事力保准抚升太仆少卿
王 明	御史历太仆卿察罢	张国儒	兵都给事察罢
吴 亮	宣大巡按邮东林书示中朝历理少卿赠理卿	毕懋康	御史力攻沈四明李晋江两座师历金都
吴宗达	宫詹阁学	郭 涫	礼部侍郎

徐必达	座师李文节未相上书劝其速行发抄历南兵部侍郎	段 然	给事中历兵主为民真正幻然
王元翰	给事中力攻馆师阁师为散馆七人冠下七人连	王基洪	御史
宋 涛	御史降判官	吴邦耀	给事年例历常少
戴章甫	给事降知事	陈宗契	御史历太常卿
冯奕垣	御史	汪若霖	给事降判官厥状如鬼行同
鲍应鳌	礼部主事教习驸马为民历常少	杨春元	驸马时对云三天门下杨都尉汗颜五鬼队中马判官花面
马孟祯	御史历太仆少卿号判官领以下五鬼(此号起自辛亥京察时)	李邦华	御史历兵部侍郎为民
徐缙芳	两淮巡监追赃	周起元	御史历应天巡抚为民
徐良彦	御史历金都为民工部侍郎	李炳恭	未任御史考察起补为民(以上五鬼)
翟凤翀	御史巡抚革职	陈子贞	南提学历御史
陈嘉训	南给事领袖南都	陈一元	御史历应天府丞闲住
李成名	给事历巡抚	张养正	南御史历少卿
胡嘉栋	给事考察因廷弼座师起辽监军道再逃今拟斩	黄一腾	工部主事历兵备
吴 炯	历仆卿闲住	张光房	养蒙子必欲台省两请数年局胜乃已历光少闲住
旷鸣鸾	寺丞同上	濮中玉	尚宝丞同上
张养才	考功郎历太常少卿	汪怀德	南御史先锋
刘 策	御史历兵部侍郎	石昆玉	历巡抚
姜志礼	历尚宝卿	陈大绶	学金历太仆少卿
朱光祚	选郎出选时有迹历尚书为民	刘一焜	考功郎历巡抚附杨时乔而领袖江右
叶茂才	历工部侍郎回籍	邓云霄	南给事历参政
吴用光	历蓟辽总督闲住向为达观门徒借寺嚼僧与葛寅亮同	吴道南	大学士
吴道长	助教历南刑部主事察罢	张嘉言	营缮郎中察罢

丁此吕	历兵备	南居易	历巡抚升工部侍郎为民企仲师（仲）叔姪
孙鼎相	吏部历巡抚居相弟	满朝荐	历太仆少卿为民
李朴	户部主事李三才使令上疏甚悖察罢	熊廷弼	金时百官趋之若狂
荆养乔	痴御史上本代人出名	郑振先	礼部主事降宣府经历官败子美巧剪发佯狂鄙之父
陆大受	户部郎中福王之国拟升长史遂攻郑戚和王之寀何士晋	翁宪祥	吏都给事升太常少卿
晏文辉	南给事	贺学仁	中书挥金固局烺父
郑宗周	御史	曹珍	历太仆卿为民
顾士奇	给事	汪承爵	历运使
魏云中	御史历巡抚	吴良辅	御史
凌汉翀	御史闲住	李之藻	工部郎加太仆少卿
刘琦	举人入幕今改名永基官金事	雷思霈	检讨
王以宁	御史年例	王佐	给事历太仆少卿
惠承芳	历工部主事世扬父	盛万年	历布政
陈一教	历参政	陈百友	给事历太常寺卿
贺世寿	户部主事罢学仁子	龚三益	谕德年例升参政解元不认座师李文节
刘定国	原名是兵部主事历太常少卿	陈幼学	湖州守与朱丁比
沈正宗	工部郎令学姪	吉人	御史年例
李瑾	吏都给事历兵部侍郎	蒋贵	举人南御史
孙振基	给事年例必显父	刘蔚	御史顺天府丞
张笃敬	南科起历南礼郎中	潘之祥	御史
潘文	太仆卿云翼父	王述古	历按察使弟则古
吴尔成	行人历南光禄寺丞	周廷侍	刑部主事降顺天知事察罢
傅宗皋	历南尚宝卿	蔡毅中	礼部侍郎贪鄙己甚
刘复初	历太常卿	葛寅亮	邹元标荐称门户中人学金

邹复宣	御史	张廷拱	历大理寺丞
翁正春	礼部尚书	李若星	五千五百两巡抚追赃
刘宗周	行人历通政为民	梅之焕	给事历巡抚为民
张茂忠	锦衣罢陈居恭		锦衣罢
吴养春	中书		

东林晚（朋执朝权）

刘一燝	（鼻祖）大学士	叶向高	大学士，东林初盛晚教主
孙承宗	枢辅	孙慎行	礼部尚书为民
韩爌	大学士	周嘉谟	吏部尚书为民
惠世扬	给事历太常卿今拟斩	左光斗	御史历金都毙狱
杨涟	给事中历副都毙狱	魏大中	吏科给事毙狱
盛以弘	礼部尚书	缪昌期	谕德追赃毙狱
钱谦益	少詹卖举人为民	周道登	礼部侍郎为民
钱士升	中允士晋兄	李日宣	御史邦华姪
宋槃	御史历巡抚	李倧	知府召用卒
陈于廷	御史历侍郎为民	方大任	御史提问
徐时翰	兵道趋时论方沈两相起用为民	董应举	历屯田钱法侍郎
麻禧	给事降知事常少为民	冯从吾	副都御史为民
张庭	户部郎以证挺击功赠少卿	袁化中	河南道毙狱
王纪	刑部尚书为顾大章走卒	周朝瑞	给事毙狱
顾大章	刑部郎中历宪副毙狱	房可壮	御史为民
毛士龙	给事追赃	魏光绪	御史听降
方震孺	御史下狱	李应昇	御史为民毙狱
曹履吉	学金趋局绝邹之麟婚	蒋允仪	御史为民
潘云翼	御史文之子刘一燝幕客	练国事	御史为民
周汝弼	御史年例	李玄	御史为民
王允成	御史止于为民	姚希孟	检讨为民
李腾芳	谕德降理问历侍郎为民	周延儒	修撰
陶郎先	登抚毙狱	周宗建	御史首保廷弼督建首善书院毙狱

夏之令	御史毙狱	安 伸	御史有红丸议单
文震孟	三月十六读卷日令侯震旸疏论何朱三相公闻言不得与读卷首揆独为政竟定状头始进美权入词林便咆哮报德		
郑 鄤	庶吉士听降振先子	周汝玑	御史升淮扬道汝弼弟
周宗文	魏大中出力亲家	夏嘉遇	吏部员外追赃
邹维琏	吏部郎中追赃	胡良机	御史为民
汪文言	门子徒犯毙狱	涂一榛	南考郎历左通政
李 标	礼部尚书	王登庸	刑部尚书
方逢年	检讨听降	顾锡畴	检讨听降
赵秉忠	侍郎为民	邓 渼	顺天巡抚澄之弟追赃
孟习孔	历太仆少卿闲住	程 註	吏科给事历少为民
徐梦麟	南太仆少卿	程正己	考功掌察巡抚为民
史永安	贵州巡按自云使巡抚逃有功骤升今官	赵运昌	主事起禄丞
王 洽	浙江巡抚	王命新	南大理丞
王象春	南吏部为民	周尔发	历尚宝卿
霍守典	给事历常少听勘	文翔凤	南光禄少卿罢
王豫立	南光禄卿	刘惟忠	御史为民
刘 芳	御史为民	解学龙	给事为民
熊奋渭	都给事听降	周希令	给事历太常少卿
刘 懋	给事为民	赵延庆	御史为民
翟学程	御史	黄尊素	御史为民毙狱
李乔嵩	御史	甄 淑	户科给事为民
李遇知	给事为民	侯执蒲	少卿
侯 恪	检讨为民执蒲子	侯 恂	御史
李希孔	南御史	杨维新	给事升常少
薛大中	给事年例	张鹏云	给事
刘思海	御史历大理寺丞	霍 镆	御史为民
方有度	给事为民	游士任	御史遣戍
万言扬	南御史为民	黄公辅	南御史为民
张继孟	南御史	涂世叶	南御史为民

陈必谦	南御史	沈应时	户科给事
宋师襄	御史听降	马名世	御史
萧　基	给事年例	乔承诏	御史降处
谢奇举	御史	沈惟炳	给事听降
许誉卿	给事听降	孙之益	御史为民
刘宏化	给事为民	陈奇瑜	给事
杨建烈	御史	刘廷佐	御史听降
帅　众	御史	刘大中	御史
樊尚燨	御史	黄龙光	左通政追赃
袁中道	南吏部选郎	钟　惺	南吏部学金考察
胡士奇	御史	张光前	前选郎为民
程国祥	吏部主事为民	薛文周	给事
方孔炤	职方郎养马	涂绍煃	南吏部文选
徐大相	南吏部郎降	王则古	工部主事
王任杰	吏部郎中闲住	方一藻	户部主事
孙必显	吏部振基子为民	杨金通	礼部主事
刘廷谏	吏部	周应期	御史
蒋宏宪	主事	周顺昌	吏部主事为民毙狱
刘荣嗣	吏部主事	樊王家	兵道追赃楚人
钱士晋	饷道追赃历巡抚士升弟	王钟庞	中书南星甥遣戍
佟卜年	金书东夷族人毙狱	盛名枢	给事历太常少卿
施天德	兵备追赃	易应昌	御史
许念敬	詹簿南星通家子遣戍	吴柔思	知县亮子
蔡思允	都给事历太常卿	尹　伸	兵备
韩万象	参政为民	邱懋炜	副使原任给事
李若愚	推官考选府同知改教	汤启烺	南部兆京姪
沈惟堡	知县降顺天知事工部主事	晋淑汸	吏部主事
陆基忠	刑部主事	周泰峙	兵备
瞿式耜	知县	沈儆烜	武英殿中书
刘可法	布政升巡抚为民	陆完学	廉使
江秉谦	御史为民	顾大猷	勋卫

张邦经	中书	蒲秉权	给事
舒荣都	御史	张锡命	南御史
陈 本	南御史升云南佥事	张慎言	御史追赃晋人
周大成	中书	汪宗孝	
李一鳌	南考功郎中外转	王凝作	兵部主事
臧煦如	行人	张圣榜	吏部郎
郝土膏	给事降	刘 璞	御史
郭一鹗	御史	冯时来	吏部郎为民
顾国宝	知县	康元穗	南仪制
孟淑孔	布衣参谋毙狱	武之望	巡抚
谢应祥	升巡抚论罢	茅元仪	监生
茅 维	监生	张思任	布衣参谋

赵高既放，扬左同褫，犹存八劲，时人号曰：赵钱孙李，周吴郑王。

赵 彦	兵部尚书夺荫	钱 春	一本之子少卿为民
孙居相	御史历兵部侍郎追赃	李邦华	兵部侍郎为民
周汝登	通政	吴仁度	吏部郎中历工部侍郎
郑三俊	户部侍郎	王之寀	刑部侍郎追赃

9.《夥坏封疆录》①

熊党夥坏封疆姓名

执政一人

刘一燝							

司礼大珰一人

王 安							

---

① 《酌中志余》。

部堂五人

周嘉谟	王　纪	邹元标	汪应蛟	陈大道					

卿寺三人

刘道隆	满朝荐	杨　涟							

翰林七人

李胜芳	刘锺英	文震孟	郑　鄤	缪昌期	姚希孟	钱谦益			

台谏十六人

惠世扬	周朝瑞	熊德扬	魏大中	侯震旸	萧　基	毛士龙	杨　鹤	焦源溥	周宗建
左光斗	李日宣	方震孺	江秉谦	李希孔	王允成				

部署二人

顾大章	向日升								

10.《东林同难录》①

杨　涟	左光斗	魏大中	周朝瑞	袁化中	顾大章	万　璟	赵南星	缪昌期	周宗建
周顺昌	周起元	高攀龙	黄尊素	李应昇	王心一	夏之令	吴裕中	丁乾学	刘　铎
苏继欧	汪文言	吴怀贤	张　汶	魏子敬	周端孝	朱完天	刘羽仪	沙舜臣	殷献臣
邹　谷	王　节	颜佩韦	杨念如	马　杰	沈　扬	周文元			

---

① 杨坤等辑，缪敬持补辑：《东林同难录》一卷，清雍正六年耕学草堂缪氏刻本。

二 阉党相关名单

1. 钦定逆案①

首逆

魏忠贤	凶残祸国,僭肆逼尊,罪恶贯盈,神人共愤,逆形已着,寸磔允宜。
客　氏	乳保恃恩,凶渠朋党,凌尊窃势,纳贿盗珍,阴逆首奸,死不尽罪。

以上二人依谋反大逆论,不分首从,皆凌迟处死,已经正法。

首逆同谋

崔呈秀	负国忘亲,通内窃柄,凶谋立赞玱祸,首开佐逆罪魁,戮尸犹幸。
李永贞	主谋代笔,盗帑淫刑,佐逆与谋,上刑正法。
李朝钦	附奸久与逆谋,殉缢未尽其辜。
魏良卿	济恶首逆,伪冒三封,盗帑窃权,罪浮于辟。
侯兴国	妖种盗库,同谋逆孽,骈诛允当。
刘若愚	刀笔深文,朋奸害众,辟刑次等,具载爱书。

以上依谋反大逆,不分首从,皆凌迟处死,律减等,拟斩决不待时。

交接近侍

刘志选	梁梦环	倪文焕	田　吉	刘　诏	孙加冽	许志吉	薛　贞	曹钦程	吴淳夫
李夔龙	李承祚	陆万龄	田尔耕	许显纯	崔应元	杨　寰	张体乾	孙云鹏	

以上依诸衙门官吏,以内官互相交结,泄露事情,贪缘作弊,因而符同奏启律斩,秋后处决。

交接近侍次等

魏广微	徐大化	霍维华	张　讷	阎鸣泰	周应秋	李鲁生	杨维垣	潘汝祯	郭　钦

---

① 韩爌等:《钦定逆案》一卷,清明季野史汇编本。

李之才									

　　以上依交接近侍官员,引名各列,律减等充军,仍饬下法司,行各该抚按,招拟具奏,如有赃私情节,一并看明,奏请候部,覆罚落。

逆孽军犯

魏志德	魏良栋	魏鹏翼	魏抚民	魏希孔	魏希孟	魏鹏程	魏希尧	魏希舜	傅应星
杨受奇	客光先	徐应元	刘应坤	王朝甫	涂文甫	孙　进	石元雅	赵秉夔	王国泰
王朝甫	高　钦	葛思九	司云礼	陶　文	李应江	胡明佐	纪　用		

交接近侍又次等

顾秉谦	张瑞图	来宗道	冯　铨	郭允厚	薛凤翔	李　蕃	孙　杰	张我续	朱童蒙
杨梦衮	李春茂	李春烨	王绍徽	徐兆魁	刘廷元	谢　启	徐绍吉	邵辅忠	杨所修
贾继春	范济世	李养德	阮大铖	姚宗文	陈九畴	亓诗教	傅　槐	赵兴邦	安　伸
孙国桢	郭　巩	冯嘉会	曹思诚	孟绍虞	李恒茂	张　朴	郭尚友	李精白	秦士文
张文熙	杨维和	何廷枢	陈朝辅	许宗礼	卓　迈	卢承钦	陈尔翼	石三畏	郭兴治
刘　徽	智　铤	王　琪	何宗圣	汪若极	陈维新	门克新	游凤翔	田景新	吕纯如
吴殿邦	黄运泰	李从心	杨　邦	郭曾光	单明诩	王　点	李　嵩	牟志夔	张三杰
曹尔徵	毛一鹭	张文郁	周维持	徐复阴	黄宪卿	许其孝	张养素	汪　裕	梁克顺
刘弘光	温皋谟	鲍奇谟	陈以瑞	庄　谦	龚萃肃	李应荐	何可及	李时馨	刘　渼
王大年	余合存	徐　吉	宋祯汉	许可徵	刘述祖	李灿然	刘之待	孙之獬	吴孔嘉
潘士闻	季寅庸	王应泰	张元芳	阮鼎铉	李若林	张永祚	周良材	曾国桢	张化愚
李桂芳	张一经	陈　殷	夏敬承	周　宇	魏　爻	邵希禹	颉　鹏	李际明	魏弘政
岳骏声	郭士望	张聚垣	周　镜	徐四岳	胡芳桂	辛思齐			

　　以上结交近侍官员,律引名,律减二等,坐从三年,纳赎为民。

李希哲	胡良辅	崔文升	李　实	李明道	孟进宝	王体干	刘敬	徐　进	马　玉
杨　朝	胡　滨	刘　镇	梁　栋	张守城	商承德				

　　以上一款十六人,并前一款徐应元等,十六人中有现任闲住的,并放回原籍,俱革去冠带为民。

计开

黄立极	施凤来	杨景辰	房壮丽	董可威	李思诚	王之臣	胡廷宴	张九德	冯三元
乔应甲	杨维新	朱国盛	冯时行	吕鹏云	董茂中	周昌晋	虞廷陛	杨春茂	徐景濂
陈保泰	郭兴言	周惟京	徐扬先	陈 序	曹 谷	朱慎鉴	郭如圉	虞大复	叶天培
邸存性	葛大同	何 早	欧阳允寸	夏之鼎	张九贤	李宜培	谭谦益	吴士俊	徐 溶
李三楚	童舜臣	陈守巘	潘圣历						

以上四十三人俱诏考察不谨,例拟冠带所列,量惩各官,拟议允协,都着诏,不谨例。

2. 天鉴录①

真心为国不附东林,横被排斥,久抑林野及冷局外转者

黄可缵	何熊祥	王绍徽	徐兆魁	乔应甲	许弘纲	钱象坤	王允光	唐世济	范济世
何乔远	邵辅忠	于仕廉	刘曰梧	赵世谔	商周祚	苏茂相	刘文炳	姚宗文	钱 策
沈 演	韩 浚	董有威	李 杬	张维枢	徐绍吉	朱一桂	陆卿荣	秦聚奎	吕纯如
须之彦	杜士全	申用懋	毛 堪	俞 彦	姚士慎	田生金	蔡献臣	李思诚	赵秉忠
汤宾尹	韩 敬	孙 杰	王志道	霍维华	郭兴治	郭允厚	汪庆百	朱童蒙	李春烨
傅 櫆	官应震	陈治则	熊 化	刘廷元	徐景濂	贾继春	李征仪	张素养	崔呈秀
彭宗孟	潘汝祯	过庭训	徐扬光	杨维垣	王业浩	张至发	张 捷	安 伸	吕鹏云
牟志夔	李 嵩	万崇德	卢 谦	吕图南	徐大化	章光岳	李夔龙	王 伉	蔡奕琛
金世俊	周士显	陈 陛	郭一鹗	吴殿邦	彭维城	魏光国	王继曾	孙国祯	岳骏声
劳永嘉	田生芝	姚若水	吴 玄	刘国缙	吴光龙	杨觐光	陈 儒	徐徙治	朱本治
曹履吉	范得志								

① 《酌中志余》。

主要参考文献

一、古人著述。分东林党人著作、史志、笔记、文集四类,以作者姓氏拼音排序。二、今人著述。分著作和论文两类。前者以作者姓氏拼音排序,后者以发表日期排序。

一　古人著述

(一)　东林党人著作:

陈龙正:《几亭全书》,四库禁毁丛刊本,北京出版社 2000年版。

丁元荐:《尊拙堂文集》,四库存目丛书本,齐鲁书社 1997年版。

冯从吾:《冯少墟集》,四库全书本,上海古籍出版社 1987年版。

冯琦:《北海集》,万历三十七年(1609)陈一元刻本。

高攀龙:《高子遗书》,四库全书本。

公鼐:《问次斋稿》,齐鲁书社 1998 年版。

顾宪成:《泾皋藏稿》,四库全书本。

顾宪成:《证性编》、《小心斋札记》、《以俟录》,《顾端文公遗书》,四库存目丛书本。

顾允成:《小辨斋偶存》,四库全书本。

刘宗周:《刘蕺山集》,四库全书本。

缪昌期:《从野堂存稿》,四库禁毁丛刊本。

钱谦益:《钱牧斋全集》,上海古籍出版社 2003 年版。

钱谦益:《列朝诗集小传》,上海古籍出版社 1983 年版。

孙承宗:《高阳集》,四库禁毁丛刊本。

王象春:《问山亭集》,明万历刻本。

魏大中:《藏密斋集》,四库禁毁丛刊本。

杨涟:《杨忠烈公文集》,四库全书本。

赵南星:《赵忠毅公文集》,四库禁毁丛刊本。

邹元标:《愿学集》,四库全书本。

周顺昌:《周忠介公烬余集》,丛书集成初编本。

左光斗:《左忠毅公集》,四库存目丛书本。

(二) 史志

陈子龙:《皇明经世文编》,中华书局 1987 年版。

陈鼎:《东林列传》,四库存目丛书本。

谷应泰:《明史纪事本末》,中华书局 1977 年版。

顾秉谦:《三朝要典》,台湾伟文出版有限公司 1977 年版。

黄宗羲:《明儒学案》,中华书局 1985 版。

计六奇:《明季北略》,中华书局 1984 年版。

谈迁:《国榷》,中华书局 1988 年版。

《万历邸钞》,正中书局印行 1969 年版。

吴应箕:《启祯两朝剥复录》,四库存目丛书本。

夏燮:《明通鉴》,中华书局 1959 年版。

许献:《东林书院志》,光绪七年(1881)刊本。

永瑢:《四库全书总目提要》,中华书局 1965 年版。

张廷玉:《明史》,中华书局 1974 年版。

赵尔巽:《清史稿》,中华书局 1998 年版。

周念祖:《万历辛亥京察纪事始末》,四库存目丛书本。

中国历史研究社:《崇祯长编》,上海书店 1982 年版。

台湾中研院史语所:《明实录》,北平图书馆红格抄本 1962 年微卷影印。

韩爌:《钦定逆案》,四库存目丛书本。

《东林籍贯》、《盗柄东林夥》、《东林同志录》、《东林朋党录》、《天鉴录》,四库存目丛书本。

魏应嘉:《夥坏封疆录》,四库存目丛书本。

王绍徽:《东林点将录》,四库存目丛书本。

王世德:《崇祯遗录一卷殉难忠臣录一卷逆贼奸臣录 一卷》,四库存目丛书本。

高世宁:《高忠宪公年谱》,北京图书馆古籍珍本丛刊。

顾与沐:《顾端文公年谱》,续修四库全书本。

道光《徽州府志》,道光七年刻本。

光绪《江西通志》,清光绪七年刻本。

光绪《畿辅通志》,四库全书本。

嘉靖《吴邑志》,天一阁藏明代方志选刊续编。

李大晋:《蒙阴县清志汇编》,中华书局 1999 年版。

裴大中:光绪《无锡金匮县志》,清光绪二十九年(1902)刊本。

吴景墙:《宜兴荆溪县新志》,清光绪八年(1882)刊本。

（三） 笔记

冯舒:《虞山妖乱志》,丁祖阴辑:《虞阳说苑》甲编,虞山丁氏初园 1918 铅印本。

李清:《三垣笔记》,中华书局 1982 年版。

刘声木:《苌楚斋随笔》,清代史料笔记丛刊,中华书局 1998 年版。

刘若愚:《酌中志余》,清钞明季野史汇编本。

钱秉镫:《藏山阁文存》,龙潭室丛书本。

沈国元:《两朝从信录》,续修四库全书本。

沈德符:《万历野获编》,中华书局 1959 年版。

王应奎:《柳南续笔》,中华书局 1983 年版。

王士禛:《池北偶谈》,中华书局 1982 年版。

吴应箕、吴伟业等:《东林本末》、《东林始末》、《熹朝忠节死臣列传》、《碧血录》、《复社纪事》、《复社纪略》、《弘光朝伪东宫伪后及党祸纪略》、《汰存录纪辨》,北京古籍出版社 2002 年版。

徐鼒:《小腆纪年》,中华书局 1957 年版。

邹漪:《启祯野乘》,四库禁毁丛刊本。

周亮工:《尺牍新钞》,丛书集成初编本。

中国历史研究社:《扬州十日记》、《甲申传信录》、《三朝野记》、《三湘从军录》,上海书店 1982 年版。

（四） 文集

艾南英:《天佣子集》,台湾艺文印书馆 1980 年版。

陈济生:《启祯两朝遗诗》,四库禁毁丛刊本。

陈子龙:《几社壬申合稿》,四库禁毁丛刊本。

陈子龙:《陈忠裕全集》,嘉庆八年（1803）刊本。

陈田:《明诗纪事》,上海古籍出版社 1993 年版。

冯班:《钝吟杂录》,江苏古籍出版社 1987 年版。

冯舒:《默庵吟稿》,四库禁毁丛刊本。

顾炎武著,黄汝成集释:《日知录集释》,岳麓书社 1994 年版。

归庄:《归庄集》,上海古籍出版社 1984 年版。

黄宗羲:《黄宗羲全集》,浙江古籍出版社 1993 版。

李贽:《焚书》《续焚书》,中华书局 1975 年版。

李梦阳:《空同先生文集》,四库全书本。

瞿式耜:《瞿式耜集》,上海古籍出版社 1981 年版。

陶望龄:《歇庵集》,台湾伟文图书出版有限公司 1976 年版。

谭元春:《谭元春集》,上海古籍出版社 1998 年版。

谭元春:《谭友夏合集》,中国文学珍本丛书本。

王世贞:《弇州四部稿》《弇州山人续稿》,四库全书本。

王夫之:《船山全书》,岳麓书社 1991 年版。

王应奎:《海虞诗苑》,乾隆二十四年(1759)王锡畲刻,道光九年(1829)王绍文古处堂重修本。

王守仁:《王阳明全集》,上海古籍出版社 1992 年版。

吴伟业:《吴梅村全集》,上海古籍出版社 1990 年版。

袁宏道著,钱伯诚校点:《袁宏道集笺校》,上海古籍出版社 1981 年版。

袁宗道著,钱伯诚校点:《白苏斋类集》,上海古籍出版社 1989 年版。

袁中道著,钱伯诚校点:《珂雪斋集》,上海古籍出版社 1989 年版。

张溥:《七录斋诗文台集》,台湾伟文图书出版有限公司 1977 年版。

钟惺:《隐秀轩集》,上海古籍出版社 1992 年版。

朱彝尊:《静志居诗话》,人民文学出版社 1990 年版。

二 今人著述

(一) 著作

鲍世斌:《明代王学研究》,巴蜀书社 2004 年版。

步近智、张安奇:《顾宪成高攀龙评传》,南京大学出版社 1998 年版。

陈寅恪:《柳如是别传》,上海古籍出版社 1980 年版。

邓志峰:《王学与晚明的师道复兴运动》,社会科学文献出版社 2004 年版。

樊树志:《晚明史》,复旦大学出版社 2003 年版。

东方朔:《刘宗周评传》,南京大学出版社 1998 年版。

沟口雄三:《中国前近代思想的演变》,中华书局 1997 年版。

何宗美:《明末清初文人结社研究》,南开大学出版社 2003 年版。

何俊:《西学与晚明思想的裂变》,上海人民出版社 1998 年版。

胡幼峰:《清初虞山派诗论》,台湾国立编译馆 1994 年版。

江苏政协文史资料委员会:《东林党学术研讨会薛福成学术研讨会论文集》,江苏文史资料编辑部 1998 年版。

竟陵派文学研究会:《竟陵派与晚明文学革新思潮》,武汉大学出版社 1987 年版。

嵇文甫:《晚明思想史论》,东方出版社 1996 年版。

李圣华:《晚明诗歌研究》,人民文学出版社 2002 年版。

李桢:《东林党籍考》,人民文学出版社 1957 年版。

梁启超:《中国近三百年学术史》,东方出版社 1996 年版。

孟森:《明清史讲义》,中华书局 1981 年版。

牟宗三:《从陆象山到刘蕺山》,上海古籍出版社 2001 年版。

孙立:《明末清初诗论研究》,广州高等教育出版社 2003 年版。

王恺:《公安与竟陵:晚明两个新潮文学流派》,江苏古籍出版社 1996 年版。

王天有:《晚明东林党议》,上海古籍出版社 1991 年版。

吴承学、李光摩:《晚明文学思潮研究》,湖北教育出版社 2002 年版。

邬国平:《竟陵派与明代文学批评》,上海古籍出版社 2004 年版。

谢国桢:《明清之际党社运动考》,上海书店 2004 年版。

小野和子:《东林党社考》,京都同朋社 1996 年版。

张学智:《明代哲学史》,北京大学出版社 2000 年版。

张国光、黄清泉:《晚明文学革新派公安三袁研究》,华中师范大学出版社 1987 年版。

周群:《袁宏道评传》,南京大学出版社 1999 年版。

朱建平:《东林书院重修 400 周年全国学术研讨会论文集》,时代文艺出版社 2004 年版。

左东岭:《李贽与晚明文学思想》,天津人民出版社 1997 年版。

（二） 论文

吴调公:《为竟陵派一辩》,《文学评论》1983 年第 3 期。

赵永纪:《论清初诗坛的虞山诗派》,文学遗产 1986 年第 4 期。

王齐洲：《明代党争与明代文学》，《古典文学知识》1992 年第 6 期。

姜正万：《论钱谦益和东林的关系》，《宁夏大学学报》1994 年第 3 期。

吴承学、曹虹、蒋寅：《一个期待关注的学术领域（之二）——明清诗文研究三人谈》，《文学遗产》1999 年第 4 期。

何俊：《论东林对阳明学的纠弹》，《浙江大学学报》2000 年第 4 期。

李圣华：《论明万历时期山左诗人公鼐的诗歌——兼论晚明万历山左诗风》，《泰安师专学报》2000 年第 4 期。

李圣华：《京都攻禅事件与公安派的衰变》，《西北师大学报》2001 年第 1 期。

樊树志：《东林书院实态分析："东林党"论质疑》，《中国社会科学》2001 年第 2 期。

吴琦：《"明经世文编"编纂群体之研究》，《华中师范大学学报》2002 年第 1 期。

何宗美：《明代文人结社综论》，《中国文学研究》2002 年第 2 期。

罗时进：《李商隐对清初虞山诗派的影响》，《中国韵文学刊》2002 年第 2 期。

陈广宏：《谭元春启、祯间交游考述——兼论竟陵派发展后期影响的进一步拓展》，《南京师范大学文学院学报》2003 年第 1 期。

王齐洲：《近百年明代文学与政治研究述评》，《荆州师范学院学报》2003 年第 3 期。

陈时龙：《晚明书院结群现象研究》，《安徽史学》2003 年第 5 期。

陈时龙:《从首善书院之禁毁看晚明政治与讲学的冲突》,《史学月刊》2003 年第 8 期。

商传:《竟陵派与晚明时代》,《历史研究》2004 年第 1 期。

裴世俊:《试析钱谦益的"弇州晚年定论"——兼及钱钟书对"定论"的评价》,《山东师范大学学报》2004 年第 2 期。

何宗美:《复社的文学思想初探——以钱、张、吴、陈等为对象》,《中国文学研究》2004 年第 2 期。

丁功谊:《从绝意著述到有意创作——钱谦益晚年创作心态的转变》,《贵州教育学院学报》2004 年第 5 期。

丁功谊:《庚戌科场案及对晚明文坛影响》,《求索》2004 年第 12 期。

杨艳秋:《明代后期的"经世文"汇编》,《聊城大学学报》2005 年第 1 期。

焦中栋:《"王世贞晚年定论说"考辨》,《晋阳学刊》2005 年第 1 期。

丁功谊:《竟陵派崛起成因及文学思想探析》,《内蒙古师范大学学报》2005 年第 4 期。

李圣华:《论竟陵体》,《山东师范大学学报》2005 年第 5 期。

罗时进:《清初虞山派诗学观分歧及其影响》,《文艺理论研究》2005 年第 5 期。

曾肖:《以谭元春为首的竟陵派与复社诸子的交游》,《湖北大学学报》2005 年第 5 期。

后 记

春秋代序，寒暑易节。每慨韶华易逝，转瞬至于而立。犹记垂髫，效古人而歌诗，童音萦于耳际，今已二十余年矣。其间学涯漫漫，求索而已。近十年来，又兼南北漂泊，甘苦备尝。每感于事，情郁于中，至于今日，方得此机一抒。

少夙于学，不问所为，读书而已，声也朗朗，心也澄徹。渐至于长，耳濡世故，目染功利，虽人事纷扰，然颇能自持。既已向学，何问小道？心益坚，而学愈厚，如此则一路走来，风亦栉矣，雨亦沐矣，盖思之忖而能守衷也。又尝覃思苦虑，今之治学何能为也？曰：古今之时势异也。古之学者，盖以学问为途，无遗力矣。今之问学，盖三句之外，皆思囊腹矣。余虽庸愚，然志于此，唯有笃学、审问、慎思、明辨而已。

岁在癸未，忝列王师齐洲门墙，学问彬彬进矣。每晤王师，皆以卮言授余，虽茅塞足以顿开。此呈拙稿，王师用力甚勤，如有一得，亦当归功于师，如或一言不当，亦余之过也。又忆数载之前，从学李师庆立，荐余以门津，惠余以锁钥，诚得以登堂入室，博览此途之华彩。今陈师广宏，幸以见招，复旦苑内，光华初度。三师饱学之士，学问之渊深朴茂，皆可当于一途。余尝语诸同好曰：从学三师，今无憾矣。

每思今日，未尝不念及年迈双亲，白发及鬓，游子未归，则日日翘首而望。兄嫂姊夫竭其所能，为余后备，即至今日，尚不能报之一二。侄儿甥女聪慧异常，余深爱之，又皆向学，他日必有为也。内子单辉每至于困，则温语相慰，其情深矣。

所在单位领导陆书记卓宁、马副院长现诚宽仁善任，呵护有加。黄院长晓娟尝就学于武大，同聚武汉，今又为复旦学友，友谊甚笃。所在教研室主任冯仲平教授及同仁惠余以学，论道谈剑，常铭记于心。科研处及规划处领导亦帮助颇多，余尝终日怀感激之情，言拙而未能达于言表，在此一并深致谢忱。

中国社会科学出版社资深编审郭沂纹女士夙善奖掖后学，今出版拙稿，当感念之。

思罢搁笔，则夜已至深，推窗远眺，星月满天。是为记。

张永刚

戊子仲冬于相思湖畔

补记：此书献给我即将出世的宝宝，愿他（她）一生健康、平安！

作者已发表相关论文目录辑览

1. 《东林党的实学思想及政治理念》,《江淮论坛》2006年第 1 期。

2. 《东林书院的讲经活动与道德救世理念》,《南通大学学报》2007 年第 2 期。

3. 《"天下东林讲学书院"的实态性分析》,《延安教育学院学报》2007 年第 4 期。

4. 《东林党议视野下雅文学的区域化转移》,《甘肃联合大学学报》2007 年第 5 期。

5. 《东林党议视野下性灵文学内在革新理路的雅化》,《中国文学史的理论维度》（第 1 辑），广西师范大学出版社2007 年 11 月版。

6. 《论钱谦益与东林党争》,《殷都学刊》2008 年第 1 期。

7. 《东林党议与江南社会的变迁》,《湖南民族职业学院学报》2008 年第 1 期。

8. 《东林学术与王学的斗法》,《许昌学院学报》2008 年第 1 期。

9. 《阮大铖与晚明党争》,《淮南师范学院学报》2008 年第 1 期。

10.《东林党赵南星、孙承宗创作考述》，《衡水学院学报》2008 年第 2 期。

11.《东林党议视野下晚明文学的历史分期》，《山东科技大学学报》2008 年第 2 期。

12.《钟、谭与东林党议》，《湖北职业技术学院学报》2008 年第 2 期。

13.《钱谦益与钟惺及竟陵派》，《中国文学史的理论维度》（第 2 辑），广西师范大学出版社 2008 年 6 月版。

14.《复社的源流与社集》，《郑州航空工业管理学院学报》2008 年第 3 期。

15.《晚明文社复古观念的新变》，《安阳工学院学报》2008 年第 3 期。

16.《晚明狂禅考》，《长江师范学院学报》2008 年第 3 期。

17.《复社与东林党关系的实态性分析》，《辽东学院学报》2008 年第 3 期。

18.《东林党议视野下党社一体化的生成》，《北方论丛》2008 年第 3 期。

19.《钱谦益与虞山学派》，《湖南涉外经济学院学报》2008 年第 3 期。

20.《东林党七君子节义诗创作》，《湖南民族职业学院学报》2008 年第 3 期。

21.《东林党六君子及其节义诗》，《湖南民族职业学院学报》2008 年第 4 期。

22.《晚明狂禅运动与公安派的兴衰》，《昆明理工大学学报》2008 年第 4 期。

23.《论钟谭体的形成》,《衡阳师范学院学报》2008 年第 4 期。

24.《刘宗周与证人社》,《温州大学学报》2008 年第 4 期。

25.《几社的政治化与"经世文编"的编纂》,《河南理工大学学报》2008 年第 4 期。

26.《东林党顾宪成、高攀龙创作考述》,《南阳师范学院学报》2008 年第 5 期。

27.《东林党议视野下晚明文学观念的演进》,《湖州师范学院学报》2008 年第 5 期。

28.《论钱谦益的诗学体系》,《大连大学学报》2008 年第 5 期。

29.《东林党议视野下时事文学观念的演进》,《西北师范大学学报》2008 年第 5 期。

30.《关于东林党议与晚明文学的研究构想》,《北方论丛》2008 年第 5 期。

31.《钱谦益对明代文学复古观念的评议》,《广西民族大学学报》2008 年第 6 期。

32.《东林党人冯琦、公鼐、王象春创作考述》,《滨州职业学院学报》2009 年第 1 期。

33.《论钱谦益对东林学与狂禅的学术观照》,《重庆三峡学院学报》2009 年第 2 期。

34.《关于东林党议与晚明文学的研究构想》,《高等学校文科学术文摘》(摘编)2009 年第 1 期。

35.《东林书院诗社活动》,《阴山学刊》2009 年第 4 期。